凝聚隧道及地下工程领域的
先进理论方法、突破性科研成果、前沿关键技术，
记录中国隧道及地下工程修建技术的创新、进步和发展。

穿越——中国隧道及地下工程修建关键技术研究书系

挤压大变形隧道
一次支护理论与成套关键技术

于家武　郭新新　唐绍武　李志军　张兆军　等　编著

ONE-TIME SUPPORT THEORY AND KEY TECHNOLOGY FOR
SQUEEZING LARGE
DEFORMATION TUNNEL

人民交通出版社

北京

内 容 提 要

本书以木寨岭公路隧道工程为依托，系统论述了挤压大变形隧道一次支护理论与成套关键技术。全书由4部分组成，共分7章，其中基础理论部分包括变形预测与分级、围岩变形控制方法的适用性分析、考虑主动支护效应的围岩本构模型的开发及主动支护适用性分析；技术部分包括一次支护体系组成、一次支护体系关键设计参数研究；应用部分包括一次支护体系典型应用案例；拓展部分包括锚孔机械化施工技术初探。本书全面总结了一次支护体系的最新研究成果，研究成果不仅在木寨岭公路隧道工程得到成功应用，也为解决高地应力区极软岩长大隧道修建技术难题，提供了一整套新型建设理论与技术体系。

本书可供从事隧道工程设计、施工、科研等工作的专业技术人员参考，也可供高等院校相关专业师生学习使用。

图书在版编目(CIP)数据

挤压大变形隧道一次支护理论与成套关键技术／于家武等编著. — 北京：人民交通出版社股份有限公司，2024.9. — ISBN 978-7-114-19631-7

Ⅰ.U455.7

中国国家版本馆CIP数据核字第202401RF53号

中国隧道及地下工程修建关键技术研究书系
Jiya Dabianxing Suidao Yici Zhihu Lilun yu Chengtao Guanjian Jishu

书　　名：	挤压大变形隧道一次支护理论与成套关键技术
著 作 者：	于家武　郭新新　唐绍武　李志军　张兆军　等
责任编辑：	李　梦
责任校对：	赵媛媛
责任印制：	刘高彤
出版发行：	人民交通出版社
地　　址：	(100011)北京市朝阳区安定门外外馆斜街3号
网　　址：	http://www.ccpcl.com.cn
销售电话：	(010)85285857
总 经 销：	人民交通出版社发行部
经　　销：	各地新华书店
印　　刷：	北京市密东印刷有限公司
开　　本：	787×1092　1/16
印　　张：	14
字　　数：	340千
版　　次：	2024年9月　第1版
印　　次：	2024年9月　第1次印刷
书　　号：	ISBN 978-7-114-19631-7
定　　价：	108.00元

(有印刷、装订质量问题的图书，由本社负责调换)

本书编写委员会

主 任 委 员： 于家武　郭新新

副主任委员： 唐绍武　李志军　张兆军

委　　　员： 王　睿　龙文华　赵宝锋　林　琳　刘志成　杨　娟
　　　　　　　徐　腾　陈杰华　许江涛　杨　鑫　汪雪雷　朱小红
　　　　　　　陈智勇　侯京通　冯　伟　陈洲频　吴发展　周希涛
　　　　　　　杨战锋　兰代军　陈国安　熊　良　严宏伟　杨三龙
　　　　　　　李永强　王振宇　费孟良　高　坤　徐　胜　张　果
　　　　　　　丛晓飞　宝青峰　付林林　胡广义　梁　振　赵康林
　　　　　　　黄　巍　胡　洋　岳新辉　谢尚兵　朱英会　刘兴波
　　　　　　　刘　伟　吴相斌　霍　旺　王佳戈　尹亚坡　汪现伟
　　　　　　　骆保军　张迎旭　王　静　张振亚　张成勇　韦金严
　　　　　　　韩占波

主 编 单 位： 中铁隧道集团二处有限公司
　　　　　　　成都理工大学

参 编 单 位： 中铁隧道局集团有限公司
　　　　　　　四川师范大学

序

近年来，随着交通基础设施建设规模的不断扩大，我国公路隧道总里程不断增加；受到地形地势的制约，特长、深埋的隧道工程也日益增多，尤其是在我国西部地区，高应力场、深埋长大隧道已大量涌现。高地应力软岩隧道开挖极易引起强烈的挤压变形、坍塌等地质灾害。例如，南昆铁路家竹箐隧道、兰新铁路乌鞘岭隧道、兰渝铁路木寨岭隧道、成兰铁路杨家坪隧道、松潘隧道、国道318线鹧鸪山隧道等，在建设中都先后出现了不同程度和不同形式的软岩挤压型大变形问题，最大变形量达到1000mm甚至2000mm以上，给工程施工带来了严重困难和极大安全风险，并因返修率增高，大大增加了施工成本和延长了施工周期。高地应力软岩隧道的施工目前已成为困扰国内外岩石力学和地下工程领域的一项重大技术难题。

兰海高速公路（G75）木寨岭特长公路隧道全长15.226km，是迄今为止甘肃省公路建设史上隧道里程最长、长度位居全国前列的高速公路隧道。木寨岭公路隧道在先期的施工中遭遇了严重的挤压大变形问题，软岩大变形特征显著，表现为明显的非对称性，且变形量大、变形速率大、持续时间长，安全隐患十分突出，使建设进展"寸步难行"。同时，变形量级已突破了国内外隧道和地下工程界以往所遵循的岩石力学理论和隧道建造实践的认知水平，超出了现行规范和标准范围，在设计和施工方面无可供借鉴的成功经验，被誉为隧道建设史上罕见的世界性难题。

本书以木寨岭公路隧道挤压大变形的整治为研究背景，在对围岩挤压型大变形进行分级细化的基础上，围绕本工程所面临的隧道挤压型大变形难题开展了科研攻关工作，研究总结形成了一套包含"预应力锚索网带锚固围岩一次支护+轻型钢架喷射混凝土二次支护+模筑钢筋混凝土三次支护"的挤压型大变形隧道围岩预应力锚索一次支护体系，实现了"一次支护"即可满足设计要求，避免常规(被动)支护体系频繁出现的拆换现象，切实解决了工程实际问题。

  本书既有深入、系统的理论分析，又有实用性强的成套技术介绍。本书力求展现当前国内外的最新研究成果与应用情况，内容新颖，全面、系统地介绍了一次支护体系涉及的设计、施工及工程应用，并详细介绍了各种围岩控制方法的适用性，可为实际工程提供有益借鉴。

  我相信，本书的出版将对我国高应力软岩隧道支护技术的发展和应用起到积极的推动作用，对从事隧道支护理论与技术研究的科技工作者具有较高的参考价值。

中国科学院院士

2024 年 4 月

前言

在我国西南、西北广大地区，高地应力作用下的软岩隧道挤压大变形灾害问题非常突出，如已建成的兰渝（兰州—重庆）铁路木寨岭隧道、成兰（成都—兰州）铁路茂县隧道、渭武（渭源—武都）高速公路木寨岭隧道，以及在建的滇中引水香炉山隧洞等多条软岩隧道，建设过程中均产生了大变形灾害，局部区段的变形收敛值高达 2000mm，甚至更高。上述此类隧道施工开挖中，采取传统强化锚喷及拱架、紧跟二次衬砌等"强支硬顶"措施（支护构件强度或设计参数都明显增强），普遍出现了喷射混凝土开裂、剥落，拱架扭曲及变形"侵限"等问题，危及工程安全、延误了工程进度、增加了工程造价。为此，新型支护体系亟待提出。

由"强支硬顶"措施所组成的支护体系为"全被动"支护模式，实践已证明其对挤压变形隧道的变形控制效果不甚理想，为此提出快速高强主动支护技术，对现有支护体系进行革新，形成全新的"一次支护体系"，即"一次"采用高强预应力锚固系统加固围岩，提升围岩强度；"二次"采用轻型钢架＋喷射混凝土保护围岩，协同采用高强预应力锚固系统全断面支护围岩；"三次"采用模筑混凝土衬砌，形成长期安全可靠的支护体系，实现大变形隧道"一次"支护即成功。

本书共分为 7 章。第 1 章为绪论，主要介绍了隧道大变形的研究意义和研究现状，总结了木寨岭公路隧道的工程特点、原支护特征及其破坏情况。第 2 章创新提出了一种基于数值模拟且可考虑岩体蠕变特性的高应力软岩隧道变形预测方法，在剖析岩体蠕变对围岩变形预测带来影响的同时，进行了木寨岭公路隧道设计阶段全线围岩变形预测与分级。第 3 章阐述了"快支强撑"理论、"抗-放"结合支护理论、预加固理论和主动支护理论的基本原理,并在调研实际应用案例的基础上,开展了各支护理论的适应性研究。第 4 章基于三轴压缩与循环加卸载试验得到的不同围压、不同变形阶段的炭质板岩力学参数,开发了可反映主动支护效应的数值计算动态链接文件,并进行了"支护力-不同挤压度围岩"相互作用数值模拟,揭示了不同围岩挤压度下主动支护的适用性。第 5 章研究提出了以高强预应力锚固系统为支护核心,联合传统钢拱架、喷射混凝土、二次衬砌等组成的新型一次(组合型)支护体系,并开展了高强预应力锚索系统关键参数设计研究、钢架和喷射混凝土支护参数设计研究以及二次衬砌支护时机与安全性分析研究。第 6 章对一次支护体系在木寨岭公路隧道工程的应用进行了系统归纳总结,包括一次支护体系关键配套工艺技术、一次支护体系在一般挤压段的应用、一次支护体系在严重挤压段的应用、一次支护体系在超大断面段的应用以及一次支护体系在悬臂掘进机法开挖的应用等。第 7 章介绍了适用于挤压型隧道三台阶小断面施工的机械化钻孔设备,并进行了现场应用。

本书既有较为深入的理论阐述,又有实用性较强的应用技术介绍,目的是为从事该专业领域的读者提供一本系统介绍软岩隧道"一次支护体系"的专著,并希望本书的出版对我国软岩隧道大变形控制技术的进步及推广起到积极作用。

本书由于家武、郭新新、唐绍武、李志军、张兆军等编著,本书在编写过程中得到了甘肃长达路业有限责任公司的大力支持,并得到了马安全、龙文华、侯京通等的支持与帮助。同时,本书得到了中铁隧道局集团有限公司重点科研项目(隧研合 2018-15)和国家自然科学基金项目(52308391)的联合资助。在此,向所有为本书编写和出版提供支持和帮助的单位和个人表示衷心感谢!

本书编写中参考的主要资料已在参考文献中注明,如有误漏之处敬请谅解。由于作者水平有限,书中难免存在疏漏和不足之处,恳请各位专家和读者批评指正。

作 者

2024 年 3 月

目录

第1章 绪论 ·· 001

    1.1 引言 ··· 003

    1.2 隧道大变形控制技术概述 ·· 005

    1.3 木寨岭公路隧道工程概况 ·· 014

第2章 考虑高应力软岩蠕变效应的隧道变形预测与分级 ······· 023

    2.1 概述 ··· 025

    2.2 隧址区应力场分析 ·· 025

    2.3 蠕变模型与参数 ··· 030

    2.4 数值模拟分析 ··· 032

    2.5 蠕变特性对围岩变形预测的影响分析 ······························· 036

    2.6 木寨岭公路隧道变形分级与检验 ······································ 039

    2.7 本章小结 ·· 040

第3章 挤压大变形隧道围岩变形控制方法适用性分析 ·········· 041

    3.1 "快支强撑"支护理论及其适用性分析 ···························· 043

    3.2 "抗-放"结合支护理论及其适用性分析 ··························· 049

    3.3 预加固理论及其适用性分析 ··· 058

3.4　主动支护理论及其适用性分析 ………………………… 061
　　3.5　本章小结 ………………………………………………… 066

第 4 章　考虑主动支护效应的围岩本构模型开发与主动支护适用性分析 …………………………… **067**

　　4.1　概述 ……………………………………………………… 069
　　4.2　软岩力学参数的影响分析 ……………………………… 069
　　4.3　基于三轴压缩与循环加卸载的炭质板岩力学特性研究
　　　　 ………………………………………………………………… 073
　　4.4　考虑主动支护效应的围岩本构模型开发 ……………… 080
　　4.5　不同挤压度下主动支护的适用性分析 ………………… 086
　　4.6　本章小结 ………………………………………………… 093

第 5 章　挤压型隧道一次支护体系及其关键设计参数研究 ……… **095**

　　5.1　挤压型隧道一次支护体系 ……………………………… 097
　　5.2　高强预应力锚索系统关键设计参数研究 ……………… 099
　　5.3　基于协同支护理念的初期支护参数设计 ……………… 129
　　5.4　考虑长期蠕变效应的二次衬砌支护时机 ……………… 132
　　5.5　预应力失效下支护结构安全性分析 …………………… 136
　　5.6　本章小结 ………………………………………………… 149

第 6 章　挤压型隧道一次支护体系工程实践 ………………………… **151**

　　6.1　一次支护体系关键配套工艺技术 ……………………… 153
　　6.2　一次支护体系在一般挤压段的应用 …………………… 161
　　6.3　一次支护体系在严重挤压段的应用 …………………… 168
　　6.4　一次支护体系在超大断面段的应用 …………………… 171
　　6.5　一次支护体系在悬臂掘进机法开挖的应用 …………… 177
　　6.6　本章小结 ………………………………………………… 186

第7章 挤压型隧道长锚孔机械化施工初探 ……………… 187
  7.1 挤压型隧道钻机适用性分析与技术要求 …………… 189
  7.2 挤压型隧道适用于三台阶施工的锚索钻机研制………… 190
  7.3 ZYJ-315 小型锚索钻机现场试验 ………………………… 196
  7.4 本章小结 ………………………………………………… 200

附录 工程现场照片 ……………………………………… 201

参考文献 ………………………………………………………… 209

ONE-TIME SUPPORT THEORY AND KEY TECHNOLOGY FOR
SQUEEZING LARGE
DEFORMATION TUNNEL

挤 压 大 变 形 隧 道 一 次 支 护 理 论 与 成 套 关 键 技 术

第 1 章

绪论

1.1 引言

随着我国隧道建设重心逐渐向艰险山区转移,"深""长""险""大"成为当前山岭隧道工程的突出特点。其中,在受到青藏高原隆升及其向北东持续扩展而形成的"河西走廊—祁连山—西秦岭—陇南—汶川"弧状高地应力挤压带区域,分布有大范围的以软质炭质板岩(图 1-1-1)、千枚岩和页岩为代表的典型挤压性围岩。由于此类岩体具有强度低、破碎程度高、层状结构显著及遇水易软化等特征,在高地应力环境下,隧道开挖极易诱发围岩挤压大变形灾害,并出现支护结构损裂、开挖轮廓侵限等病害。目前,位于该挤压带区域的乌鞘岭隧道和兰渝、成兰铁路沿线隧道等,施工期间均频繁发生了因围岩挤压大变形导致的支护结构拆换,严重影响了隧道施工安全与质量,极大制约了隧道建设进度。

图 1-1-1 典型挤压性围岩——炭质板岩

隧道围岩挤压大变形表现出变形速率快、变形时间长、变形总量大等特征,在部分隧道中也出现了围岩大变形存在于优势变形部位以及变而不塌等情况。从上述变形特征出发,我国隧道工程界对软岩挤压大变形的应对措施大多采用"快支强撑"的传统设计与施工理念。所谓的"快支强撑"包含两层含义:一是隧道开挖后尽快施作初期支护结构,同时二次衬砌紧跟施作;二是设法加大支护结构的刚度,如采用加厚的二次复喷的钢筋网喷射混凝土,布设纵距更密的高强度钢架,施作更加厚实、配筋率更高的二次衬砌结构等。

在"快支强撑"理念的指引下,锚、喷、网、钢架和二次衬砌等参数的设计标准都远超各行业设计规范中的推荐值。然而,工程实践得出了相反的结论:"快支强撑"模式无法有效控制围岩大变形,施工中重型钢支撑扭曲,乃至多层支护损裂时有发生,以致兰渝铁路木寨岭隧道(简称"木寨岭铁路隧道")岭脊段最终不得不采用了厚度高达近 2m 的 5 层初期支护(图 1-1-2)。其中,第 1 层支护厚度 33cm,预留变形量 50cm;第 2、3 层支护厚度 25cm,预留变形量 60cm;第 4 层支护采用 C35 钢筋混凝土,厚 40cm,预留变形量 15cm;二次衬砌采用 C35 钢筋混凝土,厚 70cm。

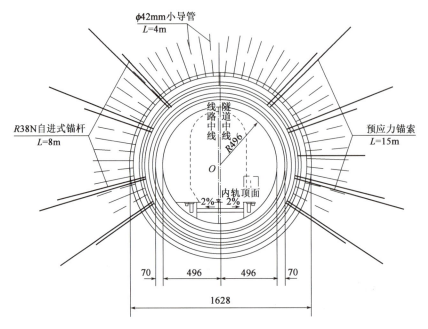

图 1-1-2　兰渝铁路木寨岭隧道岭脊段断面图(尺寸单位:cm)

以喷射混凝土和钢拱架为核心支护措施的"快支强撑"模式,其支护思想是采用"支护力"进行支撑,抵抗围岩变形,这在一般隧道或轻微挤压变形隧道中切实可行,也被诸多隧道的建设实践所验证。但是,在严重挤压变形隧道中,"快支强撑"模式多数无法取得预期效果,究其原因,"快支强撑"模式属"被动支护",支护效应(力)的发挥依赖时间推移和岩体位移,故"快支强撑"实际反映的仅是快速施作完成具备高支护力的支护结构,但无法实现对围岩的快速主动施载。因此,当围岩挤压程度增加,岩体力学性能劣化速度将急剧加快、表层岩体的非连续面迅速产生并发展,使得塑性区呈现出跳跃式的增长,此时,"快支强撑"模式中逐渐增长的"支护力"所需要支护的将是大范围、大区域的松动破碎区,其实践结果便是无法有效支护,频繁出现围岩大变形及支护结构破坏等情形。因此,在挤压变形隧道尤其是严重挤压变形隧道中,应当实现的是快速提供支护力,而不只是快速施作支护结构体系。

长期以来,我国隧道工程设计与施工一直遵循"新奥法"理念,核心支护思想为"充分发挥和调动"围岩自承性能和自稳能力,这在挤压大变形隧道中仍适用。而据前述分析可知,由喷射混凝土、钢拱架及全长黏结锚杆等所组成的现行支护体系并不具备快速支护能力,故在围岩性能快速劣化的挤压大变形隧道中难以实现"充分发挥和调动"围岩性能的理念。由此进一步分析隧道现有支护措施可知,仅施加预应力的锚杆(索)具备主动支护能力,能够实现快速主动支护,因此,挤压大变形隧道的支护中,引入预应力锚杆(索)是必要的。

关于预应力锚杆(索)的支护优越性,已在煤矿巷道工程实践中得到了充足的验证。自1996年成功研制小孔径预应力锚索起,预应力锚杆(索)已广泛应用于破碎、复合顶板巷道,受高地应力和采动影响的巷道,放顶煤开采的煤顶巷道,以及大断面巷道和交叉点等,并取得了良好的支护加固效果。

综合上文所述,在我国广大西南与西北地区,因特殊的地理条件,经常形成规模较大的高地应力极软岩地质区域,本书以在建渭武高速公路木寨岭隧道(简称"木寨岭公路隧道")为依托,在对隧道进行大变形等级科学划分基础上,开展以预应力锚固系统为核心的隧道支护理论与工程实践研究,形成的系列研究成果不仅切实保障了木寨岭公路隧道顺利、安全地完成施工建设,还形成了一整套挤压大变形隧道修建理论与技术体系,将有利于推动我国西南、西北各大交通通道的安全高效建设。

1.2 隧道大变形控制技术概述

1.2.1 隧道大变形的定义

关于隧道围岩大变形,至今仍未有一致且明确的定义,也未在相关隧道设计、施工规范中进行详细阐述。最早太沙基(Karl Terzaghi)从地质软岩概念出发,分析了岩石的组分,并对大变形围岩进行了定义,指出:"挤压变形岩石是指含有相当数量黏土矿物的岩石,变形行为会以让人不容易察觉的体积增加缓慢地侵入隧道净空。挤压变形的先决条件是岩石中具有高含量膨胀性的细微或亚微云母矿物和黏土矿物。"上述定义以围岩自身材料性质为基础,忽略了大变形致灾力学机制,即未考虑围岩体的工作环境,无法对高地应力下低膨胀性岩石隧道的挤压大变形进行解释。

后续国际岩石力学学会于1995年,从致灾机理及变形过程对挤压变形进行了新的定义:"挤压变形是一种与时间相关的变形行为,通常发生在地下空间开挖面周边,一般由于极限剪切应力失稳导致蠕变造成,这种变形可能会在开挖期间停止,也可能持续较长时间。"与其相类似的还有姜云和王成虎给出的隧道大变形定义,究其实质均可归为应力作用下岩体(岩块)的力学响应机制(层状岩体弯曲变形、剪胀扩容、随时间蠕变和错动、断裂分离破坏等)。同时,也有部分学者直接从大变形直观现象入手,依据围岩变形是否超出预留变形量来定义大变形,如认为单线隧道变形量超25cm、双线隧道变形量超50cm,即视为大变形。

以致灾机理定义大变形,本质上是定义大变形出现的原因,是一个分析与评价的过程,而非对大变形现象进行定义。同时,机理性的定义更侧重于挤压型大变形,对突发型大变形(此处不包含岩爆),如垮塌、掉块等,往往难有合理的解释。事实上,不同于地面结构,隧道等地下结构所处的围岩体既是荷载来源也是承载体;围岩体的受力变形,尤其是隧道大变形,难以单独描述,因其和外在支护系统(预支护、初期支护和二次衬砌等)的受力变形是协同且密切相关的。

综上所述,对隧道大变形的定义应当结合"支护-围岩"系统和施工过程(预留变形量)进行联合描述,可简化地定义为:在采用合理施工工法、工序和常规支护系统的情况下,隧道的变形量超过了相关规定的最大预留变形量,则可视为出现大变形,并应采取特殊设计与计量方式。

1.2.2 隧道大变形的分类

姜云通过现场调查和收集大变形隧道案例,对大变形类型进行了划分,分为三类:围岩岩性控制、围岩结构控制和人工扰动控制(表1-2-1)。王成虎根据围岩体变形的主控因素对大变形类型进行了划分,也分为三类:应力型、材料型和结构型(表1-2-2)。何满潮基于地下空间大变形现象对软岩进行了划分,分为四类:膨胀性软岩、高应力软岩、节理化软岩和复合型软岩(表1-2-3)。王建宇依据围岩大变形的成因,将围岩大变形分为三类:松散型大变形、膨胀型大变形和挤压型大变形(表1-2-4)。

围岩大变形类型与划分　　　　　　　　　　　　　　　　　表1-2-1

围岩岩性控制				围岩结构控制		人工扰动控制	
层状型	软弱均质型	互层状型	膨胀型	构造改造型	浅表生改造型	倾斜型	水平型

隧道围岩大变形类型及成因机制　　　　　　　　　　　　　表1-2-2

大变形类型	成因与机制	变形特征
应力型	岩体强度过低,在高应力作用下发生剪切破坏,进而失稳发生整体大变形	变形具备明显的优势部位和方向
材料型	黏土矿物,如高岭石、蒙脱石、云母等矿物遇水发生化学反应,产生体积膨胀,进而产生大变形	变形无明显的优势部位和方向
结构型	由于岩体结构面强度较弱,在地下空间开挖后,岩体沿结构面如层理、节理等发生滑移、松动产生的大变形	大变形沿岩体结构面发生,一般具备突发性

基于地下空间大变形现象的软岩分类　　　　　　　　　　　表1-2-3

名称	泥质软岩含量(%)	抗压强度 σ_c(MPa)	塑性变形特点
膨胀性软岩(低强度软岩)	>25	<25	在工程力作用下,沿片架状硅酸盐黏土矿物产生滑移,遇水显著膨胀等
高应力软岩	≤25	≥25	遇水发生少许膨胀,在高应力状态下,沿片架状黏土矿物发生滑移
节理化软岩	低~中等	—	沿节理等结构面产生滑移、扩容等塑性变形
复合型软岩	低~高	—	具有上述某种组合的复合型机制

围岩大变形的三种类型　　　　　　　　　　　　　　　　　表1-2-4

围岩大变形类型	机理	条件	变形特征	围岩压力类型
松散型	松散、离层	支护刚度不足,支护施作不及时,支护和围岩不密贴	变形突发性,位移速率递增	松散压力
膨胀型	体积膨胀	膨胀性矿物,地下水	变形无明显的优势部位和方向,底鼓	膨胀压力
挤压型	剪切滑移	高地应力,软弱围岩	变形有明显的优势部位和方向,一般边墙收敛较大	形变压力

隧道等地下工程的开挖必然导致围岩体的应力重分布与位移。一般在无支护条件下开挖,围岩的力学行为过程可概括为:平衡→松弛/破裂→松散、坍塌(结构性破坏)→新的平衡。其中,"松弛/破裂"定义为伴随围岩体位移出现的围岩应力水平变化,应力水平降低可出现岩

体松弛,应力水平上升可出现岩体挤压破裂;松弛阶段的岩体仍处于一定意义上的连续介质状态(地应力作用),支护体系则承受围岩变形所产生的荷载,称为"形变压力"。"松散"则指变形发展到一定程度引起岩块脱离"母体"坍塌,或以其自重作用于支护结构形成"松散压力"。同时,结合部分围岩的膨胀性特性,围岩压力类型中还存在着"膨胀压力"。因此,从"围岩-支护"系统相互作用角度出发,第一阶的大变形类型应该划分为挤压型、松散型和膨胀型。

(1) 松散型大变形

当围岩为破碎硬岩时,松散型大变形一般出现于支护不及时、施工工序紊乱的隧道;当围岩为软岩时,松散形大变形一般出现于埋深不大、无高地应力条件的隧道。围岩进入"松散"大变形前,围岩松弛(形变压力)引起的变形量并不大,因此松散型大变形的出现具有突发性,监测位移曲线一般会出现"跳跃"或向上反弯等特性,可能是围岩大坍方的预兆,但正常情况下是可规避的,关键在于对施工过程的控制,即要求做到及时支护、支护与围岩密贴,并适当提升结构刚度,实际为深入贯彻"新奥法"施工支护理念。

(2) 膨胀型大变形

膨胀型大变形出现于含有膨胀性矿物成分的围岩,变形机制较为明确,为岩体遇水体积膨胀导致的大变形。因此,隧道施工中要求做到少扰动、快封闭(包括采用注浆等手段封闭渗流通道等)、强支护,优先保障防排水系统的通畅,减少对地下渗流场的扰动。

(3) 挤压型大变形

挤压型大变形与松散型大变形最大的不同在于围岩的松弛/破裂是一个较长的过程,变形量值大,故其发生有以下先决条件:

① 围岩的自身条件为易出现挤压性质的软弱岩体,即具备较为显著的流变与非线性特征的岩体,且岩块饱和单轴抗压强度一般小于30MPa,主要为薄层状、片状的(炭质)板岩、(炭质)片岩、千枚岩、页岩、煤系地层和断层(挤压)破碎压碎带。

② 围岩的外在条件为高地应力,一般强度应力比 $R_c/\sigma_{max}<4$(极高应力);同时,地下水的出现将大幅增加出现挤压大变形的概率。

对于挤压大变形的发生机制与成因,国际岩石力学学会(ISRM)隧道挤压性岩石专业委员会对围岩挤压性的定义是:"挤压性是指围岩具有时效的大变形,其本质上是岩体内的剪应力超限而引起的剪切蠕动,变形可发生在施工阶段,也可能会延续较长时间。" Ö. Aydan 基于对大量隧道的现场调研与破坏机理分析,进一步将高地应力下的挤压大变形划分为三类:

(1) 剪切型破坏:多发生于连续的塑性岩体及裂隙非常发育破碎岩土体。

(2) 弯曲破坏:一般发生于千枚岩及云母片岩等变质岩或泥岩、油页岩、泥质砂岩等薄层状塑性沉积岩中。

(3) 剪切和滑动破坏:发生于相对厚层的沉积岩中,包括沿层面滑动和完整岩石剪切破坏。

综上所述,隧道围岩大变形在大类上可分为松散型、膨胀型和挤压型;对松散型和膨胀型大变形,变形机制较为明确;但对挤压型大变形,成因主要归为三种,即剪切破坏、弯曲破坏、剪切和滑动破坏。据此,可细分隧道围岩大变形形成机制和发生条件,见表1-2-5。

隧道围岩大变形形成机制和发生条件　　　　　表 1-2-5

围岩大变形类型	形成机制	发生条件
松散型	松动圈快速发展出现松散、离层	支护刚度不足;支护施作不及时;支护和围岩不密贴
膨胀型	体积膨胀;黏土矿物,如高岭石、蒙脱石、云母等矿物遇水发生化学反应,产生体积膨胀,进而产生大变形	膨胀性矿物,地下水
挤压型	剪切破坏	高地应力,多发生于连续的塑性岩体及裂隙非常发育的破碎岩土体
挤压型	弯曲破坏	高地应力,多发生于薄层状塑性沉积岩
挤压型	剪切和滑动破坏,包括沿层面滑动和完整岩石剪切破坏	高地应力,相对厚层的沉积岩中

1.2.3 隧道大变形的预测方法

关于如何确定围岩是否会发生挤压变形,国际上许多学者根据实际经验和隧道案例,提出了各种判定挤压变形的方法,主要有经验方法、试验方法和半经验半理论方法等。

1) 经验方法

Singh 根据对 39 座软岩隧道的现场变形量测数据进行整理分析后指出,岩体质量分级 Q 法和隧道埋深 H 值过大是围岩发生挤压变形的主要因素,并定量地给出了挤压与非挤压变形间的边界。其认定围岩发生挤压变形的条件为隧道埋深 $H \gg 350Q^{1/3}$ (m),而发生非挤压变形的条件则为 $H \ll 350Q^{1/3}$ (m)。

Goel 通过岩体质量 N 和隧道毛洞跨径 B 确定围岩发生挤压变形的条件。当 $H \gg (250N^{0.33})B^{-1}$ (m)时,会产生挤压变形;而当 $H \ll (250N^{0.33})B^{-1}$ (m)时,则不会产生挤压变形。

2) 试验方法

Singh 和 Barton 均根据试验结果,分别将收敛率表示为式(1-2-1)和式(1-2-2),后通过现场实测或数值计算的隧道洞壁位移 u_a 与洞室半径的比值,定义 SI 来判定挤压程度,如式(1-2-3)所示。

$$\varepsilon_{cr} = \frac{31.1\sigma_{ci}^{1.6}}{E_i \gamma Q^{0.2}} \times 100\% \tag{1-2-1}$$

$$\varepsilon_{cr} = \frac{5.84\sigma_{ci}^{0.88}}{E_i^{0.63} Q^{0.12}} \times 100\% \tag{1-2-2}$$

$$SI = \frac{u_a/a}{\varepsilon_{cr}} \tag{1-2-3}$$

式中:γ——岩体重度(kN/m³);

Q——岩体质量分级;

σ_{ci}——岩石的单轴抗压强度(MPa);

E_i——岩石的弹性模量(MPa)。

Mahendra Singh 用临界应变 ε_{cr} 参数来判定挤压变形的程度,该临界应变 ε_{cr} 值不仅考虑了隧道围岩不同埋深处岩体的各向异性,而且考虑了完整岩石和节理岩体的弹性模量。通过将该方法应用到 30 多条隧道工程,结果表明:该方法预测隧道的挤压变形与现场的量测结果相差不大。在式(1-2-1)和式(1-2-2)的基础上,将临界应变表示为:

$$\varepsilon_{\mathrm{cr}} = \frac{\sigma_{\mathrm{ci}}}{E_{\mathrm{i}}^{0.63} E_{\mathrm{tj}}^{0.37}} \times 100\% \tag{1-2-4}$$

式中:E_{tj}——岩体的弹性模量(MPa)。

3)半经验半理论方法

半经验半理论方法可以定量地说明岩石是否达到挤压变形的条件,是目前应用最广泛的预测方法。

(1)Jethwa 根据岩体单轴抗压强度 σ_{cm} 与覆土自重应力 $P_0 = \gamma H$ 的比值,即"强度系数 N_{c}",来划分围岩不同程度的挤压条件。当 $N_{\mathrm{c}} < 0.4$ 时,为高挤压;$0.4 \leqslant N_{\mathrm{c}} < 0.8$ 时,为中等挤压;$0.8 < N_{\mathrm{c}} \leqslant 2.0$ 时则为弱挤压;$N_{\mathrm{c}} > 2.0$ 时,为非挤压,属一般性变形。与此类似的还有 Ö. Aydan 和 E. Hoek 提出的预测方法。

(2)Hoek 针对地质条件较差的大直径隧道或地下空间(跨度 10~16 m),提出有(被动)支护下的径向变形预测经验公式为:

$$\varepsilon_{\mathrm{t}} = 0.15 \left(1 - \frac{p_{\mathrm{i}}}{p_0}\right) \left(\frac{\sigma_{\mathrm{cm}}}{p_0}\right)^{-(3p_{\mathrm{i}}/p_0 + 1)/(3.8p_{\mathrm{i}}/p_0 + 0.54)} \tag{1-2-5}$$

$$\sigma_{\mathrm{cm}} = (0.0034 m_{\mathrm{i}}^{0.8}) \cdot \sigma_{\mathrm{ci}} \cdot (1.029 + 0.025 e^{-0.1 m_{\mathrm{i}}})^{\mathrm{GSI}} \tag{1-2-6}$$

式中:ε_{t}——洞周收敛率(%),是隧道周边径向位移与隧道半径的比值(%);

p_{i}——支护压力(MPa);

p_0——初始应力(MPa);

σ_{cm}——岩体抗压强度(MPa)。

m_{i}——经验参数,反映岩石的软硬程度(表 1-2-6);

σ_{ci}——完整岩石单轴抗压强度(MPa);

GSI——地质强度指标,可参照图 1-2-1 进行估算。

各类岩石 m_0 参数经验取值 表 1-2-6

岩石类型	类	组	结晶体			
			粗粒	中粒	细粒	微粒
沉积岩	碎屑的		砾岩 21±3 角砂岩 19±5	砂岩 17±4	粉砂岩 7±2 杂砂岩 18±3	黏土岩 4±2 页岩 6±2
	非碎屑的	碳酸盐	结晶灰岩 12±3	灰岩 10±2	灰岩 9±2	白云岩 9±3
		气硬性	—	石膏岩 8±2	硬石膏 12±2	—
		有机性	—	—	—	白垩岩 7±2

续上表

岩石类型	类	组	结晶体			
			粗粒	中粒	细粒	微粒
变质岩		非层状	大理岩 9 ± 3	角页岩 19 ± 4 变质砂岩 19 ± 3	石英岩 20 ± 3	—
		层状	混合岩 29 ± 3	角闪岩 26 ± 6	片麻岩 28 ± 5	—
		薄片状	—	片岩 12 ± 3	千枚岩 7 ± 3	板岩 7 ± 4
岩浆岩	深层岩	浅色的	花岗岩 32 ± 3	闪长岩 25 ± 5	花岗闪长岩 29 ± 3	
		暗色的	灰长岩 27 ± 3	粗玄岩 16 ± 5	苏长岩 20 ± 5	—
	浅层岩		斑岩 20 ± 5	—	辉绿岩 15 ± 5	细晶岩 25 ± 5
	火山岩	熔融的	流纹岩 25 ± 5	安山岩 25 ± 5	英安岩 25 ± 3	玄武岩 25 ± 5
		喷出的碎屑	集块岩 19 ± 3	角砾岩 19 ± 5	凝灰岩 13 ± 5	—

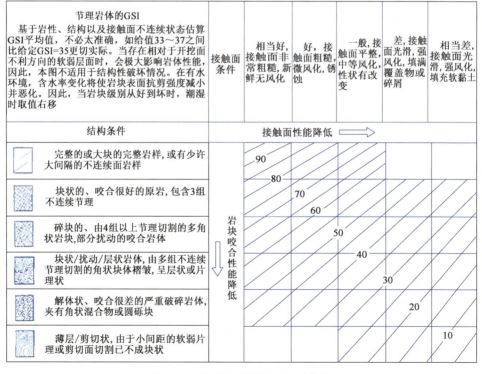

图 1-2-1　地质强度指标 GSI 的估算

综上所述,隧道围岩大变形预测一般指对隧道挤压大变形的预测,应用最广的指标为"岩体强度应力比",而对松散型和膨胀型大变形目前则无法有效预测。

1.2.4 隧道大变形的分级

(1)采用初期支护位移值/破坏程度作为大变形判定指标,并进行分级,如徐林生、王殿泰、张祉道和Singh根据现场实测变形结果提出的大变形分级方案,见表1-2-7~表1-2-10。

公路隧道围岩大变形分级方案　　　　　　　　　　　　表1-2-7

大变形分级	一般估判变形(cm)	相对变形量(%)
Ⅰ	15~30	1.5~3.0
Ⅱ	30~50	3.0~5.0
Ⅲ	>50	>5.0

围岩大变形等级划分　　　　　　　　　　　　表1-2-8

大变形等级	U_a/a (%)	双车道公路隧道 U_a (cm)	初期支护破坏现象
轻度	3~6	20~35	喷层混凝土龟裂,钢架局部与喷层脱离
中度	6~10	35~60	喷层混凝土严重开裂、掉块,局部刚架变形,锚杆垫板凹陷
严重	>10	>60	现象同上,但大面积发生,且产生锚杆拉断及钢架变形扭曲现象

注:1. U_a为洞壁位移,a为隧道当量半径。
2. 表中变形及位移均在(常规)初期支护已施工的条件下产生。

围岩大变形等级的现场判定　　　　　　　　　　　　表1-2-9

大变形等级	U_a/a(%)	双车道公路隧道 U_a(cm)	单线铁路隧道 U_a(cm)
轻度	3~6	20~35	15~25
中度	6~10	35~60	25~45
严重	>10	>60	>45

注:1. U_a为洞壁位移,a为隧道当量半径。
2. 变形及位移均在初期支护已施工的条件下产生,该支护系常规标准支护。

现场大变形等级　　　　　　　　　　　　表1-2-10

挤压等级	U_a/a(%)	挤压等级	U_a/a(%)
轻微	1~3	严重	>5
中等	3~5		

注:U_a为洞壁位移,a为隧道当量半径。

(2)采用变形势,一般采用岩体(块)强度与应力场的比值作为大变形判定指标,并进行分级。代表性方法如下。

①Ö. Aydan根据岩石对单轴压缩的响应(即应力-应变关系),与开挖条件下隧道围岩对切应力的响应具有相似性的特征,提出了以圆形隧洞切向应变解析值 ε_θ^a 与岩石单轴压缩下弹性应变 ε_θ^e 的比值判定围岩挤压大变形,见表1-2-11。

围岩挤压程度分类与围岩行为描述 表1-2-11

挤压程度	标签	理论表达式	围岩行为描述
无挤压	NS	$\varepsilon_\theta^a/\varepsilon_\theta^e \leq 1$	岩石表现出弹性;掌子面静止,隧道稳定
轻微挤压	LS	$1 < \varepsilon_\theta^a/\varepsilon_\theta^e \leq \eta_p$	岩石表现应变硬化特性;掌子面静止,隧道将稳定,位移收敛
中等挤压	FS	$\eta_p < \varepsilon_\theta^a/\varepsilon_\theta^e \leq \eta_s$	岩石表现应变软化特性,位移较大;掌子面静止,位移逐渐收敛
严重挤压	HS	$\eta_s < \varepsilon_\theta^a/\varepsilon_\theta^e \leq \eta_f$	岩石以更高的速率表现出应变软化特性,位移无法收敛
极度挤压	VHS	$\varepsilon_\theta^a/\varepsilon_\theta^e > \eta_f$	出现坍塌和位移大,需更强支护

注:相对应变 η_p、η_s、η_f 分别为岩土材料应力-应变曲线中硬化阶段、屈服阶段、软化阶段极限应变 ε_p、ε_s、ε_f 与弹性极限应变 ε_e 的比值。

②E. Hoek 基于胡克-布朗(Hoek-Brown)强度准则采用"挤压势"(即岩体单轴抗压强度 σ_{cm} 与初始地应力 P_0 的比值)作判定,并给出了建议的支护类型,见表1-2-12。

挤压程度分类与工程描述 表1-2-12

级别	挤压程度	σ_{cm}/P_0	收敛率 ε(%)	工程描述
A	无挤压	≥0.36	<1	几乎不会出现稳定问题,可采用简单的支护方法
B	小挤压	[0.22,0.36]	1~2.5	可采用收敛约束法预测塑性半径,以及塑性区发展和支护时机的关系
C	中等挤压	[0.16,0.22]	2.5~5	采用有限元分析,包括支护单元,开挖顺序
D	严重挤压	[0.11,0.16]	5~10	隧道设计受开挖面稳定性控制,采用有限元计算
E	极度挤压	<0.11	>10	开挖面极度不稳定,很难有效地采用一定的设计方法,大多依赖于经验

③综合采用初期支护位移值/破坏程度和变形势作为大变形判定指标,并进行分级,例如中交第一公路勘察设计研究院有限公司针对二郎山隧道和中铁二局集团有限公司针对不良地质条件隧道所提出的软岩大变形的分级方案见表1-2-13和表1-2-14。

高地应力区软岩大变形分级方案 表1-2-13

大变形分级	围岩变形描述	水平最大主应力 σ_{Hmax}(MPa)	相对变形(%)	预估变形(cm)
一级	硐室开挖过程中围岩有较大的位移,持续时间较长	<30	1~2	<15
二级	硐室位移显著,持续时间长,洞底有隆起现象	30~40	2~4	15~30
三级	开挖过程中洞壁位移有剥离现象,位移显著,甚至发生大位移,且持续时间长,洞底有明显隆起现象	40~50	4~8	30~50

挤压性隧道的大变形分级标准 表1-2-14

大变形分级	应力比 σ_v/R_b	原始地应力(MPa)	相对变形(%)
Ⅰ	3~5	5~10	4~7
Ⅱ	5~8	10~15	7~10
Ⅲ	>8	>15	>10

注:σ_v 为竖向地应力(MPa),R_b 为岩体强度(MPa)。

1.2.5 隧道大变形控制理论与技术

隧道大变形控制理论的发展必然伴随着对围岩压力(岩体荷载)的认识。最早的海姆、朗肯和金尼克等提出古典压力理论;后随着地下结构开挖深度的增加,坍落拱理论应运而生,最具代表性的为太沙基理论(矩形坍落拱)和普氏理论(抛物线形坍落拱)。20世纪50年代起,伴随计算力学的发展,开始应用弹塑性力学来解决巷道支护问题,其中最著名的是芬纳(Fenner)公式和卡斯特纳(Kasterner H)公式,并逐步形成了"围岩-支护"一体化理念。再至20世纪60年代,新奥法正式提出,并成为至今地下工程的主要设计和施工方法之一。新奥法的核心是利用围岩的自承作用来支撑隧道,将围岩本身作为支护结构的重要组成部分,使围岩与构筑的支护结构共同形成坚固的支承环。其后发展的"新意法"和"挪威法"均包含了新奥法的核心支护理念。

国内对于软岩大变形的研究,从20世纪80年代起进入了一个新的阶段,主要包含了下述支护理论。"联合支护技术"是由冯豫等提出,在新奥法的基础上发展起来的,其观点可以概括为:一味强调提高支护刚度是不行的,要先柔后刚,先抗后让,柔让适度,稳定支护。锚喷-弧板支护理论由孙钧等提出,其是对联合支护理论的发展,其观点可概括为:采用高强度钢筋混凝土弧板作为联合支护理论先柔后刚的刚性支护形式,坚决限制和顶住围岩位移。松动圈理论由董方庭等提出,其主要内容为:松动圈越大,收敛变形越大,支护难度就越大,支护的目的在于防止围岩松动圈发展过程中的有害变形。主次承载区支护理论由方祖烈等提出,其主要内容为:支护对象为张拉域,支护结构与支护参数要根据主、次承载区相互作用过程中呈现的动态特征来确定,支护强度原则上要求一次到位。应力控制理论,也称为围岩弱化法、卸压法等,其基本原理是通过一定的技术手段改变某些部分围岩的物理力学性质,改善围岩内的应力及能量分布,人为降低支承压力区围岩的承载能力,使支承压力向围岩深部转移,以此来提高围岩稳定性。软岩工程力学支护理论由何满潮院士提出,是运用工程地质学和现代大变形力学相结合的方法,其通过分析软岩变形力学机制,提出了以转化复合型变形力学机制为核心的一种新的软岩巷道支护理论。

大变形隧道控制技术措施包含施工、支护两方面的措施。施工措施主要为采用合理的开挖工法、预留变形量、合理确定二次衬砌施作时间等;支护措施以联合支护为主,主要有多重支护体系、锚网喷支、超前预加固技术、注浆加固技术、(预应力)锚杆(索)支护等。根据对围岩作用机理的不同,现有措施可细分为两类:支护类和加固类。单一支护类型的措施主要为超前支护(常用管棚和小导管)、拱架(常用型钢、格栅和可缩式钢架等)、喷射混凝土(包含钢筋网);单一加固类型的措施主要为注浆(水泥基浆、化学基浆和水泥化学基浆)。锚杆(索)则是现有支护体系下唯一兼有加固与支护两种作用的支护形式。

纵观软岩挤压型大变形隧道的建设历史,锚杆(索)均被用作核心的支护措施之一。国外的主要联合支护措施为长锚杆结合可缩式钢架应对挤压性变形地层;国内针对大变形隧道也逐步开展了长锚杆(索)结合常规支护体系应对挤压性变形地层的实践,如兰渝铁路新城子等隧道采用长锚杆和长锚索,留足变形量,适当提高支护刚度,实现了隧道变形的有效控制。巷道工程作为大变形现象最为突出的地下工程之一,经过多年的研究与实践,现已形成了以锚杆与锚索支护为主体支护、多种支护方式并存的巷道支护格局,解决了大量巷道支护难题,保证了煤矿安全、高效生产。

综上所述,质量合格、及时高效的高强预应力锚杆(索)是应对隧道挤压大变形问题不可或缺的技术手段之一。

1.3 木寨岭公路隧道工程概况

1.3.1 工程简介

渭源至武都高速公路是国家高速公路(G75)兰州至海口的重要组成路段,北接在建的临洮至渭源高速公路和已建成的天水至定西高速公路(G30)陇西至渭源的连接线,南接已建成的武都至罐子沟高速公路,是甘肃省通达四川、重庆、贵州等的重要南出口公路,也是西北地区与西南地区间较为便捷的交通要道。

项目控制性工程木寨岭公路隧道穿越漳河与洮河的分水岭——木寨岭,横跨漳县、岷县两县,进口位于漳县大草滩小林沟沟口,出口位于岷县梅川镇素子沟下文斗村。木寨岭公路隧道采用分离式设计,其中左线进口里程 ZK210+635,出口里程 ZK225+861,全长 15226m;右线进口里程 YK210+635,出口里程 YK225+803,全长 15168m;设计高程 2419.12~2641.25m,最大埋深约 638m。隧道采用分离式双向四车道设计,隧道建筑限界净宽 10.25m,设计速度 80km/h。

渭武高速公路木寨岭隧道线路走向与 G212 国道走向基本一致,与兰渝铁路木寨岭隧道水平距离为 900~1200m,高差为 60~100m。隧道进口采用削竹式洞门,出口采用端墙式洞门。隧道设计 3 座斜井,1 号斜井长 1623m,2 号斜井长 1813m,3 号斜井长 1265m。

1.3.2 工程地质条件

1) 地层岩性

木寨岭公路隧道地质纵断面如图 1-3-1 所示,全线隧道均为 V 级围岩,稳定性极差,隧道穿越地层岩性以软质炭质板岩和断层压碎岩为主。据地质勘察资料显示,隧址区可分为第四系全新统松散岩类土体及前第四系基岩两大类,分述如下。

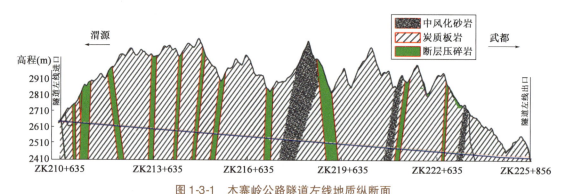

图 1-3-1 木寨岭公路隧道左线地质纵断面

(1) 第四系全新统松散岩类

按成因从上至下分类依次为:①第四系全新统坡积层(Q_4^{dl}),岩性主要为碎石和黄土状粉土,位于隧道进出口区域;②第四系全新统滑坡堆积物(Q_4^{del}),岩性主要为黄土状粉土,主要分布于瓦窑沟内;③第四系上更新统风积马兰黄土层(Q_3^{eol}),岩性为粉质黏土,分布于出口段山顶及斜坡地带,钻孔揭露厚度34.7m。

(2)前第四系基岩

①古近系(E^b)。

a. 泥岩:主要分布在K210+805~K211+173和K223+885~K224+300段,褐红色,泥质结构,中厚层状构造。钻孔揭露的为强~中风化泥岩;岩层倾角较平缓,近水平。

b. 砾岩:主要分布在K210+818~K211+170和K223+915~K224+918段,褐红色,砾状结构,中厚层状构造,泥钙质胶结;岩层倾角较平缓,近水平。

c. 砂岩:主要分布在K223+894~K225+012段,褐红色,细粒结构,中厚层状构造,泥质胶结;岩层倾角较平缓,近水平。

②二叠系下统(P_1)。

a. 炭质板岩:广泛分布于大坪村至隧道终点素子沟之间,受沉积韵律影响,局部地段相变为砂岩;黑灰色,泥质变余结构,薄层板状构造;岩层产状以北倾为主,受构造影响复杂多变。

b. 砂岩:分布于大坪村至隧道终点素子沟之间,与炭质板岩多呈互层或夹层分布,多数厚度较薄,厚仅可达数米,单层厚度超数十米的少见,褐红色,细粒结构,中厚层状构造;岩层产状以北倾为主,受构造影响复杂多变。

③石炭系下统(C_1)。

a. 灰岩:主要分布于酒店子村一带,浅灰色夹肉红色,中厚层状构造。

b. 炭质板岩:主要分布于酒店子—大坪村一带。黑灰色,泥质变余结构,薄层板状构造。

c. 砂岩:主要分布于酒店子—大坪村一带,褐红色,细粒结构,中厚层状构造。

d. 断层压碎岩:原岩为炭质板岩、灰岩或砂岩,岩体胶结差或无胶结,呈碎裂状松散结构;作为围岩,其稳定性极差。

各岩层的单轴饱和极限抗压强度见表1-3-1。

各岩层的单轴饱和极限抗压强度 表1-3-1

岩层名称	单轴饱和极限抗压强度						
	统计个数 n	统计值范围(MPa)	算术平均值 f_m(MPa)	标准差 σ_f	变异系数 δ	修正系数	标准值(MPa)
砾岩(E^b)	16	5.62~11.41	7.89	1.59	0.20	0.91	7.2
砂岩(E^b)	3	5.17~6.18	5.52				
炭质板岩(P_1)	30	11.23~45.66	28.56	7.99	0.28	0.91	26.0
砂岩(P_1)	21	21.27~33.82	28.95	3.84	0.13	0.98	28.5
炭质板岩(C_1)	6	16.37~41.24	25.48	8.53	0.33	0.75	19.2
砂岩(C_1)	9	37.84~68.23	48.77	12.80	0.26	0.83	40.8
断层压碎岩	8	12.12~15.94	14.00	1.40	0.10	0.93	13.00

注:已剔除异常值。

总体来说,除石炭系砂岩及灰岩为硬质岩外,二叠系炭质板岩、砂岩均为较硬岩,单轴饱和抗压强度很难达到30MPa以上,其余均为软岩。

2)地质构造

隧址融合了构造交会部位,地应力高度集中,褶皱带活动强烈,近东西走向断层发育,地质构造极为复杂,类型多样,对隧道存在较大影响的有 6 处褶皱(3 个背斜和 3 个向斜构造)以及 12 条断层破碎带。6 处褶皱主要特征见表 1-3-2;隧道穿越的 12 条断层破碎带分布如图 1-3-2 所示,具体特征见表 1-3-3。

6 处褶皱主要特征　　　　　　　　　　　表 1-3-2

名称	轴部里程	褶皱描述
大坪背斜	K212+400	以炭质板岩(P_1)为主,轴面陡倾,走向约 75°,与线路的夹角为 94°。北翼产状 20°∠70°,南翼产状 195°∠55°
大坪向斜	K213+060	与大坪向斜相接,走向 73°,轴面北倾,与线路交角近 92°。岩性以炭质板岩为主,核部呈垭口,北翼产状 40°∠50°S,南翼产状 200°∠78°
大坪南背斜	K213+600	与大坪向斜相接,走向 73°,轴面北倾,与线路交角近 92°。岩性以炭质板岩为主,核部呈垭口,北翼产状 40°∠50°S,南翼产状 200°∠78°
大坪南向斜	K214+040	走向 97°,轴面北倾,倾角约 73°,与线路夹角为 78°。岩性以炭质板岩为主,核部成岭,北翼产状 200°∠78°,南翼产状 20°∠70°
南水沟背斜	K215+600	地层以炭质板岩为主,走向 69°,轴面北倾,与线路夹角为 50°。北翼产状 348°∠60°,南翼产状 180°∠56°
南水沟向斜	K216+300	核部位于南水沟南侧,线路里程附近,走向 75°,与线路夹角为 34°。岩性以炭质板岩为主,北翼产状 20°∠70°,南翼产状 352°∠42°

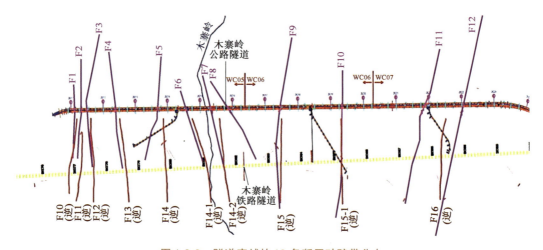

图 1-3-2　隧道穿越的 12 条断层破碎带分布

12 条断层破碎带主要特征　　　　　　　　　　　表 1-3-3

名称	断层产状	隧道穿越里程	褶皱描述
F1	197°∠84°	ZK211+035～ZK211+135、YK211+040～YK211+130	逆断层;上盘为灰岩(C_1)、下盘为炭质板岩(C_1),由断层角砾、断层泥和压碎岩组成
F2	195°∠71°	ZK211+240～ZK211+540、YK211+240～YK211+525	逆断层;上、下盘均为石灰岩(C_1^{LS}),破碎带由压碎岩组成
F3	13°∠80°	ZK211+305～ZK211+585、YK211+300～YK211+580	逆断层;上、下盘均为砂岩夹炭质板岩(P_1),破碎带组成以压碎岩、断层角砾为主
F4	195°∠56°	ZK212+385～ZK212+585、YK212+390～YK212+590	逆断层;上、下盘均为砂岩夹炭质板岩(P_1),破碎带组成以压碎岩、断层角砾为主

续上表

名称	断层产状	隧道穿越里程	褶皱描述
F5	25°∠70°	ZK213+555~ZK213+715、YK213+540~YK213+700	逆断层；上、下盘均为砂岩夹炭质板岩(P_1)，破碎带由压碎岩组成
F6	357°∠75°	ZK214+385~ZK214+505、YK214+370~YK214+490	逆断层；上、下盘为板岩夹砂岩夹炭质板岩(P_1)，破碎带由压碎岩组成
F7	358°∠65°	ZK215+030~ZK215+150、YK215+030~YK215+150	逆断层；上、下盘为板岩夹砂岩夹炭质板岩(P_1)，破碎带由断层角砾组成
F8	339°∠65°	ZK215+635~ZK215+805、YK215+635~YK215+805	逆断层；岩性为板岩夹砂岩夹炭质板岩(P_1)，破碎带以压碎岩为主，夹断层角砾、断层泥
F9	34°∠80°	ZK217+300~ZK217+520、YK217+300~YK217+520	逆断层；岩性为板岩夹砂岩夹炭质板岩(P_1)，破碎带以压碎岩为主，夹断层角砾、断层泥
F10	203°∠60°	ZK219+230~ZK219+610、YK219+230~YK219+610	逆断层；上、下盘均为板岩夹砂岩夹炭质板岩(P_1)，破碎带以压碎岩为主，夹断层角砾、断层泥
F11	51°∠60°	ZK221+540~ZK221+690、YK221+470~YK221+620	逆断层；上、下盘均为板岩夹砂岩夹炭质板岩(P_1)，破碎带以压碎岩为主，夹断层角砾、断层泥
F12	38°∠60°	ZK223+010~ZK223+105、YK223+010~YK223+105	逆断层；上、下盘均为板岩夹砂岩夹炭质板岩(P_1)，破碎带以压碎岩为主，夹断层角砾、断层泥

3）水文地质条件

隧址区地下水类型主要是基岩裂隙水和松散岩类孔隙水，岩层富水性变化较大。YK211+000~YK216+030和YK219+020~YK219+800段由于构造行迹发育，岩体破碎、节理裂隙发育，富水性较好；其余段相对富水性较弱。由于隧道埋深大，汇水面积大，局部地下水丰富，雨季时构造破碎带富水性好。

1.3.3 地应力分布特征

1）区域地应力场分析

根据《甘肃省区域地质志》有关构造应力场分析，该区域自前元古代以来一直以南北向的持续挤压应力为主，结合区域地质资料，区域构造线总体呈 NWW 向或近 EW 向展布，综合分析隧址区的主要断裂、褶皱构造走向（87°~126°），认为区域地应力方向应为 NNE 向。根据兰渝铁路木寨岭隧道地应力测试的断裂、褶皱构造走向（N55°~60°W）分析，区域地应力方向应该为 N30°~40°E，最大主应力为 38.38MPa。渭武高速公路木寨岭隧道勘察期间布置并实施了深孔钻探，孔深 330m，在孔深 295m、315m 处分别进行了地应力测试，成功定向一次，测得地应力方向 N34°E，最大水平主应力为 24.95MPa 和 27.16MPa，属高地应力区。定向测得的主应力方向与区域地应力方向是一致的。兰渝铁路木寨岭隧道及 G212 国道木寨岭隧道开挖施工中，隧址区最主要的工程地质问题是软岩变形，推定隧道线路方位与地应力接近平行，隧址区属高应力区。

2）实测地应力结果

施工图设计阶段分别在钻孔 S-SK03（里程 K214+085）和 S-SK05（里程 K218+400）中进行了地应力测试，测试方法采用水压致裂法。由于地层破碎、钻孔掉块、涌水等地质条件限制，在钻孔 S-SK03 和 S-SK05 分别选取了 5 段和 3 段进行了测试，结果如下：

(1)S-S03 钻孔的 5 个测段最大主应力值为 12.14~18.76MPa,最小主应力值为 7.34~11.61MPa,最大主应力方向为 39.6°。

(2)S-S05 钻孔的 3 个测段最大主应力值为 11.37~17.98MPa,最小主应力值为 6.80~10.06MPa,最大主应力方向为 34.1°。

测量结果与区域地应力场分析结果较吻合;且最大水平主应力方向与隧洞轴线方向大致相同,最小水平主应力与隧洞轴线方向大致垂直,故可取 $\sigma_{max} = S_H$,隧址区范围内的 R_c 值范围为 20~30MPa,R_c/S_H 值见表 1-3-4。

木寨岭公路隧道区域 R_c/S_H 值　　　　　表 1-3-4

序号	测段深度(m)	S_H(MPa)	R_c(MPa)	R_c/S_H
1	250	9.74	20~30	2.05~3.08
2	270	10.64	20~30	1.88~2.82
3	300	10.83	20~30	1.85~2.77
4	320	11.35	20~30	1.76~2.64
5	365	11.34	20~30	1.76~2.65
6	370	14.36	20~30	1.39~2.09
7	397	14.05	20~30	1.42~2.14
8	427	15.64	20~30	1.28~1.92

从表 1-3-4 可知,隧道区 8 个测段的 R_c/S_H 值均小于 4,表明测点附近属极高应力区,隧址区地层岩性较软,岩体较破碎。在极高应力状态下,隧道开挖后,围岩会发生大变形。

1.3.4　支护结构原设计

木寨岭公路隧道原支护体系为以喷射混凝土和钢拱架为核心的强力被动型支护体系。其中,喷射混凝土采用 C25 早强混凝土,厚度 25~53cm;钢拱架为 HW175/HW200b 型钢,厚度 50~80cm;二次衬砌为 C30 钢筋混凝土,厚度 50~60cm。木寨岭公路隧道部分设计支护参数见表 1-3-5,其中应用最多的支护体系为 SVc 和 SVf,结构体系如图 1-3-3 和图 1-3-4 所示。

木寨岭公路隧道部分设计支护参数　　　　　表 1-3-5

支护体系		SVc	SVe	SVf	Ⅰ级大变形	Ⅱ级大变形
预留变形量(cm)		20	20	35	40	50
喷射混凝土	C25 早强混凝土(cm)	25	28	28	30	一层 28,二层 25
锚杆	直径(mm)	φ25 锚杆	φ25 锚杆	φ25 自进锚杆/φ42 注浆导管	φ42 注浆导管	φ42 注浆导管
	长度(cm)	400	400	500/400	450	450
	间距(cm)	100×80	100×50	100×100	100×60	100×60
钢架	型钢型号	HW175	HW175	HW175	HW200b	一层 HW175,二层 HW175
	间距(cm)	80	50	50	60	60
二次衬砌	C30 钢筋混凝土厚度(cm)	50	50	55	55	60

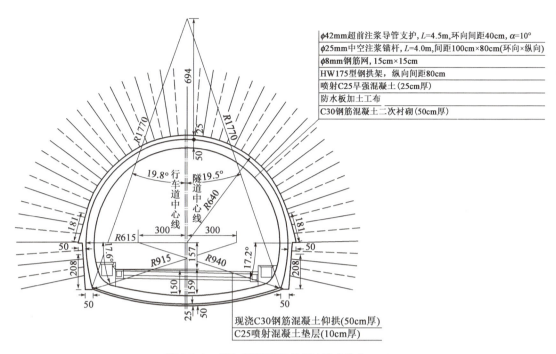

图 1-3-3　SVc 型衬砌结构图(尺寸单位:cm)

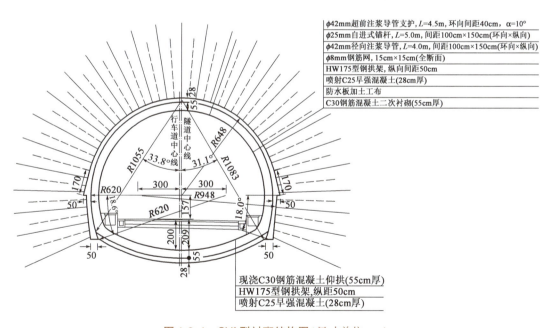

图 1-3-4　SVf 型衬砌结构图(尺寸单位:cm)

对比《公路隧道设计规范　第一册　土建工程》(JTG 3370.1—2018)中Ⅴ级围岩支护参数推荐值(表1-3-6)可知:以上支护参数普遍处于规范推荐值的临界值或超过推荐值,尤以 SVf 参数为典型,"强力被动支护"的特征显著。Ⅱ级大变形支护体系虽为双层支护体系,但实践中未能够有效提出何时、何种条件下施作第二层支护,多数情况下在施作第一层支护后即不得不进行拆换,使得木寨岭公路隧道的支护体系逐渐趋向于强化第一层初期支护。

《公路隧道设计规范 第一册 土建工程》(JTG 3370.1—2018)中支护参数推荐值　　　表1-3-6

围岩级别	喷射混凝土厚度(cm)		锚杆(m)			钢筋网间距(cm)	钢架(cm)		二次衬砌厚度(cm)	
	拱、墙	仰拱	位置	长度	间距		间距	截面高度	拱、墙混凝土	仰拱混凝土
V	18~28	—	拱、墙	3.0~3.5	0.6~1.0	拱、墙 20×20	0.6~1.0	14~22	35~50(钢筋混凝土)	0 或 35~50(钢筋混凝土)

1.3.5　原支护体系破坏情况——以2号斜井为例

2号斜井进洞约60m处即开始出现初期支护大变形,至2号斜井贯通,已相继出现9段累计546m的初期支护变形拆换,占总长度的27%,最大变形3145mm,最大变形速率831mm/d(单侧)。自开工以来,斜井平均月进度仅为50m左右,拆换拱造成的停工达9个月,工程进度非常缓慢。表1-3-7为2号斜井的大变形情况统计。初期支护典型破坏形式如图1-3-5所示。

2号斜井围岩大变形情况统计　　　表1-3-7

编号	里程	长度(m)	埋深(m)	岩性	拱顶下沉(mm)	拱腰收敛(mm)	破坏现象
1	XK0+060~+250	190	35~137	破碎带	120~180	150~230	破坏主要为拱腰;混凝土局部开裂
2	XK0+300~+420	120	137~215		230~327	300~580	破坏主要为拱腰;混凝土开裂、局部掉块,部分钢架扭曲
3	XK0+764~+865	101	280~290	砂质板岩与炭质板岩	250~427	320~600	破坏主要为拱顶;混凝土开裂、局部掉块,部分钢架扭曲
4	XK1+010~+115	105	309~352	炭质板岩为主,夹砂质板岩	500~750	650~1550	整体大变形;混凝土掉块严重,钢架频繁扭曲、折叠
5	XK1+330~+380	50	447~474		240~513	637~1224	破坏主要为拱顶与拱腰,混凝土掉块较严重,钢架频繁翘曲、扭曲
6	XK1+525~+564	39	568~597		240~565	637~3145	破坏主要为拱顶与拱腰,局部压溃;混凝土掉块严重,钢架频繁扭曲、折叠
7	XK1+564~+587	23	590~597	薄层状炭质板岩	291~467	657~1205	破坏主要为拱腰;混凝土掉块严重,钢架翘曲、扭曲
8	XK1+622~+666	44	548~569		140~458	127~2936	破坏主要为拱腰、部分压溃;混凝土掉块严重,钢架翘曲、扭曲、折叠
9	XK1+666~+696	44	569~578		67~245	461~1278	破坏主要为右边墙至拱顶;混凝土掉块严重,钢架翘曲、扭曲

图 1-3-5 初期支护典型破坏形式

第 2 章
考虑高应力软岩蠕变效应的隧道变形预测与分级

软岩隧道大变形研究主要分四大领域:变形实录、围岩-支护变形机制、变形预测与分级、变形控制技术。其中,建立在工程实录上的围岩-支护变形机制研究是变形预测与分级和变形控制技术(发展)的基础,而变形控制技术则是最终目标。隧道工程实践中,尤其是隧道勘察设计阶段,种类繁多的变形控制技术需与变形预测相协同、匹配,才可能得到"最优解",因此变形预测与分级在隧道大变形研究中具有鲜明的"承前启后"作用,尤为关键。

2.1 概述

围绕高应力软岩隧道变形预测,国内外学者提出了多种预测指标及量化方法,主要包括:①基于工程实践的经验方法,如 Singh 等提出的基于埋深和 Q 系统的方法、Goel 等提出的基于隧道净宽和岩体质量 N 的方法;②基于半经验半理论的方法,如 Hoek 提出的基于岩体强度应力比的方法、陈卫忠提出的基于岩体基本质量指标修正值[BQ]的方法;③基于数学模型或数值计算的方法,如骆顺天提出的基于统计分析的多指标预测方法。

在已有变形预测研究中,都未考虑高应力作用下软岩蠕变效应的影响。事实上,软岩蠕变效应一直是岩石力学领域研究的重点问题,蠕变造成的隧道支护结构变形、衬砌开裂、渗漏水等极为普遍。因此,在高应力软岩隧道变形预测中忽略围岩的蠕变效应,将难以避免地出现变形预测不合理、不准确,继而导致支护技术及体系不匹配、不协同,这便是部分已建成隧道在建设期或运营多年后出现广泛二次衬砌开裂现象的重要原因,如易峨高公路田心隧道对二次衬砌进行了多次的修复,新鹧鸪山隧道、杜家山隧道在建设阶段均出现了二次衬砌开裂的现象。

综上所述,本章将以木寨岭公路隧道为研究对象,提出一种基于数值模拟且可考虑岩体蠕变特性的高应力软岩隧道变形预测方法,并将预测结果与未考虑蠕变特性时的结果进行对比,在分析岩体蠕变对围岩变形预测带来影响的同时,获取木寨岭公路隧道设计阶段全线变形预测与分级。

2.2 隧址区应力场分析

2.2.1 实测钻孔应力数据分析

木寨岭公路隧道隧址区内共有 3 个地应力测试孔:①钻孔 S-SK03,应于木寨岭公路隧道 K214+085 处;②钻孔 S-SK05,应于木寨岭公路隧道 K218+400 处;③钻孔 N2,位于木寨岭铁路隧道 DK183+800 处。3 个钻孔实测应力分布图如图 2-2-1 所示。

由图 2-2-1 可见,木寨岭公路隧道隧址区地应力总体呈现 $S_H > S_h > S_v$ 的特征,水平主应力占主导地位,两个水平应力均大于垂直应力,且随埋深增加,各应力分量总体也相应增大。同时,测孔附近的地应力场以 NNE 向挤压为主,印模法实测主应力方向为 N39.6°E、N34.1°E、N47°E,与隧道轴线方向大致相同。

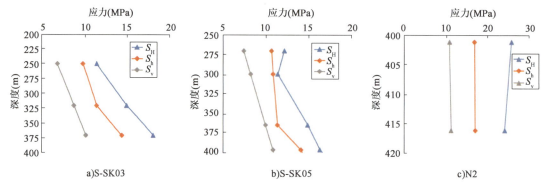

图 2-2-1　3 个钻孔实测应力分布图

注：S_H 为最大水平主应力；S_h 为最小水平主应力；S_v 为垂直主应力，根据岩石的重度和上覆岩层的厚度，按公式估算得出。

2.2.2　初始应力反演分析

1）计算模型与参数

考虑木寨岭公路隧道隧址区内工程地质、地形地貌和隧道埋深等分布情况，并兼顾现有计算机运算能力和计算精度需求，建立模型计算区域长 16650m（X 向）×宽 3150m（Y 向），模型底面高程 2400m。其中，模型顶面（地表面）建立过程如下：将 CAD（含有等高线）平面图导入 Surfer 软件，采用克里金插值法得到高精度地形坐标值，再将其导入 ANSYS 建立三维数值地质模型。

计算模型中对隧址区内涉及的 11 条主要断层进行了线性近似处理（不规则断层面近似为平面），建立地层主要为中风化炭质板岩（P_1）和断层压碎岩，以及洞口分布较广的中风化灰岩（C_1）和中风化炭质板岩（C_1），建立的三维计算模型如图 2-2-2 所示，各地层参数见表 2-2-1。计算模型全部采用 10 节点四面体等参单元（Solid92），共计单元数 594019 个，节点数 883409 个。

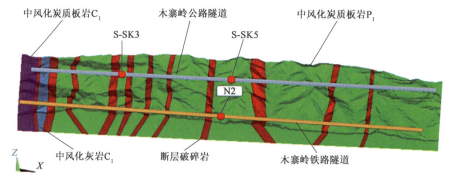

图 2-2-2　木寨岭公路隧道隧址区三维地质模型

主要地层物理力学参数　　　　　　　　　　　　　　表 2-2-1

岩体名称	变形模量 E（GPa）	泊松比	重度（kN/m³）
中风化炭质板岩（P_1）	2	0.35	27.0
断层压碎岩	1.5	0.40	27.0

续上表

岩体名称	变形模量 E(GPa)	泊松比	重度(kN/m³)
中风化灰岩(C_1)	6	0.30	27.0
中风化炭质板岩(C_1)	3	0.35	27.0

2) 反演分析方法

初始应力场采用数值模型结合多元线性回归法进行计算。首先,根据木寨岭公路隧道实测地应力结果,将计算域内的地应力场视为自重应力场和边界构造应力场的线性叠加;其次,通过分解、模拟自重应力场及边界荷载应力场;最后,开展多元线性回归分析获取反演地应力场。

鉴于木寨岭公路隧道水压致裂法所测得的地应力结果无垂直面内的剪切应力,故计算中选取自重应力场和5个边界水平构造应力场,如图2-2-3所示。

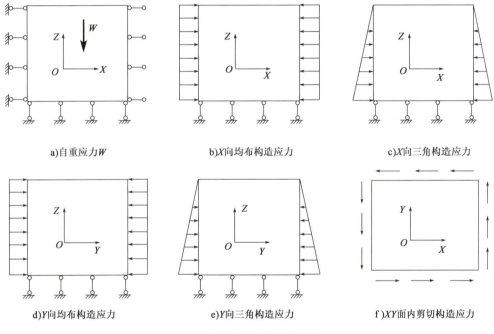

图 2-2-3 模型加载示意图

(1) 自重应力场:对模型底面及侧面施加法向约束,并对模型施加 Z 向重力荷载。

(2) X 向水平构造应力场:对模型两侧 X 面施加 X 向水平均布荷载与三角荷载模拟该方向上的构造应力,底面及未加载的两个侧面施加法向约束。

(3) Y 向水平构造应力场:对模型两侧 Y 面施加 Y 向水平均布荷载与三角荷载,底面及未加载的两个侧面施加法向约束。

(4) XOY 面剪切构造应力场:在模型侧面施加边界位移以等效模拟剪应力,具体而言,在 X、Y 面施加 0.01m 的水平控制位移。

3) 反演结果与分析

通过计算得到自重应力和5个边界水平构造应力作用下的模型应力云图,如图2-2-4～图2-2-9所示。

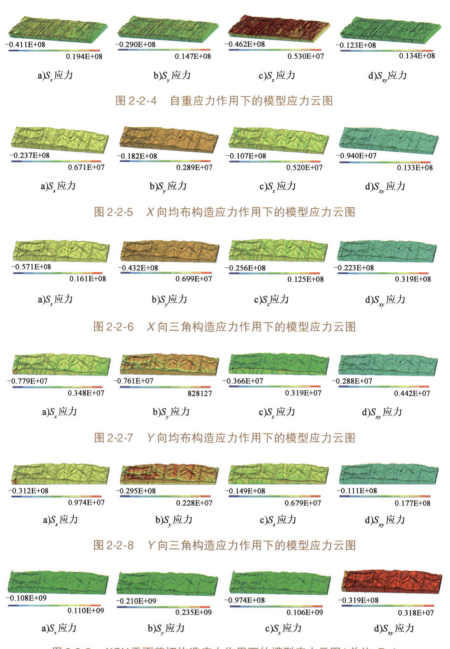

图 2-2-4　自重应力作用下的模型应力云图

图 2-2-5　X 向均布构造应力作用下的模型应力云图

图 2-2-6　X 向三角构造应力作用下的模型应力云图

图 2-2-7　Y 向均布构造应力作用下的模型应力云图

图 2-2-8　Y 向三角构造应力作用下的模型应力云图

图 2-2-9　XOY 平面剪切构造应力作用下的模型应力云图(单位:Pa)

提取图 2-2-4～图 2-2-9 中各应力场作用下 S-SK03、S-SK05 测点处的地应力反演值,综合运用多元线性回归方法,即得到木寨岭公路隧道地应力回归方程为:

$$\sigma = 2.789 + 1.293\sigma_{自} - 1064.325\sigma_{构1} - 18.334\sigma_{构2} + 450.412\sigma_{构3} + 6.802\sigma_{构4} + 211.0615\sigma_{构5} \quad (2\text{-}2\text{-}1)$$

式中:σ——应力场回归值(MPa);

$\sigma_{自}$——自重应力(MPa);

$\sigma_{构1}$——X 向均布构造应力(MPa);

$\sigma_{构2}$——X 向三角构造应力(MPa);

$\sigma_{构3}$——Y 向均布构造应力(MPa);

$\sigma_{构4}$——Y 向三角构造应力(MPa);

$\sigma_{构5}$——XY 面内剪切构造应力(MPa)。

经计算,得到复相关系数 $r = 0.9788$,接近于 1,表明反演数据与钻孔 S-SK03、S-SK05 处测值的变化规律较为吻合。计算得到的偏相关系数为:$V_1 = 245.44$,$V_2 = 2.9$,$V_3 = 611.32$,$V_4 = 10.3$,$V_5 = 781.93$,$V_6 = 8.01$。由此可以看出,回归方程 $\sigma_{自}$、$\sigma_{构3}$、$\sigma_{构4}$ 项系数与回归应力值有较大关系,说明这 3 项与木寨岭公路隧道现场实测值具有较强的关联性,均不可剔除;虽然 $\sigma_{构5}$ 的偏相关系数较小,但考虑到 $\sigma_{构5}$ 是唯一反映模型剪应力的工况,所以本次反演仍然保留此项;而 $\sigma_{构2}$ 和 $\sigma_{构4}$ 的偏相关系数较小,予以剔除。

进一步将未代入回归分析的铁路隧道钻孔 N2 处测值与回归值进行比较,见表 2-2-2,主应力的反演结果与实测值是较为接近的,绝对误差为 0.58~3.9MPa,相对误差为 2.26%~22.98%,佐证了本次地应力反演的可靠性。

N2 钻孔主应力反演与实测结果对比　　　　表 2-2-2

钻孔编号	测点	S_H(MPa)				S_h(MPa)				S_v(MPa)			
		实测值	回归值	绝对误差	相对误差	实测值	回归值	绝对误差	相对误差	实测值	回归值	绝对误差	相对误差
N2	1	25.7	25.1	0.6	2.3%	16.8	20.5	3.7	22.2%	10.7	12.8	2.1	19.2%
	2	24.1	25.4	1.3	5.7%	17.0	20.9	3.9	23.0%	11.1	13.3	2.2	19.1%

基于工程隧址区地应力场反演结果,提取木寨岭公路隧道轴线(以左线为例)地应力数据,绘制应力场分布规律,如图 2-2-10 所示,考虑到数值仿真过程中界面端部效应的影响,剔除了左、右洞口段部分应力数据。

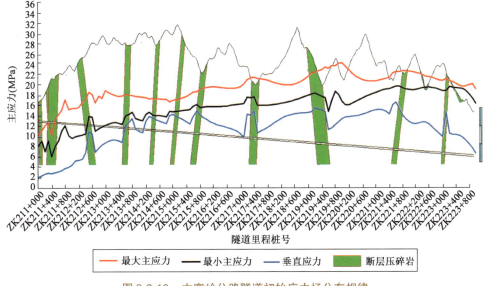

图 2-2-10　木寨岭公路隧道初始应力场分布规律

由图 2-2-10 可以看出,木寨岭公路隧道初始地应力场具有如下特征:

(1)隧道埋深越大,垂直主应力越大,且与埋深基本呈线性关系。而水平主应力则与埋深未有明显的关联性,显示木寨岭公路隧道隧址区水平构造应力较发育。

(2)木寨岭公路隧道轴线方向上主应力值关系表现为 $\sigma_H > \sigma_h > \sigma_v$,即最大水平主应力 > 最小水平主应力 > 垂直主应力,表明木寨岭公路隧道隧址区的初始应力场是以水平构造应力为主导的。

(3)木寨岭公路隧道轴线方向最大主应力在 20MPa 左右,结合岩石单轴饱和抗压强度值(<30MPa)分析,可判定木寨岭公路隧道为极高地应力隧道。

(4)断层对初始应力场有一定影响,近断层区域初始应力场出现了明显的波动。

2.3 蠕变模型与参数

2.3.1 岩石蠕变模型简介

岩石蠕变模型常由虎克体、牛顿体和圣维南体联合组成(图 2-3-1)。

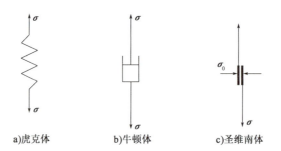

a)虎克体　　　b)牛顿体　　　c)圣维南体

图 2-3-1 蠕变模型基本组成元件体

1)弹性元件——虎克体(H)

虎克体通常表示物体的弹性特征,常用弹簧表示,如图 2-3-1a)所示,其应力 σ-应变 ε 关系服从虎克定律,即:

$$\sigma = E \cdot \varepsilon \tag{2-3-1}$$

式中:E——材料的弹性模量(MPa)。

2)黏性元件——牛顿体(N)

牛顿体通常表示物体的黏性特征,常用黏壶表示,如图 2-3-1b)所示,其应力 σ-应变速率 $\dot{\varepsilon}$ 呈正相关关系:

$$\sigma = \eta \cdot \dot{\varepsilon} \tag{2-3-2}$$

式中:η——黏滞系数。

3)塑性元件——圣维南体(V)

圣维南体通常表示物体的塑性特征,常用摩擦滑块表示,如图 2-3-1c)所示,其本构方程如下:

$$\begin{cases} \sigma < \sigma_s & (\varepsilon = 0) \\ \sigma \geq \sigma_s & (\varepsilon \to \infty) \end{cases} \quad (2\text{-}3\text{-}3)$$

式中:σ_s——极限摩阻力(kPa)。

2.3.2 木寨岭公路隧道炭质板岩蠕变模型及参数确定

根据相关学者针对木寨岭隧址区域开展的关于炭质板岩蠕变特性的试验研究(文献:《木寨岭隧道炭质板岩流变力学特性研究》《公路隧道炭质板岩变形规律及蠕变特性研究》),可知该炭质板岩蠕变曲线具有下述特征:

(1)在各级应力荷载作用下,岩样均产生了瞬时变形,故蠕变模型中应存在虎克体以反映瞬时弹性应变。

(2)在各级应力荷载作用下,岩样蠕变应变有随时间增加而增大的趋势,故蠕变模型中应包含牛顿体。

(3)蠕变产生后卸荷,部分应变不恢复,故蠕变模型中应包含塑性体。

(4)当应力水平较低时,岩样蠕变应变增加缓慢,蠕变速率逐渐趋近于0。

(5)当应力水平较高时,岩样发生破坏,但加速蠕变现象不明显。

根据上述蠕变特征和地勘报告,采用既能描述岩石的黏弹性蠕变状态,又能描述等速蠕变破坏的 Cvisc 模型。Cvisc 模型是由麦克斯维尔体(Maxwell)、开尔文体(Kelvin)和莫尔-库仑(M-C)塑性体串联而成的黏弹塑性模型,如图2-3-2所示。图中,E_M、E_K 为 Maxwell 弹性模量和 Kelvin 弹性模量;η_M、η_K 为 Maxwell 动力黏度和 Kelvin 黏度;σ_t 为抗拉强度;σ 为总应力。

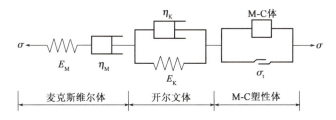

图 2-3-2 Cvisc 蠕变模型

(1)$\sigma < \sigma_t$,M-C 塑性体无应变,Cvisc 蠕变模型退化为 Burgers 蠕变模型,一维蠕变方程如下:

$$\varepsilon = \frac{\sigma}{E_M} + \frac{\sigma_t}{\eta_M} + \frac{\sigma}{K_K}\left[1 - \exp\left(1 - \frac{K_K}{\eta_K}t\right)\right] \quad (2\text{-}3\text{-}4)$$

(2)$\sigma > \sigma_t$,一维蠕变方程如下:

$$\varepsilon = \frac{\sigma}{E_M} + \frac{\sigma_t}{\eta_M} + \frac{\sigma}{K_K}\left[1 - \exp\left(1 - \frac{E_K}{\eta_K}t\right)\right] + \varepsilon_p \quad (2\text{-}3\text{-}5)$$

式中:ε_p——塑性应变。

结合已开展的炭质板岩蠕变特性试验成果(文献:《木寨岭深埋隧道板岩吸水强度软化结构效应试验研究》《干燥与饱水状态下炭质板岩蠕变特性研究》),综合木寨岭公路隧道施工过程中的围岩位移表现,确定炭质板岩的蠕变参数取值,见表2-3-1。鉴于目前针对断层压碎岩的蠕变试验较少,蠕变数据难以获得,考虑本次模拟中断层压碎岩的原岩主要为炭质板岩,且变形模量为炭质板岩平均变形模量的75%,模拟中将断层压碎岩的蠕变参数取炭质板岩蠕变参数的75%。

木寨岭公路隧道围岩蠕变参数　　表 2-3-1

围岩岩性	Maxwell 剪切模量 G_M（GPa）	Maxwell 黏度 η_M（GPa·h）	Kelvin 剪切模量 G_K（GPa）	Kelvin 黏度 η_K（GPa·h）
炭质板岩	1	8300	2	138
断层岩石	0.75	6225	1.5	103.5

地勘资料显示,木寨岭公路隧道穿越的中风化炭质板岩(P_1)的岩体基本质量指标修正值[BQ]变化范围较大,故设定炭质板岩(P_1)的弹塑性参数为一变化区间,上限取中风化炭质板岩(P_1)参数,下限取强风化炭质板岩(P_1)参数,断层岩参数为单一不变值。具体参数见表 2-3-2。

木寨岭公路隧道围岩弹塑性参数　　表 2-3-2

岩体类型	界限	变形模量 E（GPa）	泊松比 μ	黏聚力 c（MPa）	内摩擦角 φ（°）	重度 γ（kN/m³）	备注
炭质板岩	上限	2.0	0.35	0.80	28	27.0	[BQ]=214
	下限	1.2	0.38	0.50	25	27.0	[BQ]=54
断层压碎岩		1.2	0.39	0.45	24	27.0	

2.4 数值模拟分析

为分析岩体蠕变特性对变形预测的影响,并论证本次研究所提的设计阶段变形预测合理性,计算分两部分开展:①采用 Cvisc 模型(蠕变模型)进行计算;②采用数值模拟中最常用的 M-C 模型(莫尔-库仑模型)进行计算。

2.4.1 计算断面及参数

岩体特性、地应力场是影响软岩隧道围岩变形的核心因素,故计算断面的选取将首先以设计文件划分的沿线岩性分布为依据划分计算段落,再根据隧道初始地应力分布情况(图 2-2-10)选取各计算段落中应力水平最大与最小的两个断面作为典型计算断面。同时,鉴于木寨岭公路隧道炭质板岩[BQ]值变化范围较大,且[BQ]作为围岩分级的核心指标,直接影响计算参数的取值,故设定其弹塑性参数 E、c、φ、μ 以[BQ]平均值为基础([BQ]=214、54 对应表 2-3-2 中上限、下限参数),采用线性差值进行调整,而蠕变参数则保持不变;具体计算断面及参数见表 2-4-1(以左线为例)。

木寨岭公路隧道变形预测相关计算资料(左线)　　表 2-4-1

段落起讫里程(ZK)	主要岩性	[BQ]均值	计算断面 1(ZK)	计算断面 2(ZK)
212+000~212+185	炭质板岩	190.5	211+900	212+100
212+185~212+385	炭质板岩	54	212+200	212+300
212+385~212+585	断层压碎岩	—	212+400	212+500

续上表

段落起讫里程(ZK)	主要岩性	[BQ]均值	计算断面1(ZK)	计算断面2(ZK)
212+585~212+785	炭质板岩	54	212+600	212+700
212+785~213+355	炭质板岩	189	212+800	213+200
213+355~213+555	炭质板岩	92.8	213+400	213+500
213+555~213+715	断层压碎岩	—	213+600	213+700
213+715~213+915	炭质板岩	92.8	213+800	213+900
213+915~214+285	炭质板岩	190	214+000	214+200
214+285~214+385	炭质板岩	114	214+300	—
214+385~214+505	断层压碎岩	—	214+400	214+500
214+505~214+705	炭质板岩	93	214+600	214+700
214+705~214+830	炭质板岩	133	214+800	—
214+830~215+030	炭质板岩	54.3	214+900	215+000
215+030~215+150	断层压碎岩	—	215+100	—
215+150~215+635	炭质板岩	54.3	215+400	215+600
215+635~215+805	断层压碎岩	—	215+700	215+800
215+805~216+005	炭质板岩	54.3	215+900	216+000
216+005~217+100	炭质板岩	171	216+100	217+100
217+100~217+300	炭质板岩	54.3	217+100	217+300
217+300~217+520	断层压碎岩	—	217+300	217+500
217+520~217+720	炭质板岩	54.3	217+600	217+700
217+720~219+030	炭质板岩	214	217+700	219+000
219+030~219+230	炭质板岩	84.3	219+100	219+200
219+230~219+610	断层压碎岩	—	219+300	219+600
219+610~219+810	炭质板岩	84.3	219+700	219+800
219+810~221+340	炭质板岩	203	219+900	221+100
221+340~221+540	炭质板岩	92.5	221+400	221+500
221+540~221+690	断层压碎岩	—	221+600	—
221+690~221+890	炭质板岩	92.5	221+700	221+800
221+890~222+810	炭质板岩	196.8	221+900	222+800
222+810~223+010	炭质板岩	92.5	222+900	223+000
223+010~223+105	断层压碎岩	—	223+100	—
223+105~223+305	炭质板岩	92.5	223+200	223+300
223+305~224+000	炭质板岩	190.6	223+400	224+000

注：里程ZK212前及ZK224后，因垂直应力小，地应力场模拟出现明显偏差，予以剔除。

2.4.2 数值模拟过程

采用多工况计算模式,即模拟不同围岩(弹塑性)参数、蠕变参数和初始应力场下的隧道开挖位移量,数值模拟以 FLAC3D 重启动功能为基础,使用 Fish 语言设置参数随工况变化,共计模拟 192 个计算工况。

计算模型中的隧道断面尺寸同设计,图 2-4-1 为设计的开挖断面。模型开挖边界为:水平和竖直方向均设置洞壁到边界 50m。建立的模型包含 8591 个单元、12542 个节点,如图 2-4-2 所示。在模型上边界施加荷载模拟隧道埋深,在左右边界施加荷载模拟水平应力场。

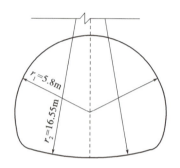
图 2-4-1 木寨岭公路隧道断面尺寸示意图

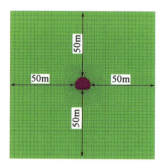
图 2-4-2 隧道计算模型图

(1)模型地应力平衡模拟。采用应力-边界法(S-B 法),根据图 2-2-10 中的地应力分布,对选定断面的初始地应力场进行模拟。部分计算结果如图 2-4-3 和图 2-4-4 所示。

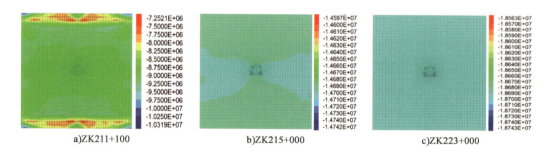

图 2-4-3 S_{xx} 应力(最小水平主应力)云图

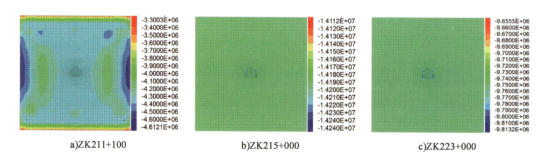

图 2-4-4 S_{zz} 应力(竖向应力)云图

(2) 隧道开挖弹塑性（M-C 准则）分析。将围岩本构模型设置为 M-C 模型，并赋予相应弹塑性参数，默认最大不平衡力与典型内力的比率小于 $1×10^{-5}$ 时即认为收敛。部分计算结果如图 2-4-5 和图 2-4-6 所示。

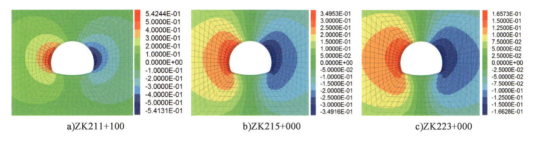

图 2-4-5　M-C 模型水平位移云图

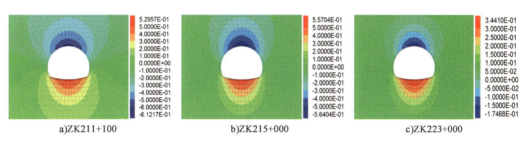

图 2-4-6　M-C 模型竖向位移云图

(3) 隧道开挖蠕变分析。调用步骤(1)中应力场模型，将围岩设置为 Cvisc 模型，并赋予相应蠕变参数。同时，为保证模拟计算中围岩变形发展完全，本步分析时间取一年半，即13140h。部分计算结果如图 2-4-7～图 2-4-9 所示。

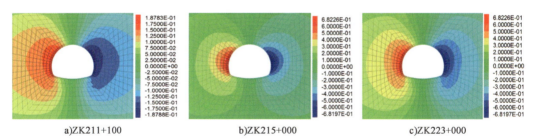

图 2-4-7　Cvisc 模型水平位移云图

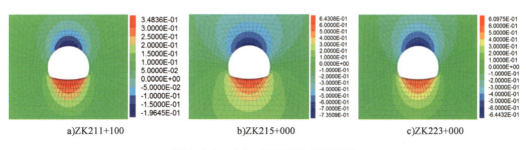

图 2-4-8　Cvisc 模型竖向位移云图

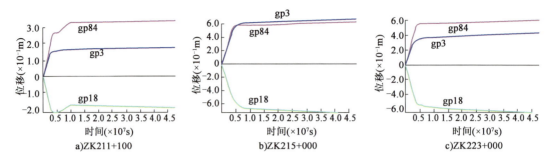

图 2-4-9 拱顶(gp18)、拱底(gp84)竖向位移和边墙(gp3)水平位移随时间变化曲线

2.5 蠕变特性对围岩变形预测的影响分析

2.5.1 围岩位移对比分析

提取各计算工况的最大位移(开挖断面处围岩最大变形值),如图 2-5-1 所示;绘制以 M-C 模型最大位移为基准的 Cvisc 模型最大位移增长量、增长率,如图 2-5-2 所示。其中,增长量为两种模型位移计算结果的差值,增长率为增长量与 M-C 模型最大位移的比值。

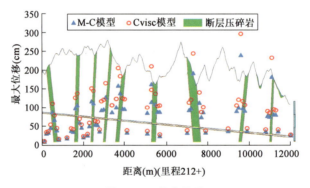

图 2-5-1 最大位移

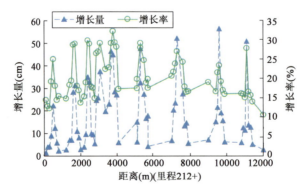

图 2-5-2 Cvisc 模型最大位移增长量、增长率

由图 2-5-1 和图 2-5-2 可以看出：

（1）采用 Cvisc 模型计算得到的最大位移明显大于 M-C 模型计算结果，其中，M-C 模型最大位移区间为 7.1～240.2cm，平均值为 71.6cm；而 Cvisc 模型最大位移区间为 9.1～296.7cm，平均值为 88.3cm。特别在断层区域及其附近，Cvisc 模型的最大位移增加显著。

（2）当围岩为炭质板岩时，Cvisc 模型的位移增长量、增长率的主体量值为 10cm、20%；当围岩为断层压碎岩时，主体量值增加至 40～50cm、30%。

由上述分析可看出，高应力软岩隧道变形预测中如忽略岩体蠕变特性，将会导致围岩位移计算偏小，进而影响后续对挤压变形程度的判定。

2.5.2 蠕变增大效应与应力场相关性分析

如前所述，围岩的蠕变特性对变形具有明显的放大效应，后续分析中，定义 Cvisc 模型相比于 M-C 模型的位移增长量、位移增长率为蠕变增大效应。从图 2-5-1、图 2-5-2 可进一步看出，不同里程的蠕变增大效应并不一致，究其原因主要受两方面因素影响：一是应力场，二是围岩的物理力学参数。

以断层压碎岩为例，分析蠕变增大效应与应力场间的关系。图 2-5-3 为不同应力值与蠕变位移增长量、增长率的关系曲线。

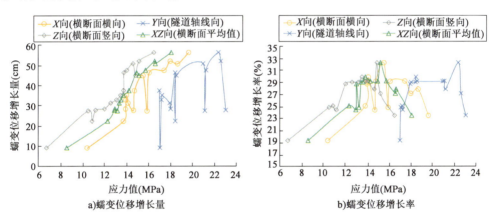

图 2-5-3 不同应力值与蠕变位移增长量、增长率的关系曲线

由图 2-5-3 可以看出：

（1）蠕变位移增长量与 X 向（横断面横向）、Z 向（横断面竖向）应力具有强关联性，总体呈现随应力值增大而变大的特性，而与 Y 向（隧道轴线向）应力无关联性，表现为跳跃式波动，这与工程实践结论是基本一致的。从整体变化规律而言，位移增长量既受 X 向应力，也受 Z 向应力的影响，当采用 XZ 向平均应力（X 向、Z 向应力的平均值）作为评价位移增长量变化的指标时，其与应力值间呈现了明显的线性正相关特性，为建立评价指标奠定了基础。

（2）蠕变位移增长率与 X 向应力、Y 向应力、Z 向应力，以及 XZ 向应力均无明显的线性相关特性，鉴于位移增长率表现出的变化范围较小，尤其是当应力值位于 10～20MPa 时，位移增长率整体仅在 20%～30% 间轻微波动，故仍建议采用 XZ 向平均应力评估对位移增长率的影响。

2.5.3 蠕变增大效应的影响因素分析

在明确蠕变增大效应与 XZ 向平均应力强关联后,进一步分析不同岩性及 XZ 向平均应力值与蠕变增大效应间的关系。图 2-5-4 给出了不同岩性时,蠕变位移增长量、增长率与 XZ 向平均应力的关系曲线。

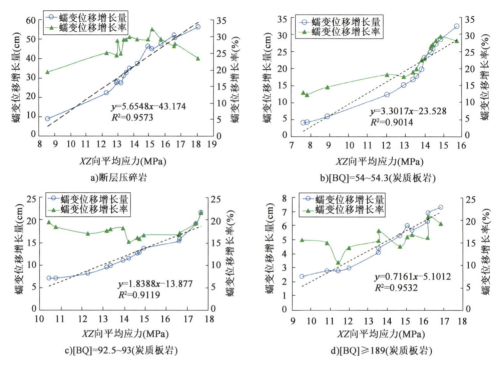

图 2-5-4 不同岩性时,蠕变位移增长量、增长率与 XZ 向平均应力的关系曲线

由图 2-5-4 可以看出:

(1)蠕变位移增长量方面:随 XZ 向平均应力增大,位移增长量逐渐变大,且增长量与平均应力间近似呈线性正相关,即断层压碎岩、[BQ] = 54~54.3(炭质板岩)、[BQ] = 92.5~93(炭质板岩)、[BQ] ≥ 189(炭质板岩)与平均应力关系均可采用线性拟合函数表示:$y = 5.65x - 43.17$,$y = 3.30x - 23.53$,$y = 1.84x - 13.88$,$y = 0.72x - 5.10$,且决定系数 R^2 均超过了 0.9。从 x 的系数可见,XZ 向平均应力对断层压碎岩的影响要明显大于炭质板岩,影响程度随[BQ]的增大而减小。

(2)蠕变位移增长率方面:断层压碎岩、[BQ] = 54~54.3(炭质板岩)、[BQ] = 92.5~93(炭质板岩)、[BQ] ≥ 189(炭质板岩)的分布区间、平均值依次为:19.4%~32.3%、27.3%、12.3%~29.4%、21.4%、15.1%~21.6%、17.7%、10.6%~20.8%、16.0%。从量值而言,断层压碎岩的位移增长率明显大于炭质板岩,且当围岩为炭质板岩时,增长率呈现出随[BQ]增大而(有所)减小的现象;从具体位移增长率变化而言,XZ 向平均应力为 13~15MPa 时,断层压碎岩、[BQ] = 54~54.3(炭质板岩)的位移增长率出现一定上升,并在此区间达到最大值,其后出现一定下降,而[BQ] = 92.5~93(炭质板岩)、[BQ] ≥ 189(炭质板岩)的位移增长率基本恒定;与位移增长量相比较时,XZ 向平均应力对位移增长率的影响明显要小,可认为基本恒定,采用平均值进行评价。

由上述分析可知,围岩条件越差,蠕变增大效应越大;围岩 XZ 向平均应力越大,蠕变增大效应中的位移增长量越大,而增长率则相对恒定。同时,基于对最好的围岩条件,即 $[BQ] \geq 189$(炭质板岩)进行分析,发现其位移增长率仍超过10%,因此在高应力软岩隧道变形预测中计入岩体蠕变特性的影响是必要的。

2.6 木寨岭公路隧道变形分级与检验

2.6.1 围岩变形分级

国际广泛采用的 Hoek 方案将隧道挤压变形等级分为4级,即轻微挤压变形($1\% \leq \varepsilon \leq 2.5\%$)、中等挤压变形($2.5\% < \varepsilon \leq 5\%$)、严重挤压变形($5\% < \varepsilon \leq 10\%$)、极严重挤压变形($\varepsilon > 10\%$)。以表2-4-1中数据为基准,并将计算断面1和计算断面2的最大位移平均值作为本段落的变形代表值,得到 M-C 模型、Cvisc 模型的变形等级预测结果,如图2-6-1 所示。

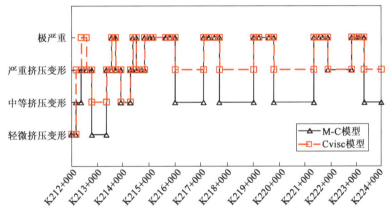

图 2-6-1 不同围岩本构模型变形等级预测结果

由图2-6-1可以看出:

(1)岩体的蠕变特性对围岩变形等级预测有明显影响,M-C 模型预测的结果明显弱于 Cvisc 模型,主要差异集中在里程 K216+000~K221+300。

(2)以 Cvisc 模型预测结果为基准,预测木寨岭公路隧道全线围岩(K212~K214)以严重~极严重挤压变形为主。其中,"极严重挤压变形"占比25.83%(3100/12000),"严重挤压变形"占比64.79%(7775/12000),"中等挤压变形"占比7.83%(940/12000),轻微挤压变形占比1.54%(185/12000)。

2.6.2 工程检验

结合现场施工情况反馈,里程 K216+000~K219+000 处,当采用强力支护模式时,涉及的主要支护参数为:H175 钢拱架(间距0.6m/0.8m)、28cm 或 25cm 厚 C25 喷射混凝土、ϕ8mm(全断面)双层钢筋网、4m 或 5m 长系统砂浆锚杆(间距1.0m),仍无法有效控制围岩变形,最大变形多数超过 30cm，平均为 40～50cm，频繁出现了喷射混凝土开裂，乃至钢拱架扭曲等现象，属于严重～极严重挤压变形，建设难度极大，与 Cvisc 模型预测结果较为一致。

图 2-6-2 为典型断面监测位移曲线，可以看出，木寨岭公路隧道岩体蠕变特性对位移的增大效应非常明显且持续时间长，故在设计阶段的变形等级划分中考虑高应力下软岩蠕变特性的影响是必要的。

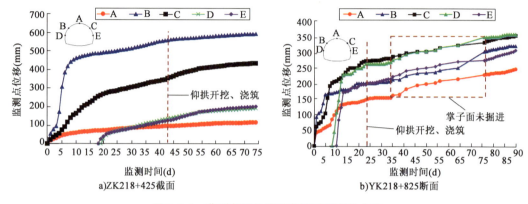

图 2-6-2　典型断面位移随监测时间变化曲线

2.7　本章小结

本章以木寨岭公路隧道工程为依托，首先采用三维计算模型与多元线性回归相结合的方法分析初始地应力场，并结合围岩段落划分选择典型计算断面；其次，提出基于 [BQ] 值的围岩参数取值方法，确定典型计算断面的围岩参数；再次，开展基于 M-C 模型和 Cvisc 模型的断面变形数值模拟分析，分析岩体蠕变特性对围岩变形的影响；最后，对比分析计算预测结果与实际围岩变形情况。本章得到的主要结论如下：

（1）木寨岭公路隧道隧址区初始应力场以水平构造应力为主导，三向主应力值关系为 $\sigma_H > \sigma_h > \sigma_v$，其中最大水平主应力约 20MPa，近断层区域初始应力场有明显变化。

（2）不考虑围岩蠕变特性时最大位移为 7.1～240.2cm，平均值为 71.6cm；计入蠕变特性后围岩变形明显增大，最大位移为 9.1～296.7cm，平均值为 88.3cm。在断层及其附近，蠕变效应会导致位移显著增加。

（3）蠕变位移增长量与 X 向、Z 向应力具有强关联性，呈现随应力值增大而变大的特性，而与 Y 向应力无关联性。当采用 XZ 向平均应力作为评价增长量变化的指标时，位移增长量与应力值间呈明显线性正相关关系。

（4）围岩条件越差，蠕变增大效应越显著；围岩 XZ 向平均应力越大，位移增长量越大，而位移增长率则相对恒定，可采用平均值进行设计估算。

（5）岩体蠕变特性对围岩变形等级预测有明显影响，M-C 模型的预测结果明显弱于 Cvisc 模型；基于 Cvisc 模型的预测结果揭示了木寨岭公路隧道全线将以严重～极严重挤压变形为主，占比 90% 以上。

第 3 章
挤压大变形隧道围岩变形控制方法适用性分析

工程实践中涉及的围岩大变形，通常是指不对围岩变形进行控制，或者仅采取常规控制措施时所出现的围岩大变形现象。实际上，对于此类围岩采取相应的支护对策后可将围岩变形控制在可接受水平，故实际工程中并不存在真实的围岩大变形，但有不同的变形控制方案。

目前，地下工程中常用变形控制模式主要有"快支强撑"模式、"抗-放"结合支护模式（如分层支护、应力释放法、让压支护等）、预加固支护模式、主动支护模式[预应力锚杆（索）技术]等。其他变形控制方法包括改变开挖断面形式，如直墙式改为曲墙式、曲墙式改为圆形断面等，以及转变开挖工法、优化工序等，这些方法虽具一定的变形控制效果，但应用制约因素较多，故高应力软岩隧道挤压大变形的控制一般以改变（改善）支护技术为优先。结合本次研究重点，本章论述的控制方法中不涵盖上述断面形式变更以及开挖工法、工序改变等内容。下面，针对围岩大变形主要支护理论简要阐述如下：

（1）"快支强撑"支护理论。"快支强撑"理论是大变形隧道主流支护理论之一，主要通过采取增强初期支护刚度、强度，以及尽早施作（强化型）二次衬砌的方式来实现对围岩变形的控制。

（2）"抗-放"结合支护理论。"抗-放"结合支护理论包括分（多）层支护、超前应力释放法和让压支护等，该支护理论是从围岩-支护相互作用的角度出发，力求在充分发挥围岩自承载性能的基础上，实现支护体系的最优解。

（3）预加固理论。通过一定技术手段对围岩体进行加固，强化围岩体的自承载能力，以此为主实现对围岩大变形的有效控制。

（4）主动支护理论。该理论广泛应用在煤矿巷道领域，主要通过采用预应力锚杆（索）手段，尽可能维持开挖后围岩的完整性，减少岩体强度的降低，构建以"围岩-预应力锚固系统"为承载主体的支护体系，以此实现对围岩大变形的有效控制。

如前所述，实际工程中并不存在围岩大变形，也正因如此，各支护理论必有其优先适用的工程条件。为此，本章将在分析各支护理论基本原理与调研实际应用案例基础上，开展支护理论的适应性研究。因围岩大变形控制的需要，后续部分案例中会出现多种变形控制技术联合使用的情形，在该部分案例分析中，主要分析的是核心变形控制技术。

3.1 "快支强撑"支护理论及其适用性分析

3.1.1 "快支强撑"支护理论概述

"快支强撑"遵照了"支护力"的理念，强调支护措施对围岩的支护、支撑作用。在遇到因开挖引发的围岩大变形时，主要技术手段为：通过加大支护结构的刚度、强度，如采用加厚的喷射混凝土、间距更密的高强度钢拱架以及尽早跟进施作二次衬砌等措施，以期控制围岩的变形，控制围岩松动圈的发展。

挤压大变形隧道在开挖后，因岩体自承载性能差、自稳时间短，断面开挖后围岩变形快且持续时间久，此时，若支护不及时或支护强度不足，在高地应力叠加作用下，应力将大范围重分布并会伴随岩体性状急剧恶化，使得塑性区乃至松动圈快速形成、发展，继而出现围岩大变形，并可进一步诱发支护体系损裂，甚至围岩坍塌等现象。因此，部分专家从"支护"角度，提出"软岩大变形隧道开挖后，需尽早采取高强度的支护手段，绝不允许过多的位移释放，在软岩大变形隧道中寻找最佳支护点是错误的"，即为"快支强撑"的理论来源之一。与该支护理论相适配，工程中逐步形成了增强环向支护，如提高喷射混凝土、钢拱架、二次衬砌强度及刚度的具体措施。

图 3-1-1 为基于围岩-支护特征曲线的强力支护作用理论示意图，图中，曲线 1 表示围岩特征曲线，曲线①、②、③表示支护特征曲线，P 为荷载（对围岩特征曲线，P 为围岩压力；对支护特征曲线，P 为支护力），U 为位移（对围岩特征曲线，U 为围岩位移；对支护特征曲线，U 为支护变形量）。其中，①、②的支护刚度相同但支护时机不同（分别为 U_2、U_1）；②、③的支护时机相同（均为 U_1）但支护刚度不同；③的支护刚度远大于②，但③随围岩的容许变形量明显小于②（支护刚度增大导致）。

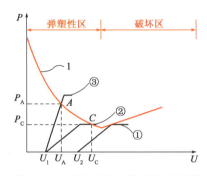

图 3-1-1　强力支护作用理论示意图

由图 3-1-1 可以看出：

（1）支护①、②为常规支护，其中支护①因支护时机过晚，支护强度增至一定程度时，围岩已进入破坏区。此时，随围岩变形增长，所需支护力极大，反映在图中支护①已无法与围岩曲线 1 相交，支护失败。另一种情况，即使支护①与围岩曲线 1 相交于"破坏区"，由于表层岩体进入破坏区，围岩自承载能力消耗殆尽，单独的支护措施已无法抵抗围岩"渐进式"破坏的逐步发生，将出现大变形。因此，挤压大变形隧道中及时施加支护是极为必要的。

（2）支护②与支护①相比，支护措施更加快速地实施，也成功与围岩曲线 1 相交于"弹塑区"。但是，因支护刚度低，出现的变形量大，此时的支护②与围岩曲线 1 的交点已进入结构塑性受力阶段，安全性低，同时围岩曲线 1 也趋向进入破坏区。因此，"围岩-支护"系统的整体稳定性与安全性均无法保障，特别是伴随高应力软岩隧道的蠕变特性逐步显现，出现"滞后缓侵型"大变形的概率大。

（3）支护③与支护②对比，在同样及时实施支护措施的基础上，提升了支护刚度，使得其与围岩曲线 1 成功相交，并有效保障、维持了围岩的自承载性能。同时，支护③与围岩曲线 1 的交点位于结构弹性受力阶段，因此支护成功。

在传统支护体系上逐渐发展并完善的"快支强撑"模式，突出了快速支护的必要性与强力支护的有效性。但是，"快支强撑"模式的主要缺陷也来自其有效性中，如图 3-1-1 中所示，虽然支护③处于弹性受力阶段，但其变形能力已基本"消耗殆尽"，且处于高应力状态，因此伴随高受力状态下支护结构自身性能的劣化，以及高应力环境引发的岩体强蠕变效应，初期支护易出现"即时突发型"的大变形，这也是"快支强撑"模式中强调二次衬砌及时跟进的原因之一。但是，二次衬砌的及时跟进并不能有效解决上述问题，部分挤压变形隧道在修建过程中或完成后仍会出现二次衬砌混凝土开裂等现象。

3.1.2 "快支强撑"支护模式在软岩大变形隧道中的应用

1)蒙华铁路中条山隧道高地应力 F7 断层带支护体系

(1)工程概况

蒙华铁路中条山隧道为双线铁路隧道,F7 断层(DK620+525~DK620+745)位于中条山西南段隆起带中,为中条山主干断层,发育在中条山北侧变质岩与南侧沉积岩接触带,表现为张扭性断层,宽度为 220m,断面倾向 SE,倾角为 55°~65°,埋深为 600~700m。DZ-6 深孔钻孔揭露多层断层泥和断层角砾,角砾泥质弱胶结,岩芯多呈块状、碎块状,少量呈短柱状,局部呈粉末状、泥状,岩芯单轴抗压强度为 5~12MPa,属 V 级围岩软岩。实测最大水平主应力为14.51MPa。

中条山隧道穿越 F7 断层时隧道支护结构设计参数为:全环施作 23cm 厚喷射混凝土;采用 H150 全环格栅钢架,间距 0.75m/榀;打设 12 根锁脚锚管,每根长 4m,预留变形量为 10cm;二次衬砌采用 C35 钢筋混凝土,厚 45cm。采用上述参数施工的左线 DK620+525~DK620+658、右线 DK620+535~DK620+649 共 247m 长,初期支护结构发生了不同程度的破坏。

(2)支护方案优化及效果

采取"刚性支护一次到位"支护理念,调整初期支护参数如下:采用 H230 格栅钢架+网喷混凝土,间距由 75cm 调整为 60cm,预留变形量 15cm。实施效果显示:最大沉降速率达12.8mm/d,最大收敛速率达 18mm/d,且后期变化值仍然较大,在采取长锚杆补强加固措施后,变形速率开始减慢,最终仍有部分初期支护侵限,说明采用的支护参数仍需要加强。

2)兰渝铁路毛羽山隧道大变形段支护体系

(1)工程概况

毛羽山隧道位于西秦岭高中山区,全长 8503m,为双线隧道,最大埋深约为 700m。隧道洞身通过的地层主要为薄层状板岩,板岩含膨胀性及翻土性矿物,泥质板岩单轴饱和抗压强度为5.63~17.7MPa、钙质板岩单轴饱和抗压强度为 22.7~36.3MPa。

隧道初期支护钢架采用 I20 型钢(间距 0.5m)+30cm 厚喷射混凝土。支护后围岩变形较大,变形速率较快,设计预留变形量明显不够,多次因变形量过大导致拆换钢拱架。

(2)支护方案优化及效果

采取以增强钢拱架支护力为核心的"刚性"支护理念。

①第 1 次调整:将 I20 型钢(间距 0.5m)调整为 I22b(间距 0.5m);但钢架拱部、拱腰处仍频繁发生扭曲、剪断,边墙侵限严重,需要进行大量换拱作业。

②第 2 次调整:将 I22b(间距 0.5m)增强为全环 H175 型钢(间距 0.5m);整体支护效果明显好于 I22b,但局部高地应力段仍不足以抗衡围岩压力,仍会发生钢架扭曲、混凝土剥落掉块、边墙侵限。因此可认为,对高地应力软岩挤压大变形隧道,一味提高支护刚度的方法并不可取。

3.1.3 "快支强撑"支护模式的适用性分析

目前,大部分已建成的挤压性围岩隧道仍主要采用"快支强撑"模式。需要指出的是,几乎全部已建成的挤压性围岩隧道在修建过程中均频繁出现过初期支护乃至二次衬砌的拆换,例如由于支护系统的重复性拆换,铁路木寨岭隧道历时 7 年方才完工。故"快支强撑"模式在挤压大变形隧道中有其适用范围。

1)挤压因子与挤压程度的辨识及分级

地应力水平和岩体强度被普遍认为是影响围岩挤压程度的最关键指标,因此可采用"挤压因子或挤压度 N_c"(Jethwa, et al., 1984)作为评价围岩挤压程度的指标,即:

$$N_c = \frac{\sigma_{cm}}{P_0} \tag{3-1-1}$$

式中:σ_{cm}——岩体单轴抗压强度(MPa);

P_0——初始地应力(MPa)。

由于岩体结构的复杂性,σ_{cm} 实际上是一个综合、概化地反映岩体强度的参数,其量值可采用 Hoek 提出的式(1-2-6)计算或按照莫尔-库仑准则(Mohr-Coulomb 准则)进行估算,即:

$$\sigma_{cm} = 2c_{cm}\tan\left(45° + \frac{\varphi_{cm}}{2}\right) = \frac{2c_{cm}\cos\varphi_{cm}}{1 - \sin\varphi_{cm}} \tag{3-1-2}$$

式中:c_{cm}——岩体峰值黏聚力(MPa);

φ_{cm}——岩体峰值内摩擦角(°)。

从上述挤压因子 N_c 出发,Hoek 根据大量隧道工程资料统计,提出了围岩挤压性分级,见表 3-1-1。

围岩挤压性分级表　　　　表 3-1-1

挤压因子 N_c	<0.11	0.11~0.16	0.16~0.22	0.22~0.36	>0.36
挤压等级	极严重	严重	中等	轻度	不明显
相对变形值 ε(%)	>10	5~10	2.5~5	1~2.5	<1

2)"快支强撑"支护模式的适用性

"快支强撑"支护模式的适用性研究可采用 Hoek(2001)针对地质条件较差的大直径隧道或地下空间(跨度 10~16m)等提出的有(被动)支护下的径向变形预测经验公式,即式(1-2-5)开展。结合既有研究成果,即"软岩隧道中挤压大变形发生的围岩段落,初始地应力多数超过 10MPa,而当初始地应力达到 20~30MPa 及以上时,挤压大变形发生次数将极为频繁",为使研究更具代表性,本次计算分析中设定 $P_0 = 15$MPa,代入式(1-2-5),得到不同挤压因子 N_c 时不同支护力 p_i 下洞周收敛率 ε_t 变化曲线,如图 3-1-2 所示。

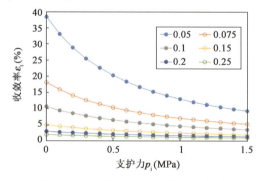

图 3-1-2　不同 N_c、p_i 与 ε_t 的关系曲线

由图 3-1-2 可以看出：

（1）不同挤压因子 N_c 时，收敛率 ε_t 随支护力 p_i 的增大而逐渐减小，但减小速率随 p_i 增大趋缓；当 $p_i > 1.0$ MPa 后，增加 p_i 难以取得较为有效的 ε_t 控制效果。

（2）当 N_c 较小时，增大 p_i，ε_t 快速减小，以 $N_c = 0.05$ 为例：p_i 由 0 增至 0.5MPa，对应 ε_t 由 38.5% 减至 20.33%，减小 18.17%；p_i 继续由 0.5MPa 增至 1.0MPa，对应 ε_t 由 20.33% 减至 13.00%，减小 7.33%。而当 N_c 较大时，增大 p_i，ε_t 缓慢减小，以 $N_c = 0.20$ 为例：p_i 由 0 增至 0.5MPa，对应 ε_t 由 2.95% 减至 2.06%，减小 0.89%；p_i 继续由 0.5MPa 增至 1.0MPa，对应 ε_t 由 2.06% 减至 1.60%，减小 0.46%。故从围岩变形控制角度，严重挤压隧道中施加强支护是极必要且重要的。

（3）根据本书第 1.2.4 节，目前以"喷射混凝土+钢架+全长黏结型锚杆"为主的初期支护体系，当 $\varepsilon_t \geq 3.0\%$，极易出现喷射混凝土开裂及钢架扭曲等现象。为此，设定 $\varepsilon_t < 3\%$ 为控制目标，则 $p_i = 0 \sim 1.5$MPa，$N_c = 0.05$、0.075、0.1 均无法支护成功。此处，针对支护力 p_i 实际取值，以木寨岭公路隧道为例，进行补充说明如下。

各支护结构（喷射混凝土、钢架、全长黏结型锚杆）的应力-应变关系一般假定为弹塑性，即存在屈服点（ε_e, σ_{max}）及破坏应变（ε_{max}），如图 3-1-3 所示。被动型构件对围岩的作用，实质上是支护力与围岩压力相互耦合、协调的过程，可采用特征曲线加以说明，如图 3-1-4 所示，其中的支护特征曲线可依据支护刚度 K 和支护变形量 U 表示如下：

$$\begin{cases} P = KU & (U_{in} < U < U_e) \\ P = KU_e & (U_e < U < U_{max}) \\ P = 0 & (U > U_{max}) \end{cases} \tag{3-1-3}$$

式中：U_{in}——支护施加时的围岩位移量；

U_e——支护屈服时的围岩位移量；

U_{max}——支护破坏时的围岩位移量。

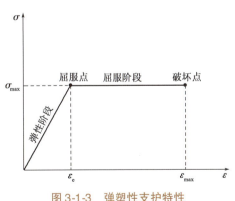

图 3-1-3 弹塑性支护特性

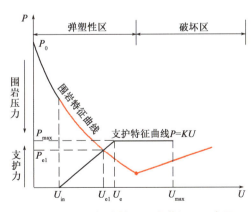

图 3-1-4 围岩-支护作用力学机理示意图

考虑初期支护体系为"30cm 厚 C25 喷射混凝土+HW175 型钢拱架（间距 50cm）+5.0m 全长砂浆锚杆（间距 1.0m×1.0m）"，其所能提供的支护力如下。

①喷射混凝土提供的最大支护力 $P_{max,shot}$ 为：

$$P_{\max,\text{shot}} \approx \frac{1}{2} \cdot \sigma_c \cdot \left[1 - \frac{(R - t_{\text{shot}})^2}{R^2}\right] \quad (3\text{-}1\text{-}4)$$

式中：R——圆形隧道当量开挖半径，设定为 7.2m；

σ_c——喷射混凝土的抗压强度（Pa）；

t_{shot}——喷射混凝土的厚度（m）。

根据《岩土锚杆与喷射混凝土支护工程技术规范》（GB 50086—2015），取 C25 喷射混凝土的抗压强度 $\sigma_c = 11.9$MPa，计算得到 $P_{\max,\text{shot}} = 0.454$MPa。

②钢拱架提供的最大支护力 $P_{\max,\text{set}}$ 为：

$$P_{\max,\text{set}} \approx \frac{\sigma_{\text{st,y}} \cdot A_{\text{set}}}{(R - h_{\text{set}}/2) \cdot d} \quad (3\text{-}1\text{-}5)$$

式中：d——钢拱架的纵向间距（m）；

A_{set}——钢拱架的截面积（m²）；

h_{set}——钢拱架的截面高度（m）；

$\sigma_{\text{st,y}}$——钢拱架的屈服强度（Pa）。

根据《钢结构设计规范》（GB 50017—2017），取材质 Q235 型钢拱架的屈服强度 $\sigma_{\text{st,y}} = 235$MPa，计算得到 $P_{\max,\text{set}} = 0.340$MPa。

③全长黏结型锚杆提供的最大支护力 $P_{\max,\text{set}}$：结合工程实践经验（支护力一般可取 0.05~0.2MPa），本次计算取 0.1MPa。

④最大支护力 $P_{\max}$ 为：$P_{\max} = P_{\max,\text{shot}} + P_{\max,\text{set}} + P_{\max,\text{set}} = 0.894$MPa。

由上述①~④分析可看出，以"喷射混凝土+钢架+全长黏结型锚杆"的强初期支护体系，理论支护力难以超过 0.9MPa；进一步考虑支护材料性能可靠度以及现场施工等影响，实际能够提供的支护力大多小于 0.6MPa，体现在挤压大变形隧道的实测围岩压力大多小于 0.6MPa。因此，当设定所能提供的最大支护力 $P_{\max} = 0.6$MPa，$N_c = 0.15$ 工况较难成功支护。

综上所述，当围岩挤压等级为"极严重"或"严重"时，"快支强撑"模式将难以适用，即使采用，将频繁出现支护拆换；当围岩挤压等级为"中等"及以下时，"快支强撑"模式适用。绘制不同支护力（强度）p_i 时，挤压因子 N_c 与洞周收敛率 ε_t 的关系曲线，如图 3-1-5 所示。

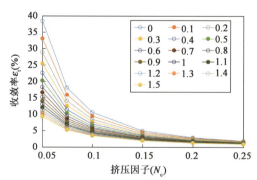

图 3-1-5 不同 p_i、N_c 与 ε_t 的关系曲线

由图 3-1-5 可以看出：

(1) 不同支护力 p_i 时，收敛率 ε_t 随挤压因子 N_c 的增大而逐渐减小，但减小速率随 p_i 增大趋

缓；当 $N_c > 0.2$ 时，增加 N_c 均难取得较为有效的 ε_t 控制效果。

（2）无论 p_i 为何值，在 N_c 较小时，增加 N_c 值均将取得极佳的 ε_t 控制效果，且 N_c 越小，增加效果越好。例如：$p_i = 0$（无支护），当 N_c 由 0.05 增至 0.075，ε_t 由 38.5% 减小至 18.17%，对应 $p_i = 0.5\text{MPa}$、1.0MPa、1.5MPa 时 N_c 的数据变化分别为 20.33% 减至 10.14%、13.00% 减至 7.04%、9.31% 减至 5.22%。

上述分析中假设了地质环境等因素不变，因此挤压因子 N_c 上升，即围岩物理力学性能提升。因此，对挤压程度高的隧道，提升围岩物理力学性能将会取得显著的支护效果。进一步，结合针对图 3-1-2 的分析，即"快支强撑"模式在挤压等级为"极严重"或"严重"时已难适用，故提出当围岩挤压程度在"严重"及以上时，在采用强支护的基础上，更需对岩体力学性能进行改善，以实现高效支护。

3.2 "抗-放"结合支护理论及其适用性分析

3.2.1 "抗-放"结合支护理论概述

"抗-放"结合支护理论的提出主要为了解决"快支强撑"模式在挤压变形隧道应用中频繁出现的围岩大变形问题。相关学者在分析高应力软岩隧道大变形致灾机理基础上，从释放围岩形变能角度出发，提出了"抗-放"结合支护理论。"抗-放"结合支护模式，本质上是对围岩-支护力学特征曲线的实践与应用，是隧道与地下工程中最理想的支护体系。目前提出的分层支护、围岩应力释放法（超前导坑、大钻孔等）、让压及恒阻支护[让压锚杆（索）、恒阻锚杆（索）、让压式拱架等]等，均是对该理论的实践。

1）分层支护原理

分层支护，即采用多层初期支护体系，以双层初期支护系统为例，其与同厚度单层初期支护系统的受力不同，具体情况如图 3-2-1 所示。图中曲线 1 是隧道开挖后围岩特性曲线，OA 是单层支护的支护特征曲线，OBC 是双层支护（总厚度同单层支护）的支护特征曲线，其中 OB 斜率小于 OA，BC 斜率等于 OA（"斜率"表示"支护刚度"）。

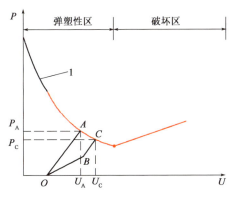

图 3-2-1 单层、双层支护-围岩特征曲线

由图 3-2-1 可以看出：

（1）采用单层支护时，支护与围岩于 A 点达到平衡；采用双层支护时，支护与围岩于 C 点达到平衡，此时 C 点位于 A 点下方，表明支护体系的受力得到了改善，但围岩位移增大。故与单层支护相比，双层支护的本质即是"抗-放"结合支护理念。

（2）OBC 双层支护特征曲线对应工程实践中的具体操作为：在总厚度或总支护刚度维持不变的条件下，先行施作第一层支护，即 OB 曲线，此时的支护刚度要明显小于单层支护，利于围岩应力释放；待形变能释放至设定要求时，及时施作第二层初期支护系统，此时的支护特征曲线为 BC，与单层支护的刚度相同。

需要注意的是，分层支护的采用有时也不一定是基于"抗-放"结合支护理论，在实际应用中，更多的可能是不得已而为之，故有时仍属于强撑模式。如在观测到一次初期支护体系已难以有效支护围岩后，再实施了第二层甚至第三层支护，即为典型的强撑理念。因此，此处论述的分层支护，是在设计之初考虑了围岩形变能释放的需要，而非由一次支护体系变更为多次支护体系。

2）超前应力释放法原理

超前应力释放法是一种对围岩环境/工程地质状况的改善措施，鉴于隧道工程独特的"围岩力学特性—应力环境—支护措施"一体化属性，超前应力释放法可视为一种用于大变形隧道的广义支护措施。

超前应力释放法的作用原理如图 3-2-2 所示。图中曲线 1 是未开展超前应力释放的隧道开挖后围岩特性曲线。曲线 2 是开展了超前应力释放的隧道开挖后围岩特性曲线。曲线 2 与曲线 1 相比，在断面未开挖前，即在 U_0（U_0 为超前位移，非开挖位移）处采用了如开挖超前导坑，打设超前大钻孔等手段对围岩积聚的形变能进行了一定释放，由此，发生相同围岩位移时所需的支护力将下降，即从 U_0 起曲线 2 位于曲线 1 下方。但是，超前应力的释放必然会伴随岩体物理力学性能的下降，故曲线 2 的初始破坏区开始点 B 位于曲线 1 中 B' 的左下方。

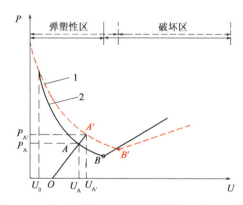

图 3-2-2　有、无超前应力释放的支护-围岩特征曲线

由图 3-2-2 可以看出：同一支护时机，采用相同支护体系，与围岩特征曲线 1、2 分别交于 A' 点和 A 点；此时，对应的支护力分别为 $P_{A'}$ 和 P_A，显然 $P_{A'} > P_A$，说明在支护时机和支护体系相同的前提下，实施超前应力释放后，支护结构的受力降低，亦对支护的要求降低，围岩变形将更易控制。

3）让压支护原理

让压支护是指：在保持支护结构（基本）恒定支护力条件下，允许其随围岩变形产生一定的位移量(让压量)以释放围岩压力,待让压量释放完成后,支护结构可随变形而持续承载,直至成为变形收敛的支护体系,即做到"边支边让"、"让"中有"支"、"支、让"结合。图3-2-3为常规支护与让压支护的支护-围岩特征曲线,图中曲线1为围岩力学特性曲线,①为常规支护力学特征曲线,②为让压支护力学特征曲线。

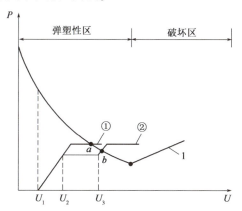

图3-2-3　常规支护与让压支护的支护-围岩特征曲线

由图3-2-3可以看出:

(1)两种支护(初始)支护刚度一致,但②相对①多一个"让压",即$U_3 - U_2$。

(2)考虑大变形隧道及时支护需求,设定两种支护施加的起点相同,即均在围岩位移量U_1时施加支护。支护曲线①、②与围岩曲线1分别相交于a、b两点,其中a点位于支护塑性屈服阶段,支护的安全性和可靠性较低,而b点则位于支护弹性阶段,支护的安全性和可靠性高。

上述分析表明,具备让压性能的支护构件在对围岩始终保持较高的支护抗力的前提下,通过让压滑移的方式释放了部分围岩变形位移,同时支护本身更适应围岩大变形,即可以主动适应围岩持续增长的变形需求。

3.2.2 "抗-放"结合支护模式在软岩大变形隧道中的应用

1)双层支护在青藏铁路关角隧道9号斜井进正洞交叉口中的应用

新建关角隧道9号斜井刚进入正洞时,考虑到斜井与正洞交叉口受力比较复杂,同时模板台车一时不能安装就位,故采用了双层支护,在初始阶段对控制变形取得了良好的效果。

然而后续施工中,由于第二道初期支护未及时施作,导致DYK304+487~DYK304+474.2段出现了大变形,最大变形量达到了505mm,初期支护完全破坏。整体上,虽然双层支护对控制变形效果明显,但在施作第二道初期支护时对掌子面的施工干扰比较大,对施工进度影响也比较大,所以在后续关角隧道变形控制中未再采用。

2)应力释放法在兰渝铁路木寨岭隧道中的应用

(1)超前导洞应力释放法在岭脊段的应用

①工程概况

兰渝铁路木寨岭隧道单洞跨度约为11m,全长19020m,主要穿越板岩及炭质板岩软弱围岩区,隧道岭脊核心段里程大致为DK(DYK)180+800~DK(DYK)181+800,长度约为1000m,埋深为580~728m,主要处在F14-1断层破碎带,地层岩性为二叠系薄层状炭质板岩,受地质构造影响严重,层间结合差,节理发育~极发育,岩层破碎~极破碎,石质较软,呈碎石、角砾状结构,偶夹中厚层砂岩,呈块石状结构,未见基岩裂隙水,综合判定为Ⅴ级软岩围岩。

②变形控制方案及效果

兰渝铁路木寨岭隧道岭脊核心段前期采用"以抗为主"的变形控制理念,采用"双层初期支护+二次衬砌"结构,但仍不能长期有效地控制变形的发展,初期支护大变形频发,二次衬砌施作后出现不同程度开裂。

鉴于强力支护模式已难以对围岩进行有效支护,提出了基于"先放后抗、抗放结合、锚固加强"的变形控制理念,并在左线 DK180+995~DK181+275、右线 DYK181+013~DYK181+257 形成了"超前导洞应力释放+圆形4层支护结构+径向注浆+长锚杆+长锚索"的变形控制方案,如图3-2-4 所示。其中超前导洞断面为 7m×6.8m(宽×高),采用两台阶法施工(图3-2-5),台阶长度约为5m,超前导洞开挖支护完成后,在保证安全的基础上,让其自由变形,变形释放时间大约3个月。

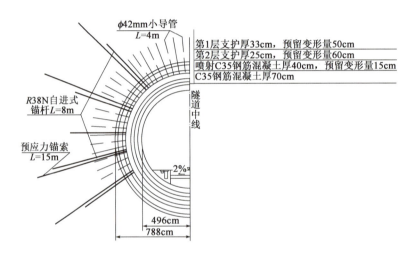

图 3-2-4　支护参数

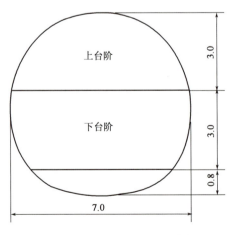

图 3-2-5　超前导洞开挖(尺寸单位:m)

对超前导洞应力释放段与普通段典型断面第 1 层和第 2 层初期支护前 10d 变形实测数据进行了对比分析,见表 3-2-1。由表可以看出,扩挖段已施工典型断面第 1 层初期支护和第 2 层初期支护前 10d 累计变形、平均变形速率与普通段相比有所减小,第 1 层减小幅度约为 11.7%,第 2 层减小幅度约为 22.3%,累计减小 34%,充分说明在兰渝铁路木寨岭隧道岭脊核心段采用超前导洞提前进行应力释放,对于正洞扩挖时的变形控制有明显作用。

超前导洞释放段与普通段正洞典型断面上台阶收敛对比　　　　　　表 3-2-1

超前导洞释放段		普通段		备注
前 10d 平均变形速率(mm/d)	前 10d 累计变形(mm)	前 10d 平均变形速率(mm/d)	前 10d 累计变形(mm)	
72.9	729	82.6	826	第 1 层初期支护
15.0	150	19.3	193	第 2 层初期支护

(2)超前大钻孔在大战沟斜井中的应用

①工程概况

木寨岭铁路隧道多座斜井变形较为突出,变形处喷射的混凝土开裂,初期支护表面出现环向、纵向裂缝,支护内鼓,甚至局部钢架开裂,其中,7 号斜井(大战沟斜井)大变形范围长达 700 余米,占开挖总长度的 70% 以上。

②变形控制方案及效果

超前大钻孔方案在大战沟斜井斜 725.1~斜 710.1 段进行。钻孔设置于隧道上半断面(图 3-2-6),均匀布置,钻孔直径 200mm,钻孔深度 15m,共布置 40 个钻孔,应力释放时间为 1d。

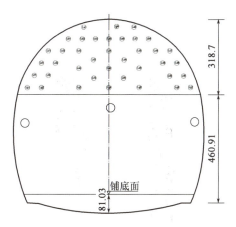

图 3-2-6　钻孔布置示意图(尺寸单位:cm)

对超前大钻孔应力释放段(斜 725.1~斜 710.1)与普通段(斜 808~斜 790)变形实测数据进行对比分析,见表 3-2-2。由表可以看出,超前大钻孔应力释放段的变形值,无论是沉降值还是水平收敛值,都明显小于普通段,其中平均沉降终值是普通段的 50.8%,平均水平收敛终值是普通段的 68%。

超前大钻孔应力释放段与普通段位移对比　　　　　表 3-2-2

段落	里程	沉降值（mm）	沉降平均值（mm）	水平收敛（mm）	水平收敛平均值（mm）
普通段（斜 808～斜 790）	斜 800	49	51.7	195.06	237.71
	斜 795	62		212.25	
	斜 790	44		305.83	
超前大钻孔应力释放段（斜 725.1～斜 710.1）	斜 725	24	26.3	152.93	162.67
	斜 720	29		182.49	
	斜 715	26		152.58	

3）让压支护在大变形地下工程中的应用

让压支护技术的研究主要依托于地下工程中已有的常规支护技术开展，结合地下工程初期支护体系的发展现状，目前发展的让压支护根据在横断面上的支护方向不同，大致可划分为环向让压支护技术和径向[锚杆（索）]让压支护技术。

（1）环向让压支护在蒙华铁路阳山隧道中的应用

①工程概况

阳山隧道为单洞双线隧道，开挖面面积 101.43 m^2，采用三台阶法施工，初期支护钢架采用 H150 四肢格栅钢架，间距 1.0m，主筋直径 22mm，C25 喷射混凝土厚度 22cm。隧道初期支护破坏后支护方案变更为 VC 加强型支护，采用 H230 四肢格栅钢架，间距 0.6m，主筋直径 28mm，喷射混凝土厚度 30cm。采用加强支护后，初期支护破坏现象明显减少，但在 DK390+462～DK390+467 段出现混凝土剥落现象，说明加强支护未能全面控制初期支护的开裂现象。

②变形控制方案及效果

采用的环向让压支护方案为：初期支护参数保持不变，在上台阶左右拱脚各设置一处限阻器，如图 3-2-7 所示。限阻器设计压缩变形量为 20cm，限阻器设计峰值为 8.0～12.0MPa，恒阻值为 1.0～1.5MPa。

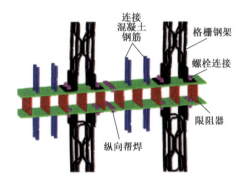

图 3-2-7　限阻器的组装形式

阳山隧道出口试验段限阻器距掌子面约 1.5 倍洞径时开始变形，最终压缩变形量为 10～15cm。初期支护变形速率在前期较大，最大达到 2.6cm/d，结构最终最大收敛变形达到 15cm，最大拱顶沉降为 6cm。经历 2 个多月的变形后，初期支护变形趋于稳定，由于结构刚度差异，除与原支护相接断面产生环向裂缝外，无其他开裂破坏现象，初期支护受力整体连续性保持良好。

(2) 径向让压支护技术在动压巷道中的应用

①工程概况

霍州矿区处于霍西煤田,受霍山断裂构造的影响,煤层赋存条件差、断层、无炭柱、构造应力影响因素较为突出。建井以来,虽采用过锚网喷、砌碹、架棚等多种支护形式,但均不能达到理想的支护效果,巷道支护状况不断恶化,巷道掘出后顶沉、底鼓、片帮等现象十分严重,主要大巷返修率达100%,最严重的区段返修达4次以上,矿井的正常运输、通风、行人均无法得到保证,生产成本大幅度上升,亟须探索矿井新型巷道支护技术。

②变形控制方案及效果

采用以"高强高预应力让压锚杆"和"带肋锚索"为核心的支护方案(图3-2-8),在保证围岩一定支护强度的前提下进行缓慢让压,释放一部分不可控的围岩变形。

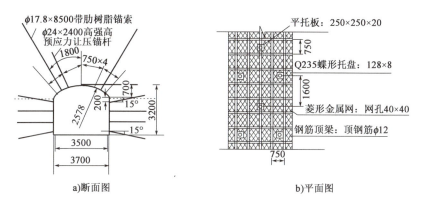

图 3-2-8 巷道支护方案(尺寸单位:mm)

顶板锚杆轴力的变化范围为70~90kN,帮部锚杆轴力的变化范围为50~70kN,锚索锚固力在110~150kN的范围内变化。可以看出,新型锚杆及锚索支护的整体工作状态良好,适应动压巷道的支护。同时,断面顶底板相对移近量为120mm,比原支护断面下降了45%;两帮相对移近量为85mm,比原支护断面下降了47%。

3.2.3 "抗-放"结合支护模式的适用性分析

"抗-放"结合支护模式实践中,主要存在两个制约因素:①"抗-放"结合支护技术的合理应用;②围岩稳定性的有效管控。诚然,上述两因素相互影响,但为便于研究,后续分析中考虑主要因素,但不排除另一因素。

1) "抗-放"结合支护技术的适用性

(1) 分(多)层支护体系

以"喷射混凝土+型钢拱架+全长黏结型锚杆"支护模式为基础形成的分(多)层支护体系,在现今的挤压大变形隧道中应用非常普遍,也取得了一定的成功,如木寨岭铁路隧道在岭脊段施工中广泛采用的多层支护体系。但从整体应用效果看,其难言有效。总结来说,分(多)层支护体系存在如下突出的问题:

①第一层支护尤其是喷射混凝土的厚度难以确定,其值变化区间较大,从 5~30cm 甚至 5~50cm 不等,在此变化区间内,初期支护的刚度、强度差异性大,并由此造成如下两种情况:

a. 为达到释放围岩变形的目的,第一层支护参数较小,如关角铁路隧道 9 号斜井喷层厚度设计为 12cm、艾那山隧道设计为 5cm,起到了释放围岩变形的作用。但正如王梦恕院士所指出的那样,在软岩隧道中,若开挖后没有及时进行强支护,支护极易发生破坏甚至发生塌方事故,如关角隧道 9 号斜井 B 线西宁方向 DYK304+556~DYK304+440 段为了控制变形,采用了初层较薄的双层支护,导致 DYK304+487~DYK304+474 段初期支护破坏,不得不进行拆换。

b. 为防止第一层初期支护破坏及塌方的产生,故需加大第一层初期支护厚度,导致其厚度值接近或超过《公路隧道设计规范 第一册 土建工程》(JTG 3370.1—2018)建议的上限值,已成为"快支强撑"模式,如两水铁路隧道第一层喷射混凝土厚度达 30cm,并采用 H175(间距 0.5m)的型钢拱架。在上述支护状态下,围岩初期支护结构体系变形量受到极大约束,难以实现释放围岩压力的目的。

②第二层支护施作时机无法有效把握。若施作过早,不能有效释放围岩应力;若施作过晚,极易引发第一层支护破坏,甚至产生隧道塌方的风险。如关角铁路隧道 9 号斜井进洞时,由于第二层初期支护未及时施作,导致出现严重大变形,第一层初期支护被破坏。另外在同样支护条件下,不同级别的围岩对第二层初期支护施作时间也有不同的要求。

(2)超前应力释放技术的适用性

超前应力释放技术是一种"放"的措施,故其一般也作为辅助的技术手段。同样,在机理上,"放多少"难以说明。同时,应力释放技术的实施成本大,需要花费极高的经济与工期成本,故应力释放技术仅在特殊情况下使用,无法作为一种常规的大变形治理手段。

(3)让压支护的适用性

基于钢架(喷射混凝土)的环向让压支护技术在挤压变形隧道中的适用性,从支护方式角度分析,环向让压支护存在着天然的缺陷。①环向让压点的存在,因其是"薄弱点",必然减弱了环向支护技术的整体性与可靠性;②考虑到挤压大变形发生部位的集中性与断面变形量不均性等特性,极易出现"单一薄弱点"引发的支护体系"突破性"失效;③隧道围岩变形作为一种径向变形,与环向变形间存在 2π 的放大倍数关系(图3-2-9),当围岩径向变形 20cm,环向对应变形将超 125cm。因此环向支护技术难在隧道工程中应用,而多数只在巷道等小断面地下工程中应用。

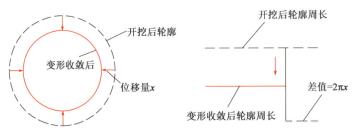

图3-2-9 径向、环向变形转化示意

基于让压锚杆(索)的径向让压支护技术,从支护作用方向、支护性能以及产品多样性等方面分析,具有良好的适用性。表 3-2-3 给出了既有让压锚杆(索)产品及其关键支护参数。

让压支护力与让压量　　　　　　　　　　　　　　　　表 3-2-3

锚杆类型	杆体可延伸型				结构滑移型							
					结构剪切式		结构挤压式		结构摩擦、挤压滑移式			
锚杆名称	Durabar锚杆	蒂森锚杆	H型锚杆	D型锚杆	Conebolt锚杆	Yield-Lok锚杆	让压锚杆	弹簧活塞锚杆	Garford锚杆	Roofex锚杆	NPR恒阻锚杆(索)	让压锚杆(索)
让压支护力最大值(kN)	110	200	82	250	187	175	232	—	133	244	>1000	>500
滑移让压量最大值(mm)	580	222	420	505	122	150	114	—	338	304	>1000	>1000
适用范围	多用于巷道工程				通用		多用于巷道工程				多用于巷道与边坡工程	多用于边坡工程

由表 3-2-3 可以看出:让压锚杆(索)最大让压支护力超过了 1000kN,最大滑移让压量也超过了 1000mm,已能满足让压支护的需求。但是,研发的让压锚杆(索)大多是用于巷道围岩大变形、滑坡大变形等工程,用于交通隧道工程的却很少。

目前,国内外已开发出了多种让压支护技术,也具备良好的让压性能,尤以 NPR 恒阻锚索为典型代表。但是,让压支护体系的组成及其关键设计参数的研究却仍无有效进展,对如下核心技术问题的研究几乎处于空白:

①让压支护体系的合理组成及变形协调与稳定性问题。例如:让压支护体系中是否要包括环向让压支护技术?各让压支护技术间的变形协调如何考虑?让压支护体系的整体稳定性是否会因"让压"出现无法预料的下降?

②让压点、让压量的设计。让压点、让压量的设计本质涉及围岩-支护系统的高效协调稳定。但是,在"释与抗"之间力求一个平衡点,就目前的研究深度而言,困难极大,与多层支护的支护刚度、时机设置问题相类似。

2)围岩稳定性的有效管控分析

围岩稳定性的有效管控,本质是探明围岩稳定性判据。当前工程中采用的围岩稳定性判据有两种:一种是经验法,应用较广;另一种是新提出的围岩安全系数判据,基于严格的力学理论。

(1)围岩洞周位移判据

隧道洞周位移可以通过量测得到,它是反映隧道围岩受力情况最直接的数据,相关规范中对一般隧道给出了相应的建议指标,但对挤压变形隧道目前未有明确的建议值。同时,这种判据存在如下 3 个问题:①至今未建立起位移与稳定(破坏)间的力学关系;②围岩变形影响因素多,不同隧道难有统一的判别标准;③围岩变形的主要因素是弹性模量,围岩洞周位移非强度参数,不足以揭示围岩稳定性,此为主要缺陷。

(2) 围岩塑性区大小判据

结合塑性区的定义,部分研究人员提出了以塑性区大小作为隧道围岩破坏的判据。但是,塑性区非破裂区,仍具有自承载能力,塑性区贯通也并非预示围岩丧失稳定。与围岩洞周位移判据类似,其也存在3个相似问题:①未建立塑性区与稳定(破坏)间的力学关系;②塑性区影响因素多,难有统一的判别标准;③泊松比对围岩塑性区影响很大,与实际不符合。

(3) 围岩安全系数判据

郑颖人等提出了引入有限元极限分析法,求得隧道围岩破坏形态与安全系数,从而建立围岩安全系数判据的方法。该方法使隧道围岩稳定性有了严格力学意义上的定量标准和计算方法。但是,围岩力学参数取值的可靠性仍是制约性因素,特别是对挤压大变形隧道,围岩破碎且层理结构发育,结构面对围岩整体的影响是不得不考虑的。

综上所述,目前围岩稳定性判据的研究仍有较大不足,"抗-放"结合支护模式虽强调了对围岩稳定性的有效管控,但如何实现有效管控,就目前研究而言,难度很大,故"抗-放"结合支护模式应进行广泛调研、研究后,再推广应用。

3.3 预加固理论及其适用性分析

3.3.1 预加固理论概述

与超前应力释放法类似,预加固技术也是一种用于大变形隧道的广义支护措施。预加固法的作用原理如图3-3-1所示。图中曲线1是未开展预加固的围岩特性曲线,曲线2是开展了预加固的围岩特性曲线。对比曲线2与曲线1,隧道未开挖前,即 U_0 (U_0 为超前位移,非开挖位移)处采用了诸如超前注浆、掌子面径向锚杆、长管棚等手段对围岩的物理力学性能进行提升。因此,发生相同围岩位移时所需的支护力将下降,即从 U_0 起曲线2位于曲线1下方;同时,伴随着岩体物理力学性能的增强,其自身稳定性得以提升,容许的围岩位移也将增长。综上所述,曲线2的初始破坏区开始点位 B 位于曲线1中 B' 的右下方。

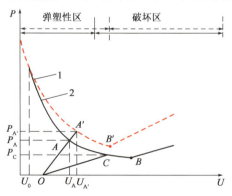

图 3-3-1 有、无预加固的支护-围岩特征曲线

由图 3-3-1 可以看出:同一支护时机,采用相同支护体系 $OA(A')$,与围岩特性曲线 1、2 分别交于 A' 点和 A 点;此时,对应的支护力分别为 $P_{A'}$ 和 P_A,显然 $P_{A'}>P_A$,说明在支护时机和支护体系相同的前提下,实施超前预加固后,支护结构受力下降,即对支护的要求将降低,围岩变形更易控制,如图中支护特征曲线 OC 所示,在减小支护刚度后,其可与围岩特性曲线 2 成功交于 C 点,支护成功;但与围岩特性曲线 1 无法相交,支护失败。因此,从围岩-支护整体角度考虑,采用预加固技术对控制围岩变形将起积极作用。

3.3.2 预加固技术在软岩大变形隧道工程中的应用

预加固方法主要包括:管棚法、水平旋喷注浆法、超前小导管法、超前锚杆法、冻结法等。

1) 组合型超前预加固技术在杏子山隧道大变形段中的应用

(1) 工程概况

杏子山隧道位于新建大临铁路六五谷站—若巴谷站区间,隧道全长 8867m,埋深 27~726.9m。隧道进口端 819m 为车站双线隧道,开挖断面面积 143.64m²,高度 11.24m,宽度 14.47m,穿越地层主要为炭质板岩。施工过程中多次发生初期支护大变形,每次均调整加强支护参数,尤其在 DK80+446~DK80+458 采用了双层 I25b 钢拱架强刚性支护措施的情况下(预留变形量 60cm),仍然难以抑制初期支护发生大变形,侵限现象严重。

(2) 变形控制方案及效果

鉴于采用强刚性支护措施仍难以有效控制围岩变形,自 DK80+470 断面起组织开展以预加固为核心的变形控制方案试验研究。在传统三台阶预留核心土开挖工法基础上,采用玻璃纤维锚杆及管棚代替预留核心土对掌子面超前核心土进行预加固,具体预加固方案如图 3-3-2 所示。

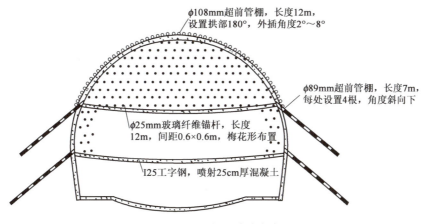

图 3-3-2 预加固试验方案

采用预加固支护方案后,围岩最大位移为 43cm,未侵入二次衬砌净空,初期支护表面仅出现少许微小裂缝,无混凝土剥落掉块现象发生,钢架未发生扭曲变形,支护结构整体完整;同时,钢架应力监测显示,增长速率明显下降,多数位置钢架经过长时间应力增长最终达到钢架极限强度,钢架应力增长比较稳定。

2）核心土加固技术在含水未成岩砂层隧道中的应用

(1) 工程概况

桃树坪隧道位于新建兰州—重庆铁路 LYS-7 标段内，隧道全长 3220m，设计为双线单洞隧道，断面面积约为 140m^2。桃树坪隧道穿行于黄河高阶地下部，开挖揭示进出口及各斜井地层主要为未成岩遇水粉细砂层（即饱和含水粉细砂层），其中夹杂有不连续卵砾石土地层。此地层特点为：呈砂状结构，成岩作用差，自稳能力差，无胶结，稍有扰动即成松散粉状结构；在富水时无自稳能力，呈流塑状，软化现象明显，极易发生溜塌。

(2) 变形控制方案及效果

为有效控制围岩变形，采用核心土加固技术，设计的超前预加固设计横断面如图 3-3-3 所示，主要设计参数见表 3-3-1。

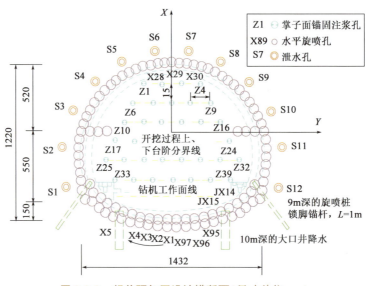

图 3-3-3　超前预加固设计横断面（尺寸单位：cm）

超前预加固主要设计参数　　表 3-3-1

分类	项目	设计参数	分类	项目	设计参数
循环段长	每循环隧道超前加固	18m	水平旋喷	水平旋喷桩数量	97 根
	每循环隧道开挖长度	15m		水平旋喷桩长度	18m
掌子面锚固	锚管数量	39 根		水平旋喷桩直径	800mm
	锚管长度	24m	旋喷锁脚	锁脚旋喷桩直径	600mm
	锚管直径	50mm		锁脚旋喷桩间距	1m
	排列间距	1.5m		锁脚旋喷桩长度	8m

采用核心土加固技术共进行了 10 个循环的开挖施工，开挖长度累计 180m，施工效率是传统方法（CRD 法）的 2～3 倍，月进尺可以达到 30m 以上；同时，围岩位移控制在 10mm 内，作为对比，未实施超前预加固段的围岩位移在 200～450mm。

3.3.3　预加固支护模式的适用性

预加固支护模式在实际工程中，多作为一种辅助的技术措施，其适用范围广，可应用于各种地质环境。但是，预加固技术的施工成本高，故一般不将其作为一种常规的技术措施。需要说明的是，在富水流沙地层中，预加固技术极为重要，是其他支护技术开展的前提。因此，在软岩挤压大变形隧道中，应在特殊工程地质条件时，应用预加固支护技术。

3.4 主动支护理论及其适用性分析

3.4.1 主动支护定义及依托载体

从支护力的来源划分，可以将支护构件/措施分为被动支护和主动支护，简单介绍如下：
（1）所谓"被动支护"，是指依赖围岩变形提供支护力的支护构件/措施。
（2）所谓"主动支护"，是指可"自行"（不依赖围岩变形）对围岩提供支护力的支护构件/措施。

基于上述定义，目前隧道常采用初期支护+二次衬砌支护模式。喷射混凝土、钢拱架、系统锚杆、模筑混凝土等支护构件若要发挥作用，均首先需要围岩产生变形，否则各构件无支护力，故该支护体系为"全被动支护"体系。纵观隧道与地下工程中的支护措施，仅预应力锚杆（索）具备主动支护属性。因此，隧道主动支护模式必将以预应力锚杆（索）系统为核心构件。

从单根预应力锚杆（索）角度分析，如图3-4-1a）所示，施加预应力将会对表层围岩起到支护作用，而当预应力大小适宜，可阻止因表层围岩破坏导致围岩沿洞壁径向"渐进式"破坏的发生。从预应力锚杆（索）群的角度分析，如图3-4-1b）所示，当锚杆（索）支护密度足够大时，洞壁一定深度的支护应力区相互重叠形成环向应力叠合区，该应力叠合区围岩处于三向受力状态，使围岩的变形参数与强度参数均得到提高，故此应力叠合区即为主动自承载拱，能够提供较强的支护反力，能够抵挡并平衡深部破碎围岩的应力，最终使得围岩的运动和变形趋于稳定。需要重点说明的是，应力叠合区厚度与预应力大小及扩散效果密切相关，也与锚杆（索）支护长度相关，但一般不等于锚杆（索）支护长度值，尤其是对长锚杆（索）支护，两者量值相差较大，这也是目前研究中普遍未能清楚认知的关键一环，究其原因为内锚段和外固端的应力传递机制不一致，且预应力扩散是存在一定范围的。

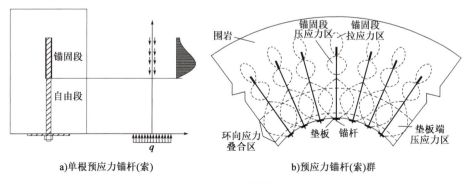

a）单根预应力锚杆（索）   b）预应力锚杆（索）群

图3-4-1 预应力支护效应示意图

3.4.2 主动支护理论概述

鉴于"快支强撑"模式是一种强化型的全被动支护体系,故"快支"体现的更多是快速施工支护措施,并不等同于"快速有效支护围岩",使得其在挤压大变形隧道中难以有效调动围岩自承载能力,导致了工程应用中采取了持续增加支护力的方式。基于此,部分学者提出了挤压大变形的治理需回归到以"围岩-支护"为主体的支护体系,即采用的支护体系应具备积极调动围岩自承载能力,能够更好地维持围岩完整性,减小岩体强度的降低,并据此完整提出了主动支护理论的两层含义:①能够快速施载;②能够有效维持、调动围岩体自承载性能。

1)快速支护的必要性

隧道开挖后的围岩应力变化可采用莫尔-库仑理论进行分析,如图3-4-2所示。由图可以看出:

(1)未开挖时,围岩初始应力状态为曲线①,位于强度包络线下,处于稳定状态。

(2)开挖后,洞壁围岩失去径向支护作用,应力状态变为曲线②,即由三维应力状态转变为二维/一维。

(3)如不进行支护,在开挖效应持续作用下,围岩应力状态最终变为曲线③,与强度包络线相交,围岩发生破坏。

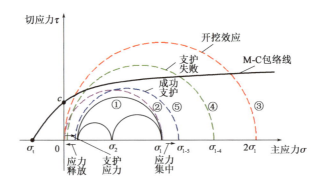

图 3-4-2　基于莫尔-库仑理论的围岩应力变化

对于支护状态下围岩应力变化,可简化为两种状态:

(1)曲线④为被动支护下的围岩应力变化曲线,鉴于被动支护的承载依赖于围岩变形,故实际上"快支强撑"模式中的"快支"仅表现为快速施工支护体系,而无法实现快速支护围岩的目的。故在开挖效应持续作用下,切向应力大幅增加,增至 σ_{1-4},使得莫尔圆与强度包络线相交,支护失败。

(2)曲线⑤为主动支护下的围岩应力变化曲线,快速主动施载,即能够及时地施加支护力,使切向应力的应力集中效应大幅度减小,仅增至 σ_{1-5},莫尔圆与强度包络线未相交,支护成功。

2)主动支护的有效性

主动支护的有效性则可采用特征曲线法(图3-4-3)加以说明。图中曲线1为被动支护下的围岩力学特性曲线,s_1 为其围岩坍塌破坏点,对应支护力学特性曲线为①、③,其中③的支护刚度要大于①。与被动支护不同,主动支护具备积极主动调动围岩自承载能力的性能,故在其支护下的围岩力学特性曲线 2 将出现变化,图中所示其围岩坍塌破坏点 s_2 点将位于 s_1 点右下。

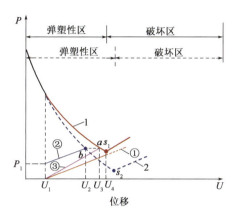

图 3-4-3　围岩-支护作用机制示意图

需要说明的是,与无支护相比,被动支护同样具有调动围岩自承载能力的性能,但结合隧道开挖后岩体物理力学性能的变化过程可知,"时间效应"极其重要,"早期快速"调动取得的支护效果远超过"滞后调动",此现象在一般隧道中表现不甚明显,但在挤压大变形隧道中极其显著,如早期不对围岩变形进行有效控制(采用被动支护措施),围岩变形将越发难以控制,这也是采用极强参数的"强支硬撑"模式仍无法有效应对严重挤压大变形隧道的根本原因。

如图 3-4-3 所示,假设 3 种支护(①、②、③)起点相同,即均在围岩位移量 U_1 时施加支护。支护曲线①与围岩特征曲线 1 未能相交,支护失败;继续增强支护刚度,支护曲线①变为③,则可成功与围岩特征曲线 1 相交于 a,支护成功;而支护曲线②则在未增强支护刚度下,与围岩特征曲线 2 相交于 b,支护成功。对比 a、b 点在围岩特征曲线 1、2 中所处位置,a 点要更加接近围岩坍塌破坏点 s_1,显示了 2-②的"支护-围岩"稳定性要强于 1-③,同时 U_2 明显小于 U_3,即围岩变形也得到了有效控制。综上所述,主动支护在不增加支护刚度条件下,实现了围岩稳定性的提升和围岩位移量的减小。

3.4.3　主动支护在软岩大变形隧道工程中的应用

主动支护的核心在于预应力锚杆(索)的使用。目前,预应力锚杆(索)在(交通、水工)隧道工程中的应用主要集中在硬岩岩爆和大跨地下隧道工程。

(1)在锦屏 2 级水电站引水隧洞工程、苍岭特长公路隧道中,采用胀式预应力锚杆替代传统全长黏结型锚杆,对滞后型岩爆取得了较好的防岩爆效果。

(2)在京张高速铁路八达岭长城站大跨段、小浪底地下主厂房、锦屏一级水电站地下厂房和瑞士 Vcytaux 地下电站等,采用长预应力锚索有效保障了大断面洞室的稳定性。

现阶段,预应力锚杆(索)在软岩大变形隧道中仍很少被采用,我国台湾木栅公路隧道是国内首次使用预应力锚索对围岩大变形进行加固的工程案例,其他较具代表性的工程案例仅有兰渝线新城子隧道采用"延期属性"的预应力锚索对大跨段进行支护。但是,上述两个案例中的预应力锚索均仅被用作补强措施,支护的核心仍是传统强力型被动支护体系,如新城子隧道锚索支护段喷射混凝土厚度仍达60cm(双层)。其他诸如木寨岭铁路隧道等典型大变形隧道对预应力锚索的使用多为试验性质,工程中未将其作为主要支护手段。

而煤矿巷道的支护目前以及时主动支护为核心,衍生的支护措施主要有高强预应力树脂锚杆(索)、钢筋网、W钢带和大托板等,故下述案例中将重点阐述预应力锚杆(索)在大变形煤矿巷道中的应用效果。

1)新汶矿区千米深井高地应力岩石大巷预应力锚喷支护

(1)工程概况

华丰矿 −1100m 水平西岩石大巷是矿井永久岩石大巷,服务年限20年,巷道埋深为1220m。该巷道揭露岩性为煤岩层,穿过的岩层大部分为粉砂岩、中砂岩。煤岩层走向为300°~310°,煤岩层倾角为30°~33°。采用水压致裂法进行了原岩应力测量,最大水平主应力为42.2MPa,方向为N3°E;最小水平主应力为22.8MPa,垂直主应力为30.5MPa。所测区域地应力很高,而且水平应力占明显优势。巷道断面呈直墙半圆拱形,宽度3.7m,高度2.0m,掘进断面面积为12.8m²。

(2)变形控制方案及效果

岩石大巷支护形式为:采用高预应力、树脂加长锚固强力锚杆支护,并喷射混凝土,巷道支护断面如图3-4-4所示。其中:①锚杆为φ25mm 左旋无纵筋锚杆专用螺纹钢筋,长度2.4m,间排距800mm,设计预紧力80kN,树脂加长锚固,并采用W形钢护板与钢筋网护顶、护帮;②在巷道开挖后,立即喷射30mm厚的混凝土,起到临时支护作用,同时将巷道局部超挖部分填平。待锚杆施工完成后,滞后掘进工作面50m进行底板锚杆施工,并进行二次喷射混凝土施工,厚度120mm。

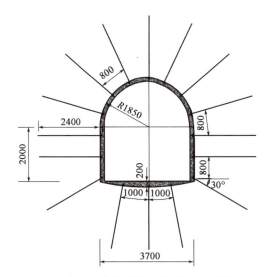

图3-4-4 岩石大巷锚喷支护布置(尺寸单位:mm)

在相对稳定阶段,顶底板平均移近量为351mm,平均移近速度为1.09mm/d,最大移近速度为3.0mm/d;顶板下沉量为55.6mm,下沉速度为0.16mm/d,最大下沉速度为1.0mm/d;两帮平均移近量为112mm,移近速度为0.32mm/d,最大下沉速度为1.0mm/d;底鼓量为295.4mm,底鼓速度为0.91mm/d;顶底板移近量以底鼓为主。高预应力、强力锚杆支护有效控制了深部高应力岩石大巷变形与破坏，满足了巷道支护的要求。

2）山西晋城成庄矿53181巷道长、短锚索联合支护技术应用

（1）工程概况

山西晋城成庄矿53181巷道为典型复合软岩巷道，巷道平均埋深450m，全长约2000m，其断面为矩形，巷宽5.0m，巷高3.2m，断面面积约16m²。顶板0~6m范围内岩层平均强度为23.24MPa，局部区域由于胶黏性差而无法测出有效强度；顶板6~10m范围内平均强度为30.22MPa。巷帮煤体强度为12.0~18.0MPa，平均强度为15.98MPa。该区域原岩应力中最大水平主应力为15.37MPa，最小水平主应力为8.64MPa，垂直主应力为10.45MPa，属中等应力区。

（2）变形控制方案及效果

采用长、短锚索联合支护方案，如图3-4-5所示，具体参数如下：

①板支护参数采用1860MPa的锚索，直径21.6mm，长度分别为4.3m和7.3m。长4.3m锚索间距1000mm、排距1000mm，每排布置5根，垂直于顶板打设；长7.3m锚索间距2000mm、排距1000mm，每排布置2根，布置在2排短锚索中部。长、短锚索初始张拉力为320kN，损失后不低于250kN。顶板铺设钢筋网和塑料双层网。

②巷帮支护参数采用500MPa级高强锚杆，直径22mm，长度2.4m。巷帮锚杆间距1050mm、排距1000mm，每排布置3根，垂直于巷帮打设。锚杆配合钢护板使用，其初始扭矩为400N·m。巷帮采用金属网护表。

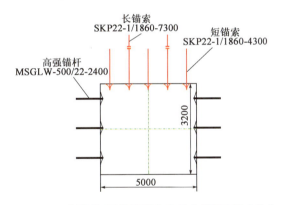

图3-4-5 53181巷道长、短锚索联合支护布置图（尺寸单位：mm）

支护施工结束后对顶板下沉量进行为期60d的监测。采用长、短锚索支护的区段，顶板在40d左右逐步达到稳定，顶板最大下沉量为150mm，顶板下沉量仅为原支护参数下的29.4%，可以看出顶板的流动层及塑性层得到有效控制。

3.4.4 主动支护模式的适用性

主动支护秉承新奥法支护理念，采用预应力支护锚杆（索）系统充分调动围岩自承载性能；同时，预应力锚杆（索）系统也满足快支护、强支护的要求。因此，预应力锚杆（索）系统在软岩巷道工程支护中取得了成功。但是，与巷道工程不同，"主动支护"技术在交通隧道领域的应用尚处于初期阶段，对以预应力锚固构件为核心的主动支护技术的研究较少。造成上述

现象的原因,主要是由于交通隧道与煤矿巷道相比,两者间存在显著的差异:

(1)早期在交通隧道领域中,大变形问题并不像煤矿系统中那么突出,因此对于变形支护技术的重视程度及支护理论认识不够深入,一般沿用"快支强撑"模式整治围岩大变形问题。

(2)"初期支护+二次衬砌"组成的支护体系是当前隧道工程中的主流支护模式,而引入新支护技术必然对整个支护体系组成及其施工工艺、工序等产生较大影响,故隧道工程施工技术内在革新动力不足。

(3)交通隧道工程中存在着较明显的重支护轻加固理念,对具有"加固兼有支护"作用的预应力锚杆(索)的支护机理也缺乏足够认识。

(4)出于长期运营安全性的考虑,鉴于二次衬砌模筑混凝土在结构长期耐久性方面具有显著优势,故在能确保初期支护稳定的前提下,大变形隧道多采取增强二次衬砌结构来应对积聚的高形变能。

上述即是主动支护在隧道工程中鲜有应用的原因。但是,从支护机理分析,主动支护融合了"支护"与"加固",具备极大的支护优势,这一点已在第3.1.3节中进行了阐述。因此,开展主动支护技术及其适配体系在挤压大变形隧道中的应用具有很高的工程实践价值,并有望革新软岩挤压大变形隧道的支护模式。

3.5　本章小结

本章在分析"快支强撑"理论、"抗-放"结合支护理论、预加固理论、主动支护理论的支护机理与工程实践基础上,基于工程案例分析与理论分析等,开展了各类支护方法的适用性分析,得出的主要结论如下:

(1)当围岩挤压等级为"极严重"或"严重"时,"快支强撑"模式将难以适用,即使采用,也将频繁出现围岩大变形;当围岩挤压等级为"中等"及以下时,"快支强撑"模式较适用。

(2)"被动支护"是指依赖围岩变形而提供支护力的支护构件/措施;鉴于被动支护的承载依赖于围岩变形,故以"常规初期支护+模筑二次衬砌"为载体的"快支强撑"模式中的"快支"仅表现为快速施工支护体系,无法实现快速支护围岩的目的。

(3)"抗-放"结合支护技术主要包括分层支护、超前应力释放法、让压/恒阻支护三种。其中,分(多)层支护体系中的每层支护厚度与支护时机未能有效探明;超前应力释放法中"放多少"无法有效确定,且实施成本高;让压支护体系中合理的结构组成及其关键设计参数均有待进一步研究。同时,"抗-放"结合支护模式中如何实现对围岩稳定性的有效管控也有待进一步研究。

(4)预加固技术是一种适用范围很广的技术措施,可应用于各种地质环境;但其实施成本较大,一般不将其作为一种常规的围岩大变形支护技术措施。

(5)"主动支护"是指可"自行"(不依赖围岩变形)对围岩提供支护力的支护构件/措施,并具备快速施载与调动围岩体自承载性能的能力;主动支护融合了"支护"与"加固",在软岩挤压大变形隧道具备极大的支护优势。

第4章

考虑主动支护效应的围岩本构模型开发与主动支护适用性分析

与传统喷射混凝土和钢架等被动支护相比,主动支护突出了"支护"对岩体力学性能的影响,故揭示主动支护作用机制的关键,在于探明主动支护对岩体力学性能的作用机理。为此,开发能够考虑主动支护效应的围岩本构模型是必要的,并以此为基础进一步探明主动支护在不同挤压程度隧道中的适应性。

4.1 概述

对比常规被动支护,主动支护突出的是对岩体变形参数和强度参数的改善。为此,研发考虑主动支护效应的围岩本构模型,关键在于探明不同应力环境,即不同围压下围岩变形参数和强度参数演化规律。具体而言,可基于岩体三轴压缩试验与循环加卸载试验,研究不同围压下岩体全应力应变曲线变化规律,继而构建出融合应力环境(围压)因素的围岩本构模型。

截至目前,围压对岩体力学参数的影响已有大量研究成果。如陆银龙基于泥岩开发了可实现围压对岩体强度参数(c、φ)影响的本构模型;张骞研究了不同围压下,岩石峰后曲线与抗剪强度参数的变化;肖桃李研究了围压效应对深埋大理岩强度及变形特性的影响。但上述研究也有不足之处:①多数仅是研究围压对岩体特性的影响,并未开发用于工程实践的本构模型;②研发的具围压效应的围岩本构模型一般仅对强度参数进行拟合,未对变形参数加以分析;③研发的具围压效应的围岩本构模型仍被应用于传统被动支护模式,工程实践价值未得到充分体现。

综上所述,以木寨岭公路隧道大变形段炭质板岩为研究对象,在分析影响岩体力学参数的因素基础上,开展岩体三轴压缩与循环加卸载试验,得到不同围压、不同变形阶段的岩体力学参数。之后,基于 Matlab 拟合数据,获取拟合方程,开发数值计算动态链接文件。最后,建立"支护力-不同挤压度围岩"相互作用模型并进行数值模拟,在检验新模型准确性的同时,揭示不同挤压度下主动支护的适应性。

4.2 软岩力学参数的影响分析

软弱岩体(简称"软岩")在加载过程中常表现出应变软化特征、弹塑性耦合特征和塑性变形破坏特征等非线性力学行为。大量试验结果表明,软岩的峰后力学特性多呈现一定的围压依赖效应,且随着破裂程度的加剧,弹性参数也将会发生一定程度的劣化,即围岩所处的应力水平和塑性变形的变化,均会在一定程度上引起岩石力学参数(弹性模量、黏聚力和摩擦力)的变化。

4.2.1 围压对软岩力学参数的影响分析

1)围压对软岩变形参数的影响

软岩具有明显的应变软化特征,其弹性阶段应变被认为仅由弹性应变 ε_e 组成,即 $\varepsilon = \varepsilon_e$。发生屈服后,应变由弹性应变 ε_e 和塑性应变 ε_p 组成,即 $\varepsilon = \varepsilon_e + \varepsilon_p$。进入屈服状态后,产生塑性流动,塑性变形取决于塑性流动法则,其表达式为:

$$\begin{cases} \Delta\varepsilon_i^{\mathrm{ps}} = \lambda_{\mathrm{s}}\dfrac{\partial g}{\partial \sigma_i} \quad (i=1,3) \\ g = \sigma_1 - \sigma_3 N_\psi \\ N_\psi = \dfrac{1+\sin\psi}{1-\sin\psi} \end{cases} \qquad (4\text{-}2\text{-}1)$$

式中：$\Delta\varepsilon_i^{\mathrm{ps}}$——塑性应变增量；

　　　λ_s——塑乘因子；

　　　σ_i——主应力(MPa)；

　　　g——塑性势函数；

　　　ψ——膨胀角(°)。

而弹性应变仍满足胡克定律。因此，围压对软岩变形参数的影响即为对弹性模量的影响。

一般认为，增大围压有助于岩样内部裂隙的闭合，增大了岩石刚度，岩样的弹性模量也就相应提高。弹性模量的提高主要由以下两方面因素引起。

(1)围压对裂隙的压密闭合作用

围压增加导致裂隙闭合的过程中，接触面的凹凸不平使得微裂纹不规则地闭合。由于围压的作用导致裂隙密度的减小，而裂隙密度变化对弹性模量的影响可以用细观损伤理论的泰勒(Taylor)公式表示：

$$\frac{\overline{E}}{E} = \left[1 + \frac{16(1-\nu^2)(10-3\nu)}{45\,\,2-\nu}\right]^{-1} f \qquad (4\text{-}2\text{-}2)$$

式中：E——基体材料的弹性模量(Pa)；

　　　$\overline{E}$——含裂隙的基体材料有效弹性模量(Pa)；

　　　ν——基体材料的泊松比；

　　　f——微裂隙密度。

式(4-2-2)表明，随着裂隙密度的增大，材料的有效模量减小；反之，随着裂隙密度的减小，材料的有效模量提高。

(2)围压对裂隙间的摩擦滑移影响

岩样内部存在一个完整的弹性结构和若干裂隙。轴向压缩过程中，裂隙间可能发生有摩擦的滑移，也可能不发生滑移。裂隙承载能力与围压成正比。随着压缩变形的继续，轴向应力增加，承载能力更大的裂隙也会相继发生滑移。如果某一裂隙的剪切承载能力大于岩石材料的黏聚力，则该裂隙就不会显著影响岩石的变形。围压较大时发生滑移的裂隙较少，岩样产生的轴向变形也就较小，围压的增加，提高了裂隙的承载能力，其滑移受到摩擦力的抑制而减小，从而提高了岩石的弹性模量。当围压较高时，岩样内原有裂隙闭合过程完成，弹性模量不再增加。

2)围压对软岩强度参数的影响

强度参数作为表征岩石强度的值，根据所选取的强度准则不同，其参数也不一致。目前，表征岩石强度特征的力学参数主要为黏聚力 c 和内摩擦角 φ，莫尔-库仑(M-C)准则、霍克-布朗(H-B)准则均采用这两个参数来表征岩石的强度特征，其中 M-C 准则应用最广，其在主应力空间中的表达式为：

$$f = \sigma_1 - \frac{1+\sin\varphi}{1-\sin\varphi}\sigma_3 + 2c\sqrt{\frac{1+\sin\varphi}{1-\sin\varphi}} \qquad (4\text{-}2\text{-}3)$$

式中：σ_1——最大主应力；

σ_3——最小主应力。

挤压性围岩具有突出的非线性力学行为，同时，根据三轴应力条件下大量软弱岩体（板岩、千枚岩、泥岩等）的剪切强度特性可知，强度参数是随围压的变化而改变的。但是，传统莫尔（Mohr）包络线为直线，当围压差别较大时，只用一条直线无法准确表达高围压条件下软岩剪切强度非线性特征。为此，国内外研究者们对传统 M-C 强度准则进行了非线性修正，其 Mohr 包络线的主要型式有二次抛物线型、双曲线型、幂函数型等。

（1）在双参数抛物线型 Mohr 准则中，正应力可表示为：

$$\sigma = a\tau^2 + b \qquad (4\text{-}2\text{-}4)$$

式中：σ——压应力（MPa）；

τ——剪应力（MPa）；

a、b——常数。

（2）以 R_c 代表单轴抗压强度、R_t 代表单轴抗拉强度，则双曲线型 Mohr 准则表示为：

$$\tau^2 = \frac{1}{4}(\sigma + R_t)\left(\frac{R_c}{R_t} - 3\right) + (\sigma + R_t)R_t \qquad (4\text{-}2\text{-}5)$$

（3）采用幂函数型的 Mohr 准则表达式为：

$$\tau = e\sigma^f + c \qquad (4\text{-}2\text{-}6)$$

式中：e、f——参数；

c——黏聚力（MPa）。

若 $f=1$，$e=\tan\varphi$，φ 为内摩擦角，则式（4-2-6）变为线性 Mohr 准则。

非线性 M-C 强度准则应用过程中，一般引入"瞬时内摩擦角"和"瞬时黏聚力"概念，将实际非线性 Mohr 强度包络线局部线性化，使用每一个围压下相切直线的黏聚力（截距）和内摩擦角（斜率），以表征软岩强度的非线性特性。以此为基础，结合图 4-2-1 中的一般软岩非线性 Mohr 强度包络线可知，随着围压 σ 增大，黏聚力 c_0 和内摩擦角 φ_0 均将出现一定变化。

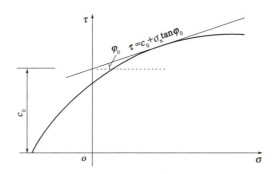

图 4-2-1　一般软岩非线性 Mohr 强度包络线

4.2.2 塑性变形对软岩力学参数的影响分析

1）塑性参数简介

塑性参数被引入表征岩体发生的塑性破坏程度，通常有两种不同的做法：

(1) 基于全量形式。将其视为内变量的函数，使用较多的有最大塑性主应变 ε_1^p，塑性剪应变 $\varepsilon_1^p - \varepsilon_3^p$ 和等效塑性应变 $\sqrt{\frac{2}{3}(\varepsilon_1^p \varepsilon_1^p + \varepsilon_2^p \varepsilon_2^p + \varepsilon_3^p \varepsilon_3^p)}$，$\varepsilon_i^p (i=1,2,3)$ 表示第 i 个塑性主应变。

(2) 基于增量形式。使用较多的是 $\sqrt{\frac{2}{3}(\dot{\varepsilon}_1^p \dot{\varepsilon}_1^p + \dot{\varepsilon}_2^p \dot{\varepsilon}_2^p + \dot{\varepsilon}_3^p \dot{\varepsilon}_3^p)}$，$\dot{\varepsilon}_i^p (i=1,2,3)$ 表示第 i 个塑性主应变的变化速率。

FLAC3D 应变软化模型中采用增量形式的塑性体积应变 $\Delta\varepsilon_{ps}$，然而在理论模型分析时，更多地选取形式较简便的全量形式。至于哪种形式更优，现阶段未有定论。

2）塑性变形对软岩变形参数的影响

大量三轴循环加卸载试验获取的应力 (σ_1)-应变 (ε_1) 曲线表明，峰后阶段卸载路径斜率存在明显的变化现象。图 4-2-2 为典型软岩三轴循环加卸载下应力-应变曲线外包络线简化曲线。

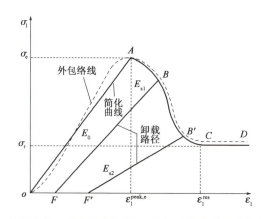

图 4-2-2 典型软岩三轴循环加卸载下应力-应变曲线外包络线简化曲线

σ_e-峰值应力；E_0-弹性模量；σ_r-残余应力；ε_1^{res}-进入残余阶段时的轴向应变；$\varepsilon_1^{peak,e}$-峰前弹性最大轴向应变；BF 和 $B'F'$-三轴循环加卸载应力-应变曲线峰后应变软化阶段的卸载路径；AC-峰后应变软化阶段；E_{s1}、E_{s2}-峰后应变软化阶段卸载路径（BF 和 $B'F'$）的斜率

由图 4-2-2 可以看出，在固定围压作用下，岩石在达到 σ_e 之前处于弹性变形阶段（OA），随后进入应变软化阶段（AC），应力值随应变的增加呈非线性减小；应力值降低到 σ_r 后，进入残余变形阶段（CD），进入残余变形阶段时的轴向应变 ε_1^{res}；简化曲线 $OACD$ 是岩石单调加载全程应力-应变简化曲线。岩石峰后刚度 E_s（弹性模量）的计算公式可表示为：

$$E_s = \xi E_0 \tag{4-2-7}$$

式中：ξ——劣化系数。

定义峰后相对应变量 $\Delta\varepsilon^{POST} = (\varepsilon_1 - \varepsilon_1^{peak,e})/\varepsilon_1^{peak,e}$，劣化系数多呈现随峰后相对应变量的增大而减小，因为岩石变形过程中裂隙的不断扩展、贯通。

3）塑性变形对软岩强度参数的影响

现有研究表明，岩石材料随着塑性变形的发展，破碎程度有所不同。与理想塑性的屈服面不同，处于峰值状态和残余状态的岩石屈服面是不同的，即后继屈服面不同于初始屈服面，如图 4-2-3 所示。为此，峰值状态和残余状态的强度参数，即黏聚力和内摩擦角各不相同。

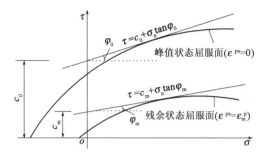

图 4-2-3　黏聚力 c 和内摩擦角 φ 与屈服面之间的关系

截至目前，关于黏聚力和内摩擦角与塑性变形间的关系目前主要存在两种观点，但差异很大。第一种观点认为岩石破裂后，黏聚力下降明显，但内摩擦角变化不大；第二种观点认为，黏聚力和内摩擦角随岩石强度的降低而下降，如图 4-2-4 所示。

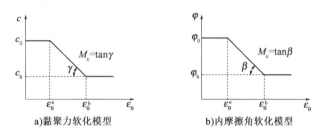

图 4-2-4　强度参数软化模型

上述两种观点均认可黏聚力呈现下降趋势，差异集中在内摩擦角上，其中内摩擦角变化不大的观点在大量岩石压缩试验基础上得到了较多的认可，而关于内摩擦角随岩石强度的降低而下降的相关试验与理论论证目前极少见到。

4.3　基于三轴压缩与循环加卸载的炭质板岩力学特性研究

4.3.1　试样制备

炭质板岩试样取于木寨岭公路隧道 YK216+945～YK216+950 段。岩石试样制备过程如下：因现场钻芯法难以获取适宜的岩芯，选择对炭质板岩岩块进行切割以制作试样；制作的试样直径为 50～50.5mm，高度为 99～100mm，加工过程严格参照国际岩石力学学会（ISRM）要求执行；共计制作 30 块炭质板岩试样，分成 5 组。图 4-3-1 为部分加工完成的炭质板岩试样。每组试样首先进行 2 或 3 次常规三轴试验，确定其在该级围压下的峰值强度与最大塑性变形。

再进行 3 或 4 次三轴循环加卸载试验,研究炭质板岩的弹塑性耦合力学特性。需要说明的是,部分试样强度明显偏离正常值,故结果统计时已将其剔除。

a)天然试样

b)标准试样

图 4-3-1　岩石试样

4.3.2　试验设备与方法

试验设备为 MTS815 电液伺服岩石力学试验机。该试验机是美国 MTS 公司所生产的专门用于岩石力学特性试验的多功能试验机,配有伺服控制的全自动三维加压和测量系统及数字化控制系统,主要由加载部分、控制部分和测试部分三部分组成。试验机最大轴压可达 3000kN,精确度 1%;最大围压可达 100MPa,精确度 1%;轴向变形采用轴向位移引伸计测定。

鉴于木寨岭公路隧道掌子面围岩多潮湿,试验前先将炭质板岩试样放置静水中吸水 48h。试验分两部分开展,具体如下。

(1)常规三轴压缩试验:采用轴向位移加载,加载速率为 0.1mm/min,围压加载速率为 1.5MPa/min,围压梯度设置为 0、5MPa、10MPa、15MPa、20MPa,加载至岩石破坏。

(2)三轴循环加卸载试验:首先施加围压至目标值,后采用应力控制与位移控制相结合的方式控制整个加卸载过程;在塑性之前的加载阶段,采用轴向荷载应力控制方式进行加载,加载速率为 20kN/min;当轴向应力达到峰值强度的 80% 左右时,加载方式转换为轴向位移控制,加卸载速率为 0.1mm/min,峰前每次轴向加载应变为 $(2\sim3)\times10^{-3}$,峰后每次轴向加载应变为 $(3\sim5)\times10^{-3}$,每次卸载轴压至初始静水压力,直至到达岩石的残余强度,试验终止。

4.3.3　试验结果与分析

1)破坏模式分析

单轴压缩试验($\sigma_3 = 0$)时,炭质板岩的应变软化现象不甚明显,破坏相对迅速,其破坏形式表现为单斜剪切滑移破坏,破坏时发出较低且清脆的声响,典型破坏状态如图 4-3-2a)所示。当施加围压后($\sigma_3 \geq 5$MPa),加载过程应变软化现象明显,表现出裂隙随应力增大而逐渐扩展,破坏过程延时明显,其破坏形式表现为中间部位 X 形共轭剪切破坏,典型破坏状态如图 4-3-2b)所示。

a)单轴压缩试验　　　　　　　　b)三轴压缩试验

图 4-3-2　岩石试样典型破坏形式

2)应力-应变曲线

获取试样不同围压下常规三轴压缩试验结果,如图 4-3-3 所示;不同围压下循环加卸载压缩试验结果,如图 4-3-4 所示。压缩过程中均经历压密阶段、弹性阶段、峰前硬化阶段、峰后破坏阶段 4 个阶段。

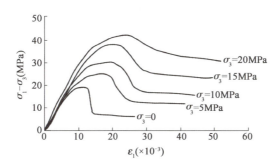

图 4-3-3　不同围压下常规三轴压缩试验应力-应变曲线

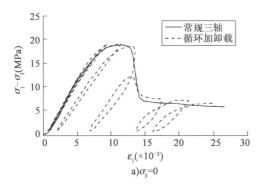 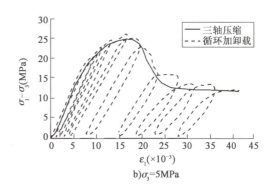

a)$\sigma_3=0$　　　　　　　　　　　　b)$\sigma_3=5$MPa

图　4-3-4

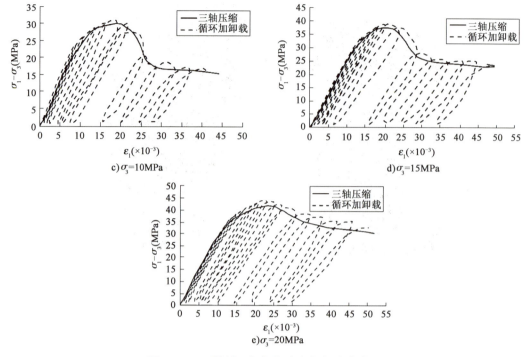

图 4-3-4　三轴循环加卸载试验应力-应变曲线

由图 4-3-3 和图 4-3-4 可以看出：

(1) 整体上，随着围压上升，岩体的峰值强度逐渐增大，表明围压对岩体力学特性具有影响；同时，随着塑性变形的增大，岩体强度变化，表明塑性变形对岩体特性具有影响。

(2) 压密阶段。无围压($\sigma_3=0$)时，压密阶段明显；施加围压后，压密阶段逐渐不明显，其原因为随着围压升高，轴向应力对试样内部孔隙的初始压密被限制，内部微裂隙呈现缓慢闭合，继而压密阶段不甚明显。

(3) 弹性阶段。常规三轴和循环加卸载压缩试验曲线基本保持一致，其原因为弹性阶段试样主要产生弹性变形，此阶段内部储存弹性能，基本不产生较大的损伤，故基本一致。

(4) 峰前硬化阶段和峰后破坏阶段。循环加卸载压缩试验由于存在卸载时间，内部新生裂隙存在闭合情形；而常规三轴压缩试验情况下，内部新生裂隙一直保持扩展、贯通。循环加卸载压缩试验下试样的强度劣化低于常规三轴压缩试验，表现为循环加卸载压缩试验的峰值强度要大于三轴压缩试验。

3) 强度参数分析

(1) 分析方法

① 前置说明

a. 塑性参数的选择。综合试验获取的数据及为了方便后续分析，选定第一塑性主应变 ε_1^p 作为塑性参数，表征岩石内部（塑性）破坏程度。

b. 为使数据更具对比性，强度参数的分析采用不同围压下三轴压缩试验的应力、应变数据。

② 后继屈服面模型

后继屈服面是指岩石进入屈服状态后的屈服面，是应力状态与塑性状态的函数，当采用第

一塑性主应变 ε_1^p 作为塑性状态的参数,则后继屈服面模型可表示为:

$$f(\sigma_1, \sigma_2, \sigma_3, \varepsilon_1^p) = 0 \tag{4-3-1}$$

式中:σ_1、σ_2、σ_3——岩体的主应力状态。

此处,引入广义黏聚力 $\hat{c}$ 和广义内摩擦角 $\hat{\varphi}$ 概念,即假设岩石在峰后屈服阶段任一应力-应变曲线上的某一点都为破坏的临界状态,且满足 M-C 破坏准则。其中,$\hat{c}$、$\hat{\varphi}$ 都受到塑性应变 ε_1^p 和围压 σ_3 的影响,$\hat{c} = \hat{c}(\sigma_3, \varepsilon_1^p)$、$\hat{\varphi} = \hat{\varphi}(\sigma_3, \varepsilon_1^p)$,得到峰后岩石后继屈服面的表达式为:

$$f = \sigma_1 - \frac{1+\sin\hat{\varphi}(\sigma_3, \varepsilon_1^p)}{1-\sin\hat{\varphi}(\sigma_3, \varepsilon_1^p)}\sigma_3 + 2\hat{c}(\sigma_3, \varepsilon_1^p)\sqrt{\frac{1+\sin\hat{\varphi}(\sigma_3, \varepsilon_1^p)}{1-\sin\hat{\varphi}(\sigma_3, \varepsilon_1^p)}} \tag{4-3-2}$$

③ $\hat{c}$、$\hat{\varphi}$ 的求解

基于不同围压下三轴常规压缩试验的应力-应变曲线,提取相同 ε_1^p 下,不同 σ_3 工况中的应力数据 $[(\sigma_1', \sigma_3')、(\sigma_1'', \sigma_3'')、(\sigma_1''', \sigma_3''')\cdots]$,并绘制莫尔应力圆,即得到了相同 ε_1^p 下的莫尔包络线,如图 4-3-5 所示。在莫尔应力圆和包络线交点处绘制包络线的外切线,该外切线与 σ 轴的夹角即为 $\hat{\varphi}$,在 τ 轴的截距即为 $\hat{c}$。

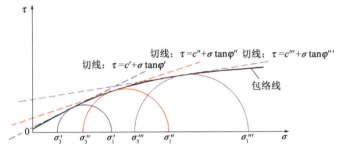

图 4-3-5 相同 ε_1^p 下的莫尔包络线

图 4-3-5 中莫尔包络线可以通过"切线法"获得,即首先确定每 2 个莫尔应力圆之间的公切线及切点,求出所有切点坐标后再利用最小二乘拟合法对包络线方程进行拟合。获取包络线方程后即可采用求导运算得到 $\hat{c}$、$\hat{\varphi}$。之后,在获取不同 ε_1^p、不同 σ_3 下的 $\hat{c}$、$\hat{\varphi}$ 的取值后,可采用 Matlab 软件对 $\hat{c}(\sigma_3, \varepsilon_1^p)$、$\hat{\varphi}(\sigma_3, \varepsilon_1^p)$ 函数进行最小二乘曲面拟合,即可得到相应函数表达式。

(2) 强度参数变化规律

不同围压 σ_3 下后继屈服强度与第一塑性主应变 ε_1^p 的对应关系如图 4-3-6 所示。

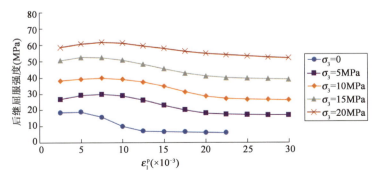

图 4-3-6 不同围压 σ_3 下后继屈服强度与第一塑性应变 ε_1^p 的关系曲线

利用图4-3-6得到的不同围压 σ_3 和不同第一塑性应变 ε_1^p 下对应的极限应力状态，参照前述分析方法，求出不同第一塑性主应变下的拟合包络线，图4-3-7 为 $\varepsilon_1^p = 2.5 \times 10^{-3}$、$\varepsilon_1^p = 22.5 \times 10^{-3}$ 的拟合包络线，由此获得的 $\hat{\varphi}$、$\hat{c}$ 见表4-3-1、表4-3-2。

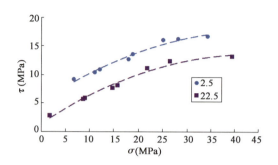

图 4-3-7 $\varepsilon_1^p = 2.5 \times 10^{-3}$、$\varepsilon_1^p = 22.5 \times 10^{-3}$ 的拟合包络线

不同第一塑性应变 ε_1^p 和不同围压 σ_3 下的内摩擦角 $\hat{\varphi}$ 值　　　　表 4-3-1

$\varepsilon_1^p (\times 10^{-3})$	$\hat{\varphi}(°)$				
	$\sigma_3 = 0\mathrm{MPa}$	$\sigma_3 = 5\mathrm{MPa}$	$\sigma_3 = 10\mathrm{MPa}$	$\sigma_3 = 15\mathrm{MPa}$	$\sigma_3 = 20\mathrm{MPa}$
2.5	25.3	22.4	18.1	16.7	10.1
5	26.5	24.5	22.8	18.7	16.5
7.5	30.1	28.8	27.6	20.8	18.1
10	32.9	28.3	24.3	20.3	15.9
12.5	27.4	26.3	25.1	22.8	20.2
15	29.9	27.6	25.3	23.4	21.2
17.5	24.2	20.3	20.1	18.7	14.3
20	31.4	27.7	26.9	25.3	20.4
22.5	28.23	22.3	20.0	20.3	14.0

不同第一塑性应变 ε_1^p 和不同围压 σ_3 下的黏聚力 $\hat{c}$ 值　　　　表 4-3-2

$\varepsilon_1^p (\times 10^{-3})$	$\hat{c}(\mathrm{MPa})$				
	$\sigma_3 = 0\mathrm{MPa}$	$\sigma_3 = 5\mathrm{MPa}$	$\sigma_3 = 10\mathrm{MPa}$	$\sigma_3 = 15\mathrm{MPa}$	$\sigma_3 = 20\mathrm{MPa}$
2.5	5.98	6.44	7.12	10.16	12.23
5	4.33	4.99	5.67	8.82	11.72
7.5	3.12	4.65	5.09	7.96	10.23
10	2.74	4.30	4.81	6.90	9.78
12.5	2.54	3.33	4.15	4.99	7.33
15	1.98	2.78	3.06	3.51	5.14
17.5	1.88	2.61	2.84	3.01	4.29
20	1.84	2.44	2.57	2.92	3.77
22.5	1.83	2.11	2.33	2.81	3.33

由表 4-3-1 可知：①$\hat{\varphi}$ 随 σ_3 增加逐渐减小，σ_3 由 0 增至 20MPa，$\hat{\varphi}$ 减小量值为 7.2°~15.2°、平均减小 11.7°，减少幅度 26%~60%、平均减少幅度 41%；②$\hat{\varphi}$ 受 ε_1^p 影响较小，且无明显规律，与现有多数研究结论一致，即内摩擦角不受塑性变形影响。

由表 4-3-2 可知：①$\hat{c}$ 随 σ_3 增加逐渐增大，σ_3 由 0 增至 20MPa，$\hat{c}$ 增大量值为 1.50~7.39MPa，平均增大 4.62MPa，增大幅度 82%~257%，平均增大幅度 158%；②$\hat{c}$ 随 ε_1^p 增加逐渐减小，ε_1^p 由 2.5×10^{-3} 增至 22.5×10^{-3}，$\hat{c}$ 减小量值为 4.15~8.9MPa，平均减小 5.9MPa，减少幅度 67%~72%，平均减少幅度 70%。

以表 4-3-1、表 4-3-2 中数据为基础，采用 Matlab 进行最小二乘法拟合，经多次试算得到较好曲（平）面拟合效果，如图 4-3-8 和图 4-3-9 所示。

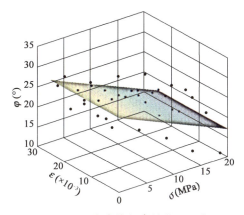

图 4-3-8　内摩擦角 $\hat{\varphi}$ 的曲面拟合　　　图 4-3-9　黏聚力 $\hat{c}$ 的曲面拟合

①$\hat{\varphi}$ 与 ε_1^p 及 σ_3 间的函数式为 $\hat{\varphi}(\sigma_3)$，即内摩擦角变化与塑性参数无关，$\hat{\varphi}(\sigma_3)$ 的表达式为：

$$\hat{\varphi}(\sigma_3) = f_{00} + f_{10}\sigma_3 \tag{4-3-3}$$

式中：f_{00}、f_{10}——函数的无量纲参数。

$f_{00} = 28.562$，$f_{10} = -0.5681$。

②$\hat{c}$ 与 ε_1^p 及 σ_3 间的函数 $\hat{c}(\sigma_3, \varepsilon_1^p)$ 的表达式为：

$$\hat{c}(\sigma_3, \varepsilon_1^p) = p_{00} + p_{10}\sigma_3 + p_{20}\sigma_3^2 + p_{01}\varepsilon_1^p + p_{02}(\varepsilon_1^p)^2 + p_{11}\sigma_3\varepsilon_1^p \tag{4-3-4}$$

式中：p_{ij}——函数的无量纲参数，$i,j = 0,1,2$。

$p_{00} = 5.8592$，$p_{10} = 0.2570$，$p_{20} = 0.0089$，$p_{01} = -0.3849$，$p_{02} = 0.01$，$p_{11} = -0.017$。

4）变形参数分析

（1）弹性模量取值方法

卸载曲线的平均斜率一般与加载曲线直线段的斜率相同，因此采用卸载割线模量来等同于弹性模量。

（2）弹性模量演化曲线

绘制不同围压 σ_3 下弹性模量 E 与第一塑性主应变 ε_1^p 关系曲线，如图 4-3-10 所示。

由图4-3-10可以看出:①弹性模量随第一塑性主应变大致呈线性衰减的规律;②相等第一塑性主应变下,围压上升,弹性模量提高。由此可知,弹性模量存在围压强化效应,以及弹塑性耦合(弱化)效应。

以图4-3-10中数据为基础,仍采用Matlab进行最小二乘法拟合,经多次试算得到较好曲面拟合效果,如图4-3-11所示。

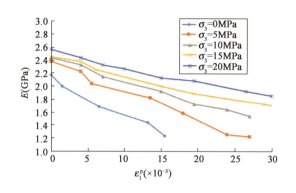

图4-3-10 不同围压 σ_3 下弹性模量 E 与第一塑性主应变 ε_1^p 的关系曲线

图4-3-11 弹性模量 $\hat{E}$ 的曲面拟合

$\hat{E}$ 与 ε_1^p 及 σ_3 间的函数 $\hat{E}(\sigma_3, \varepsilon_1^p)$ 的表达式为:

$$\hat{E}(\sigma_3, \varepsilon_1^p) = e_{00} + e_{10}\sigma_3 + e_{20}\sigma_3^2 + e_{01}\varepsilon_1^p + e_{02}(\varepsilon_1^p)^2 + e_{11}\sigma_3\varepsilon_1^p \quad (4\text{-}3\text{-}5)$$

式中: e_{ij} ——函数的无量纲参数, $i,j = 0,1,2$。

$e_{00} = 2.1165, e_{10} = 0.05156, e_{20} = -0.0016, e_{01} = -0.0565, e_{02} = 0.0002899, e_{11} = 0.0013$。

4.4 考虑主动支护效应的围岩本构模型开发

由前述分析可知,软岩的强度参数和变形参数具有显著的围压效应与弹塑性耦合特征。因此,鉴于主动支护的本质为预应力对岩体力学性能的影响,故开发考虑主动支护效应的本构模型,即开发具有围压效应与弹塑性耦合特征的围岩本构模型。基于此,本节以FLAC3D中M-C本构模型为基础,采用Fish语言建立具有围压效应与弹塑性耦合特征的新型本构模型。

4.4.1 FLAC3D本构模型简介

FLAC3D共提供了15种本构模型,可分为三大类:空模型组、弹性模型组、塑性模型组。对地下工程而言,常用本构模型有线弹性本构模型、莫尔-库仑(M-C)弹塑性本构模型、应变软化弹塑性本构模型。

1)线弹性本构模型

线弹性本构模型的全应力-应变规律是线性的,满足胡克定律,具有加卸载后变形可恢复的特性。线弹性本构模型的物理力学参数有剪切模量 G 和体积模量 K。

$$G = \frac{E}{2(1+\mu)}$$

$$K = \frac{E}{3(1-2\mu)} \tag{4-4-1}$$

式中：E——弹性模量（MPa）；

μ——泊松比。

线弹性本构模型应变增量的表达式如下：

$$\left.\begin{array}{l} \Delta\sigma_{11} = \alpha_1 \Delta\varepsilon_{11} + \alpha_2 \Delta\varepsilon_{22} \\ \Delta\sigma_{22} = \alpha_2 \Delta\varepsilon_{11} + \alpha_1 \Delta\varepsilon_{22} \\ \Delta\sigma_{12} = 2G\Delta\varepsilon_{12} \ (\Delta\varepsilon_{12} = \Delta\varepsilon_{21}) \\ \Delta\sigma_{33} = \alpha_2 (\Delta\varepsilon_{11} + \Delta\varepsilon_{22}) \end{array}\right\} \tag{4-4-2}$$

式中，$\alpha_1 = K + \frac{4}{3}G$，$\alpha_2 = K - \frac{2}{3}G$。

$$\Delta\varepsilon_{ij} = \frac{1}{2}\left(\frac{\partial u_i}{\partial x_j} + \frac{\partial u_j}{\partial x_i}\right)\Delta t \tag{4-4-3}$$

式中：$\Delta\varepsilon_{ij}$——应变张量增量，$i,j = 1,2$；

u——位移速率（m/s）；

Δt——时步（s）。

2）莫尔-库仑弹塑性本构模型

莫尔-库仑弹塑性本构模型（M-C 模型）属理想弹塑性分析范畴，有 6 个模型参数，分别是：体积模量（bulk）、剪切模量（shear）、黏聚力（cohesion）、内摩擦角（friction）、剪胀角（dilation）和抗拉强度（tension）。

FLAC3D 提供了三个主应力 σ_1、σ_2、σ_3 以及平面外应力 σ_{zz}，上述应力在模型中均以拉为正方向，以压为负方向。三个主应力的大小关系为 $\sigma_1 < \sigma_2 < \sigma_3$。M-C 模型的内部运算是一种增量法则，每次运算增加的应变增量 $\Delta\varepsilon_i$ 可分为弹性应变增量 $\Delta\varepsilon_i^e$ 和塑性应变增量 $\Delta\varepsilon_i^p$ 两部分，即：

$$\Delta\varepsilon_i = \Delta\varepsilon_i^e + \Delta\varepsilon_i^p \quad (i = 1,2,3) \tag{4-4-4}$$

当模型未出现塑性屈服时，$\Delta\varepsilon_i^p$ 为零，此时应力增量（$\Delta\sigma_i$，$i = 1,2,3$）与应变增量（$\Delta\varepsilon_i^e$，$i = 1,2,3$）满足胡克定律下的应力-应变关系，即：

$$\left.\begin{array}{l} \Delta\sigma_1 = \alpha_1 \Delta\varepsilon_1^e + \alpha_2 (\Delta\varepsilon_2^e + \Delta\varepsilon_3^e) \\ \Delta\sigma_2 = \alpha_1 \Delta\varepsilon_2^e + \alpha_2 (\Delta\varepsilon_1^e + \Delta\varepsilon_3^e) \\ \Delta\sigma_3 = \alpha_1 \Delta\varepsilon_3^e + \alpha_2 (\Delta\varepsilon_1^e + \Delta\varepsilon_2^e) \end{array}\right\} \tag{4-4-5}$$

式中，α_1 和 α_2 的计算同式（4-4-2）。当模型出现塑性屈服时，$\Delta\varepsilon_i^p$ 不为零，应力应变不再满足胡克定律，需要对式（4-4-5）进行应力应变修正。而计算存在两种塑性破坏：一种是剪切破坏，另一种是拉应力破坏。

（1）剪切破坏

剪切破坏的势函数 g^s 为：

$$g^s = \sigma_1 - \sigma_3 \frac{1+\sin\varphi}{1-\sin\varphi} \tag{4-4-6}$$

剪切塑性破坏下的塑性应变增量表达式为：

$$\Delta\varepsilon_i^p = \lambda^s \frac{\partial g^s}{\partial \sigma_i} \quad (i=1,2,3) \tag{4-4-7}$$

式中：λ^s——待定的参数。

将式(4-4-6)中的 g^s 代入式(4-4-7)中进行微分运算，得到塑性应变增量表达式为：

$$\left.\begin{aligned} \Delta\varepsilon_1^p &= \lambda^s \\ \Delta\varepsilon_2^p &= 0 \\ \Delta\varepsilon_3^p &= -\lambda^s \frac{1+\sin\varphi}{1-\sin\varphi} \end{aligned}\right\} \tag{4-4-8}$$

再将式(4-4-5)中的弹性应变增量表示为总变量减去式(4-4-8)，得到：

$$\left.\begin{aligned} \Delta\sigma_1 &= \alpha_1\Delta\varepsilon_1 + \alpha_2(\Delta\varepsilon_2+\Delta\varepsilon_3) - \lambda^s\left(\alpha_1 - \alpha_2\frac{1+\sin\varphi}{1-\sin\varphi}\right) \\ \Delta\sigma_2 &= \alpha_1\Delta\varepsilon_2 + \alpha_2(\Delta\varepsilon_1+\Delta\varepsilon_3) - \lambda^s\alpha_2\left(1 - \frac{1+\sin\varphi}{1-\sin\varphi}\right) \\ \Delta\sigma_3 &= \alpha_1\Delta\varepsilon_3 + \alpha_2(\Delta\varepsilon_1+\Delta\varepsilon_2) - \lambda^s\left(-\alpha_1\frac{1+\sin\varphi}{1-\sin\varphi} + \alpha_2\right) \end{aligned}\right\} \tag{4-4-9}$$

（2）拉应力破坏

拉应力破坏势函数 g^t 为：

$$g^t = -\sigma_3 \tag{4-4-10}$$

拉应力破坏下的塑性应变增量表达式为：

$$\Delta\varepsilon_i^p = \lambda^t \frac{\partial g^t}{\partial \sigma_i} \quad (i=1,3) \tag{4-4-11}$$

式中：λ^t——待定的参数。

进行微分运算得到的塑性应变增量表达式为：

$$\left.\begin{aligned} \Delta\varepsilon_1^p &= 0 \\ \Delta\varepsilon_2^p &= 0 \\ \Delta\varepsilon_3^p &= -\lambda^t \end{aligned}\right\} \tag{4-4-12}$$

重复上面的方式，得到：

$$\left.\begin{aligned} \sigma_1^N &= \sigma_1^I + \lambda^t\alpha_2 \\ \sigma_2^N &= \sigma_2^I + \lambda^t\alpha_2 \\ \sigma_3^N &= \sigma_3^I + \lambda^t\alpha_1 \end{aligned}\right\} \tag{4-4-13}$$

即得到应力修正后的应力状态，式中 σ_1^N、σ_2^N、σ_3^N 为新的主应力分量，σ_1^I、σ_2^I、σ_3^I 为旧的主应力分量。

3) 应变软化弹塑性本构模型

应变软化弹塑性本构模型是基于 M-C 模型的拉应力破坏法则和剪切破坏法则建立的关联模型,内部的应力应变增量运算同上节中的 M-C 模型,模型参数有 10 个,其中物理力学参数 6 个,表变量参数 4 个。物理力学参数有体积模量(bulk)、剪切模量(shear)、黏聚力(cohesion)、内摩擦角(fiction)、剪胀角(dilation)、抗拉强度(tension);表变量参数有黏聚力变量(ctable)、内摩擦角变量(ftable)、剪胀角变量(dtable)、抗拉强度变量(ttable)。

与 M-C 模型不一样处在于,应变软化弹塑性本构模型塑性屈服后,黏聚力、内摩擦角、剪胀角、抗拉强度值会发生变化,且使用者可以自定义黏聚力等值为软化参数的分段线性函数。这种模型通过在每个时步增加软化参数,以计算总的塑性剪切应变和拉应变,并以此促成材料性质同用户定义的函数保持一致。但是,其软化参数是无法用户自定义的,作为软化参数量测得塑性剪切应变公式为:

$$\Delta \varepsilon^{ps} = \left[\frac{1}{2} (\Delta \varepsilon_1^{ps} - \Delta \varepsilon_m^{ps})^2 + \frac{1}{2} (\Delta \varepsilon_3^{ps} - \Delta \varepsilon_m^{ps})^2 + \frac{1}{2} (\Delta \varepsilon_m^{ps})^2 \right]^{\frac{1}{2}} \tag{4-4-14}$$

式中:$\Delta \varepsilon^{ps}$——每时步增加的塑性剪切应变增量(MPa);

$\Delta \varepsilon_i^{ps}$——塑性主应变增量(MPa)。

4.4.2 本构模型的开发与检验

1) 本构模型的开发

本次开发的考虑主动支护效应的围岩本构模型是对传统 M-C 模型的完善,具有简便、可靠性高等优点。具体开发方式为采用外置连接程序,程序主要包含以下方面。

(1) 设置循环程序 A,捕捉全部单元的围压 σ_3 与主应变 ε_1。
(2) 设置循环程序 B,包含:
① 设置初始弹性模量 E_0,编写第一塑性主应变 ε_1^p 的函数式。
② 依据围压 σ_3、第一塑性主应变 ε_1^p,编写弹性模量 E、黏聚力 c、内摩擦角 φ 的函数式。
③ 重新调用 E_0,将其设置为弹性模量 E 的变化式,实现第一塑性主应变 ε_1^p 与弹性模量 E 相关。
④ 复核程序适用的围压 σ_3、第一塑性主应变 ε_1^p 的区域。
⑤ 进行调试。

考虑主动支护效应的围岩本构模型(简称"主动支护效应模型")与应变软化模型、M-C 模型的异同点见表 4-4-1。

不同本构模型异同点   表 4-4-1

模型名称	相同点	不同点	备注
主动支护效应模型	均基于莫尔-库仑强度准则的剪切破坏法则,以及拉应力破坏法则	E、c、φ 随围压与软化参数变化;弹塑性参数耦合	E——弹性模量; c——黏聚力; φ——内摩擦角
应变软化模型		E 不变;c、φ 随软化参数变化	
M-C 模型		E、c、φ 不变	

2）本构模型的检验

基于同一静水压力（$\sigma_1 = \sigma_2 = \sigma_3 = 10\text{MPa}$）下半径5m的圆形隧道开挖模型，分析主动支护效应模型、应变软化模型、M-C模型在岩体参数与计算结果方面的差异，以此检验主动支护效应模型的合理性。

（1）建立数值模型

为消除边界效应，同时为便于计算，建立的数值模型尺寸为110m×110m×3m，如图4-4-1所示。

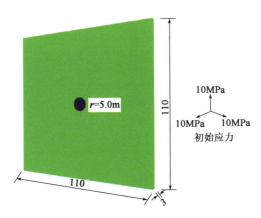

图4-4-1　三维数值模型（尺寸单位：m）

（2）计算参数

①主动支护效应模型中弹性模量 E、内摩擦角 φ 的取值按照式（4-3-3）、式（4-3-5）计算。鉴于岩块黏聚力显著大于岩体，且木寨岭公路隧道围岩多破碎，结合相关隧道设计规范中Ⅴ级围岩推荐取值，主动支护效应模型黏聚力 c 取试验值的0.1倍，即 $c = 0.1\hat{c}$，变化规律不变[式（4-3-4）]，见表4-4-2。

不同模型的计算参数取值　　　　　表4-4-2

模型名称	弹性模量 E（GPa）	黏聚力 c(MPa)		内摩擦角 φ（°）	泊松比 ν
		峰值	残余		
主动支护效应模型	按式（4-3-5）取值	0.1×式（4-3-4）		按式（4-3-3）取值	0.35
应变软化模型	2.1165	0.58592	0.2162	28.562	
M-C模型		0.58592			

②应变软化模型中弹性模量 E、内摩擦角 φ 取 $\sigma_3 = 0$、$\varepsilon_1^p = 0$ 时的量值，黏聚力 c 的峰值取 $\sigma_3 = 0$、$\varepsilon_1^p = 0$ 时的 $0.1\hat{c}$，黏聚力 c 的残余值取 $\sigma_3 = 0$、$\varepsilon_1^p = 20 \times 10^{-3}$ 时的 $0.1\hat{c}$，见表4-4-2。

③M-C模型中弹性模量 E、内摩擦角 φ 取 $\sigma_3 = 0$、$\varepsilon_1^p = 0$ 时的 $\hat{E}$、$\hat{\varphi}$，黏聚力 c 取 $\sigma_3 = 0$、$\varepsilon_1^p = 0$ 时的 $0.1\hat{c}$，见表4-4-2。

3）计算结果分析

鉴于计算结果呈轴对称分布，为使结果更加清晰，故提取1/4模型进行分析。

①黏聚力 c

提取三种本构模型下的围岩黏聚力 c 云图，如图4-4-2所示。

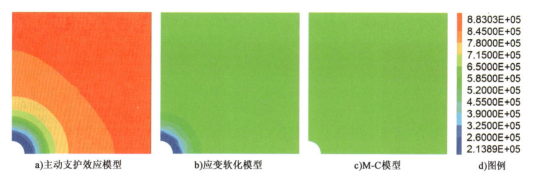

a)主动支护效应模型　　b)应变软化模型　　c)M-C模型　　d)图例

图 4-4-2　黏聚力 c 云图(单位:Pa)

由图 4-4-2 可以看出:

a. 主动支护效应模型中黏聚力 c 随距洞壁径向距离增大逐渐变大,增速则逐渐减缓;应变软化模型中 c 随距洞壁径向距离增大,先快速变大,后保持不变;M-C 模型中 c 不变,为一恒值,无法呈现围压与塑性变形的影响。

b. 对比图 4-4-2b)、c)可看出,应变软化模型仅可呈现塑性变形对 c 的影响,为弱化效应,表现为距洞壁一定范围内,位于塑性区内的 c 下降。

c. 对比图 4-4-2a)、c)中距洞壁远处的云图色彩,即 a)中为红色、c)中为绿色,可知主动支护效应模型可呈现围压对 c 的影响,为强化效应,即随围压上升,c 增大;对比 a)、c)中洞壁区域的云图色彩,即 a)中为深蓝色、c)中为绿色,可知主动支护效应模型可呈现塑性变形对 c 的影响,为弱化效应,即随塑性变形增大,c 减小。因此,主动支护效应模型可较好地呈现围压对 c 的强化效应及塑性变形对 c 的弱化效应。

②内摩擦角 φ

提取三种本构模型下的围岩内摩擦角 φ 云图,如图 4-4-3 所示。

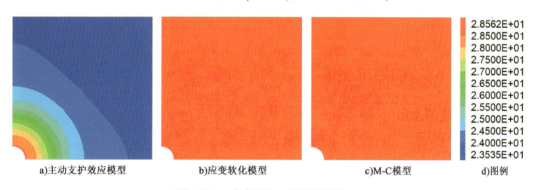

a)主动支护效应模型　　b)应变软化模型　　c)M-C模型　　d)图例

图 4-4-3　内摩擦角 φ 云图(单位:°)

由图 4-4-3 可以看出:

a. 应变软化模型与 M-C 模型中 φ 不变,为一恒值,无法看出围压变化对 φ 的影响。

b. 主动支护效应模型中内摩擦角 φ 随距洞壁径向距离增大逐渐减小,减小速度则逐渐放缓,与最大主应力(围压)的变化规律相反,呈现出围压对 φ 的影响,为弱化效应,即随围压上升,φ 减小。

③弹性模量 E

提取三种本构模型下的围岩弹性模量 E 云图,如图4-4-4所示。

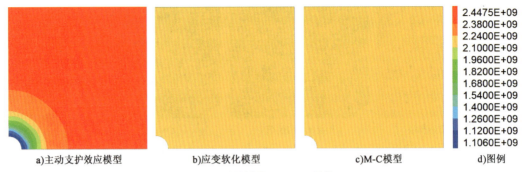

图 4-4-4　弹性模量 E 云图(单位:Pa)

由图 4-4-4 可以看出:

a. 主动支护效应模型中弹性模量 E 随距洞壁径向距离增大逐渐变大,增速则逐渐减缓;应变软化模型与 M-C 模型中 E 不变,为一恒值。

b. 对比图 4-4-4a)、c)中距洞壁远处的云图色彩,即 a)中为红色、c)中为黄色,可知主动支护效应模型可呈现围压对 E 的影响,为强化效应,即随围压上升,E 增大;对比图 4-4-4a)、c)中洞壁区域的云图色彩,即 a)中为深蓝色、c)中为黄色,可知主动支护效应模型可呈现塑性变形对 E 的影响,为弱化效应,即随塑性变形增大,E 减小。因此,主动支护效应模型可较好地呈现围压对 E 的强化效应及塑性变形对 E 的弱化效应,其中塑性变形对 E 的弱化效应,展现出了岩体力学参数弹塑性耦合的特征。

综上所述,主动支护效应模型良好地体现了围压对参数 E、c、φ 的影响,以及塑性应变对 E、c 的影响,故开发的主动支护效应模型是合理有效的。

4.5　不同挤压度下主动支护的适用性分析

4.5.1　数值计算方案

1)数值模型参数与工况

数值模型尺寸及围岩参数同第 4.4.2 节,根据挤压因子 N_c 不同,依次选取 5 种工况,见表 4-5-1。需要说明的是,σ_{00} 代表围压 0、塑性变形 0 时的岩体强度,由 c_{00}、φ_{00} 代入式(4-5-1)计算得到。其中,c_{00}、φ_{00} 代表围压 0、塑性变形 0 时的黏聚力和内摩擦角。图 4-5-1 为部分计算初始应力场。

计算工况　　　　　　　　　　　　　　表 4-5-1

工况	N_c	挤压等级	c_{00}(MPa)	φ_{00}(°)	σ_{00}(MPa)	静水压力 P_0(MPa)
工况 1	0.08	极严重	0.586	28.56	1.97	25
工况 2	0.10	极严重	0.586	28.56	1.97	20

续上表

工况	N_c	挤压等级	c_{00}(MPa)	φ_{00}(°)	σ_{00}(MPa)	静水压力 P_0(MPa)
工况3	0.13	严重	0.586	28.56	1.97	15
工况4	0.20	中等	0.586	28.56	1.97	10
工况5	0.33	轻微	0.586	28.56	1.97	6

注：设定围岩参数不变，通过改变静水压力 P_0 实现挤压度变化。

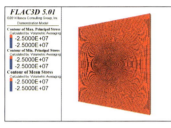  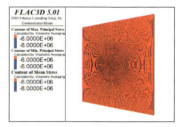

a) N_c=0.08(极严重挤压)　　b) N_c=0.13(严重挤压)　　c) N_c=0.33(轻微挤压)

图 4-5-1　部分计算初始应力场

2) 模型加载

采用在开挖面上施加均布荷载的方式模拟主动支护力，如图 4-5-2 所示。

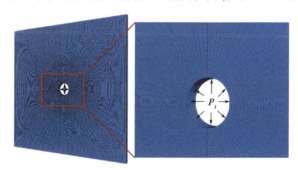

图 4-5-2　模型加载示意图

鉴于软岩大变形巷道中，以小孔径锚索为代表的锚固系统可施加的预应力（支护力）能达到 250~350kN，且考虑隧道工程中锚固系统支护间距为 $(0.8~1.0)$ m×1.0m（环向×纵向），布设范围一般为 240°，故均布荷载 P_i =0.15~0.30MPa。因此，结合本次计算目的，即探究主动支护在不同挤压度时的适应性，取加载 $P = P_{i\max} = 0.3$ MPa。

4.5.2　计算结果分析

1) 围岩位移分析

提取有、无支护下围岩位移云图，如图 4-5-3 所示。

由图 4-5-3 可以看出：

(1) 随着距洞壁径向距离增大，围岩位移逐渐减小，且减小速度逐渐放缓，符合一般隧道开挖与支护下的围岩变形规律，佐证了计算结果的准确性。

(2) 随着挤压度下降，围岩位移快速减小，表明围岩挤压度对岩体位移影响显著。

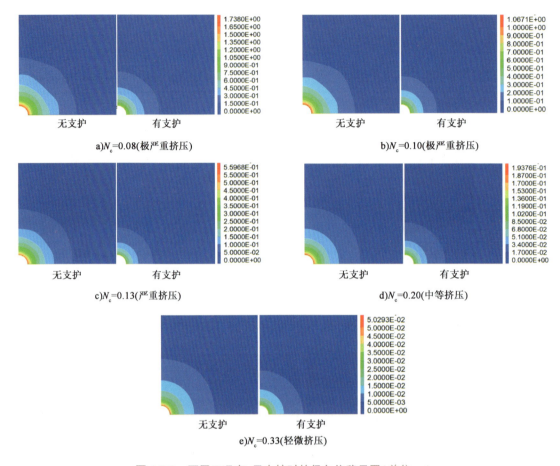

图 4-5-3 不同工况有、无支护时的径向位移云图(单位:m)

(3)有支护下,最大围岩位移与位移扰动区域均明显减小,显示主动支护对围岩位移具有良好的控制效应。为进一步探明挤压度对围岩变形的影响,以及分析主动支护在不同围压挤压度时的位移控制效应,提取洞壁径向深度 15m 范围的围岩位移,如图 4-5-4 所示。

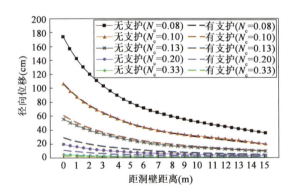

图 4-5-4 不同工况下径向位移变化曲线

由图 4-5-4 可以看出：

(1) 随着距洞壁径向距离增加，围岩位移均减小，且挤压度越高，围岩位移收敛越快(对应图中为曲线斜率的变化率)，表明在高挤压性围岩中，有效支护岩体的表层位移可取得显著的整体位移控制效果。

(2) 当 $N_c=0.08$、$N_c=0.10$(极严重挤压)时，无支护下 0~10m 的围岩最小位移分别为 51cm、31cm，超过了一般喷射混凝土的允许变形量($\delta=30cm$)；鉴于预应力锚固系统支护长度一般小于 10m，故在极严重挤压隧道中，主动支护的适用性可能受限，即仍有可能出现围岩变形较大的现象。

(3) 当 $N_c=0.13$(严重挤压)时，无支护下 0~10m 的围岩最小位移小于 15cm，且有支护时的围岩最大位移为 29cm，小于一般喷射混凝土的允许变形量($\delta=30cm$)，故在严重挤压变形隧道中，主动支护具备较好的适用性。

(4) 当 $N_c=0.20$(中等挤压)时，无支护下 0~10m 的围岩最小位移小于 5cm，且有支护下的最大位移为 11cm，明显小于一般喷射混凝土的允许变形量($\delta=30cm$)，故在中等挤压变形隧道中，主动支护具备良好的适用性。

(5) 当 $N_c=0.33$(轻微挤压)时，无支护下 0~10m 的围岩最小位移小于 2cm，且有支护下的最大位移为 3cm，远小于一般喷射混凝土的允许变形量($\delta=30cm$)，故在轻微挤压变形隧道中，主动支护同样具备良好的适用性。

2) 塑性区分析

提取无支护下围岩塑性区分布如图 4-5-5 所示，有支护下围岩塑性区分布如图 4-5-6 所示。

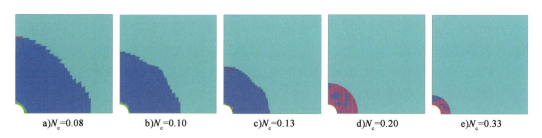

图 4-5-5　无支护下围岩塑性区分布

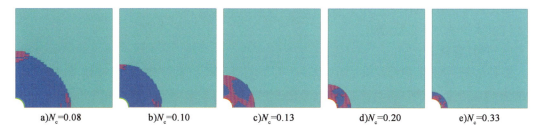

图 4-5-6　有支护下围岩塑性区分布

由图 4-5-5 和图 4-5-6 可以看出：

(1) 围岩挤压度越高，开挖后形成的塑性区越大；且随着挤压度增大，围岩塑性区快速增大。

(2)同一挤压度下,对比有、无支护时的塑性区分布大小,可以看出,主动支护有效控制了围岩塑性区。为进一步探明围岩挤压度对塑性区的影响,以及分析主动支护在不同围压挤压度时的塑性区控制效果,绘制塑性区扩展深度随 N_c 变化曲线,如图 4-5-7 所示。

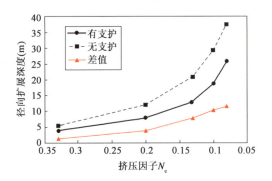

图 4-5-7　塑性区扩展深度随挤压因子 N_c 变化曲线

由图 4-5-7 可以看出:

(1)随着挤压因子 N_c 减小(挤压度增高),塑性区扩展深度均呈线性快速增长,至严重挤压($N_c = 0.13$),有、无支护时的塑性区扩展深度分别为 19m、29.5m。

(2)施加主动支护后,塑性区明显减小,且随 N_c 减小,塑性区扩展深度差值逐渐增大,显示在挤压度越高的隧道中,主动支护对围岩塑性区的控制效果越佳。

(3)依据塑性区扩展深度对围岩稳定性进行定性分析。参照文献《关于土体隧洞围岩稳定性分析方法的探索》中设定:当塑性区扩展深度≤D(D 为开挖洞径,D = 10m),围岩基本稳定;当 D < 塑性区扩展深度≤1.5D,通过施加(额外)支护后可趋于稳定;当塑性区扩展深度 > 1.5D,围岩可能出现失稳。

①当处于中等挤压($N_c = 0.20$)且无支护时,塑性区深度超过 D,围岩稳定性不足;施加主动支护,塑性区深度 < D,基本稳定。

②当处于严重挤压($N_c = 0.13$)且无支护时,塑性区深度 > 2D,围岩稳定性不足;施加主动支护,塑性区深度 < 1.5D,考虑到后续喷射混凝土、钢拱架等支护措施,认为围岩可趋于稳定。

③当处于极严重挤压($N_c = 0.10$、0.08)且无支护时,塑性区深度 > 2D,围岩无稳定性;施加主动支护后,塑性区深度仍大于 1.5D,围岩可能出现失稳。

3)岩体物理力学参数分析

(1)弹性模量 E

提取无支护下围岩弹性模量云图如图 4-5-8 所示,有支护下围岩弹性模量云图如图 4-5-9 所示。

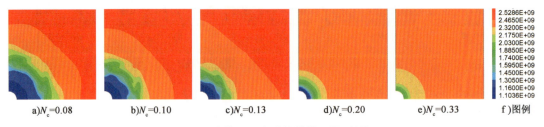

图 4-5-8　无支护下围岩弹性模量云图(单位:Pa)

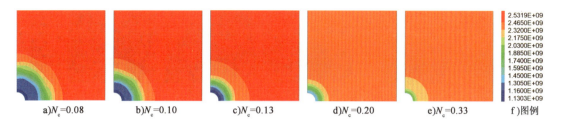

图 4-5-9　有支护下围岩弹性模量云图（单位：Pa）

由图 4-5-8 和图 4-5-9 可以看出：

①随着距洞壁距离的增加，围岩弹性模量 E 增大，且增速逐渐下降，其原因是，E 受围压与塑性变形双重影响，其中围压随距洞壁距离增加，逐渐由 0 恢复至初始应力场，而塑性变形则随距洞壁距离增加逐渐降至 0（弹性）。

②同一应力场（N_c 相同），对比无支护，主动支护时的弹性模量 E 得到了明显提升，且随距洞壁距离增加，提升效果（幅度）下降，体现了主动支护（预应力）扩散的必要性。以 $N_c = 0.20$（中等挤压）为例，无支护时，洞壁与距洞壁 5m 处的 E 值分别为 1.11GPa、1.81GPa；而主动支护时，对应 E 值分别增至 1.35GPa、2.12GPa，增加 0.24GPa、0.31GPa，增幅 22%、17%。同时，随着围岩挤压度的增加，主动支护对 E 的提升效果越发显著，将 $N_c = 0.13$（严重挤压）作为对比，有、无支护时，距洞壁 5m 的 E 值分别为 1.65GPa、1.17GPa，增加 0.48GPa、增幅 41%。

此处，当处于 $N_c = 0.13$（严重挤压）、0.10（极严重挤压）、0.08（极严重挤压），在有、无支护时，洞壁的 E 基本相同，其原因为，计算中参照室内岩体试验，设置 E 最小值为 1.1GPa，故当挤压度达到一定条件时，E 达到了最小值，而增大了主动支护力，本质上改善了围岩应力状态，但将改善的应力值及塑性变形代入 E 的拟合计算公式中，计算值仍小于 1.1GPa，故显示为无影响，与实际中表层岩体可完全无支护能力存在一定差异，特此说明。

综上所述，从改善围岩弹性模量的角度分析，围岩挤压度越高时，采用主动支护取得的效益越大，与前述位移一致；同时，强化主动支护的应力扩展、应力传递效果，对提升围岩整体的弹性模量可起到有益作用，值得重视。

（2）黏聚力 c

提取无支护下围岩黏聚力云图如图 4-5-10 所示，有支护下围岩黏聚力云图如图 4-5-11 所示。

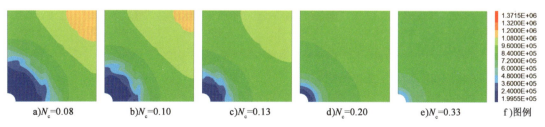

图 4-5-10　无支护下围岩黏聚力云图（单位：Pa）

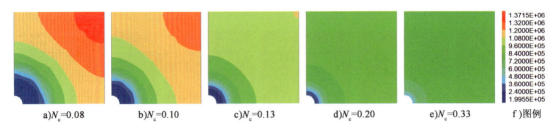

a) $N_c=0.08$　　b) $N_c=0.10$　　c) $N_c=0.13$　　d) $N_c=0.20$　　e) $N_c=0.33$　　f) 图例

图 4-5-11　有支护下围岩黏聚力云图(单位:Pa)

由图 4-5-10 和图 4-5-11 可以看出:

①随着距洞壁距离增加,围岩黏聚力 c 增大,且增速逐渐下降,究其原因,c 受围压与塑性变形的双重影响,其中围压随距洞壁距离增加,逐渐由 0 恢复至初始应力场,而塑性变形则随距洞壁距离增加逐渐降至 0(弹性)。

②同一应力场(N_c 相同),对比无支护,主动支护时的黏聚力 c 得到了明显提升,且随着距洞壁距离增加,提升效果(幅度)下降,体现了主动支护(预应力)扩散的必要性。以 $N_c=0.33$ (轻微挤压)为例,无支护时,洞壁与距洞壁 5m 处的 c 值分别为 0.38MPa、0.64MPa;而主动支护时,对应 E 值分别增至 0.47GPa、0.68GPa,增加 0.09GPa、0.04GPa,增幅 24%、6%。同时,随着围岩挤压度的增加,主动支护对 c 的提升效果越发显著,将 $N_c=0.20$(中等挤压)作为对比,无支护、主动支护时,距洞壁 5m 的 E 值分别为 0.38GPa、0.57GPa,主动支护下增加 0.19GPa、增幅 50%。

此处,$N_c=0.20$(中等挤压)、0.13(严重挤压)、0.10(极严重挤压)、0.08(极严重挤压),有、无支护时,洞壁的 c 基本相同,其原因同前述 E 一致,依据室内岩体试验,设置 c 的最小值为 0.2MPa。

综上所述,从改善围岩黏聚力的角度分析,挤压度越高时,采用主动支护取得的效益越大;同时,强化主动支护的应力扩展、应力传递效果,对提升围岩整体的黏聚力可起到有益作用,值得重视。

(3) 内摩擦角 φ

提取无支护下围岩内摩擦角云图如图 4-5-12 所示,有支护下围岩内摩擦角云图如图 4-5-13 所示。

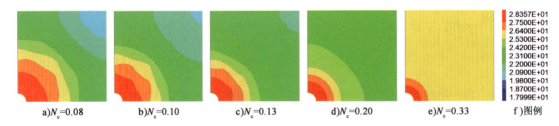

a) $N_c=0.08$　　b) $N_c=0.10$　　c) $N_c=0.13$　　d) $N_c=0.20$　　e) $N_c=0.33$　　f) 图例

图 4-5-12　无支护下围岩内摩擦角云图(单位:°)

由图 4-5-12 和图 4-5-13 可以看出:

①随着距洞壁距离增加,围岩内摩擦角 φ 减小,且减小速度逐渐下降,究其原因,φ 受围压影响,呈负相关,而围压随距洞壁距离增加,逐渐由 0 恢复至初始应力场,故可以看到,P_0 越大(应力场越强),φ 最小值越小。

②同一应力场（N_c 相同），对比无支护，主动支护时的内摩擦角 φ 有一定下降，且随距洞壁距离增加，下降效果逐渐显现；以 $N_c = 0.20$（中等挤压）为例，无支护时，洞壁与距洞壁 5m 处的 φ 值分别为 28.5°、27.9°；而主动支护时，对应 φ 值分别增至 28.3°、27.1°，减小 0.2°、0.8°，减幅 0.7%、2.9%；同时，随着围岩挤压度的增加，主动支护对 φ 的减小效果基本恒定，将 $N_c = 0.13$（严重挤压）作为对比，无支护、主动支护时，距洞壁 5m 的 φ 值分别为 28.1°、27.3°，减小 0.8°、减幅 2.8%。

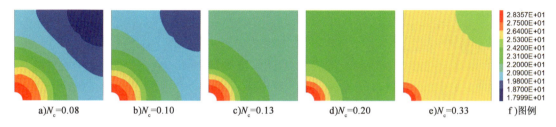

图 4-5-13　有支护下围岩内摩擦角云图（单位：°）

综上所述，从改善围岩内摩擦角的角度分析，主动支护时的内摩擦角出现了轻微下降，是一种弱化效应，但鉴于降幅很小，且对计算结果影响小，尤其是在开挖面，几乎无影响，故综合认为主动支护对内摩擦角的影响很小。

4.6　本章小结

本章基于岩体三轴压缩试验与三轴加卸载试验，开发了与主动支护相适配、可反映预应力支护效应、具有围压效应及弹塑性参数相互耦合特征的围岩本构模型；其后，依托研发的主动支护效应模型，研究了主动支护在不同挤压程度隧道中的适用性。本章得到的主要结论如下：

（1）软岩的物理力学参数与围压、塑性变形间具有强关联性，以木寨岭公路隧道炭质板岩为例，表现如下：①内摩擦角随围压增加逐渐减小，围压由 0 增至 20MPa，内摩擦角减小 7.2° ~ 15.2°；同时，内摩擦角受第一塑性应变影响较小，且无明显规律，与现有多数研究结论一致，即内摩擦角不受塑性变形影响。②黏聚力随围压增加逐渐增大，围压由 0 增至 20MPa，黏聚力增大 1.50 ~ 7.39MPa、平均增幅 158%；同时，黏聚力随第一塑性主应变增加逐渐减小，第一塑性主应变由 2.5×10^{-3} 增至 22.5×10^{-3}，黏聚力减小 4.15 ~ 8.9MPa、平均减幅 70%。③弹性模量存在弹塑性耦合（弱化）效应与围压强化效应，其随第一塑性主应变大致呈线性衰减的规律，随围压上升而增大。

（2）通过对 FLAC3D 中 M-C 模型的弹性模量、黏聚力和内摩擦角的修正，开发了与主动支护相适配、可反映主动支护效应，具有围压效应及弹塑性参数相互耦合特征的围岩本构模型。以此为基础，基于同一静水压下的圆形隧道（$r = 5$m）开挖模型，通过研究主动支护效应模型、应变软化模型、M-C 模型下的计算结果差异，显示主动支护效应模型能够良好地实现围压对弹性模量、黏聚力、内摩擦角的影响，以及塑性变形对弹性模量、黏聚力的影响。

（3）基于主动支护效应模型分析了不同围岩挤压度下主动支护的适应性，得出：①对挤压度高的隧道,有效支护岩体表层位移可取得显著的位移控制效果;②基于对围岩位移与稳定性的分析,主动支护在极严重挤压隧道中的适用性可能受限;而在挤压程度严重及以下的隧道中具备适用性。

(4)对于弹性模量、黏聚力,当围岩挤压度越高时,采用主动支护取得的提升效益越大;同时,强化主动支护的(预)应力扩展、增强应力传递效果,对提升围岩整体的弹性模量、黏聚力均可起到有益作用;对于内摩擦角,采用主动支护时,内摩擦角虽出现下降,但影响很小。

第 5 章
挤压型隧道一次支护体系及其关键设计参数研究

第4章中开发了适用于软岩隧道主动支护下的岩体本构模型,本章在此基础上,研究提出适用于软岩隧道并可实现主动支护效应的新型支护体系,并开展其关键设计参数研究。

5.1 挤压型隧道一次支护体系

5.1.1 一次支护体系组成

鉴于主动支护在软岩隧道中卓越的支护性能,新型支护体系将以此为基础进行研发。"初期支护+二次衬砌"的支护体系是当前交通或水工隧洞中主流支护模式,受此支护模式影响,二次衬砌不可或缺;同时,在变形速率快、变形总量大且蠕变效应突显的挤压大变形隧道中,拱架、喷射混凝土等环向、全覆盖型支护构件对维持岩体物理力学性能、保持围岩稳定等均将有极其重要的作用。

综上所述,本节提出以高强预应力锚固系统为支护核心,联合传统钢拱架、喷射混凝土、二次衬砌等组成的一次组合型支护体系,其主要特征有:

(1)"一次"采用高强预应力锚固系统加固、提升围岩性能。

(2)"二次"采用轻型钢架+喷射混凝土保护围岩,协同高强预应力锚固系统全断面支护围岩。

(3)"三次"采用模筑混凝土衬砌,形成长期安全可靠的支护体系,实现大变形隧道"一次"支护成功。

高强预应力锚固系统作为一次支护体系的核心,具备如下特征:

(1)具有足够的支护强度与刚度。高强预应力锚固系统能够及时有效控制围岩剪胀性应变导致的离层、滑动、裂隙张开、新裂纹产生等不连续变形,维持围岩的整体性。现有研究表明,预应力锚固支护系统存在临界刚度(即锚固区不产生明显扩容性位移所需的支护刚度),当支护刚度小于临界值时,围岩变形将无法稳定,结构安全性大大降低。

(2)能充分实现预应力在围岩中的扩散。预应力锚固系统中,预应力量值及其扩散效果对最终的围岩变形控制起决定性作用,故需采用垫板、钢带及护网等护表构件将所施加的预应力有效地扩散到围岩中。

(3)具有足够的延伸率和冲击韧性。预应力支护系统对峰前强度前的塑性变形及整体变形控制作用一般,故要求预应力锚固系统应具备足够的延伸率和冲击韧性,使这类变形得以释放,避免锚杆(索)拉断与脆断。

从上述锚固系统需具备的特征出发,提出适用于挤压型围岩隧道的高强预应力锚固系统及要求如下。

(1)为充分调动围岩的自承载能力,康红普在综合大量软岩巷道挤压大变形工程实例的基础上,提出"在变形较严重的软岩巷道中,预应力应≥250kN,才能起到较好变形控制效果";同时,鉴于隧道断面更大,且受建筑限界的制约,对围岩变形的控制要求更高,可加载的预应力值应≥250kN。据此,考虑锚杆(索)承载性能,锚固系统承载构件需选用锚索(钢绞线)。

(2)考虑预应力充分扩散的需要,在传统"锚索体+垫板+锚具"结构形式上应增设"表面协同支护构件",以实现充分扩散预应力。

由此,确定高强预应力锚固系统将由"树脂锚固剂+强力锚索体+垫板+锚具+表面协同支护构件"组成。技术参数除应符合相关规范基本要求外,结合软岩挤压型隧道工程特性,还需满足如下要求。

(1)锚孔施工直接影响支护工作效率,为实现快速支护,锚索形式应选为"单孔单束",同时在保证支护力要求的前提下,锚索体尺寸应尽可能地小。因此,要求锚索体具备更高的强度、更好的变形能力及抗冲击性能。同时,考虑结构耐久性,应采用无黏结型钢绞线。现行1×19S钢绞线[图5-1-1a)]具备远超规范要求的变形能力,相关拉拔试验显示 ϕ22mm、1×19S钢绞线的破断延伸率大于5%(规范要求大于3.5%),设计中应优先采用,即建议锚索体优先选用1×19S、ϕ21.80mm无黏结型钢绞线。

(2)垫板、锚具要与锚索体匹配,应利于支护系统的整体稳定性与可靠性。锚具应采用低回缩型,以降低锁定过程带来的预应力损失。

(3)树脂锚固剂的力学性能应与锚索体匹配:

①锚固力应与锚索体强度相匹配,应大于锚索体的拉断荷载,保证充分发挥锚索体材料性能。

②三径匹配,即锚固剂、锚索体、钻孔三者的直径相匹配。

③当采用多节锚固剂时,锚固剂类型应组合合理,一般外侧锚固剂要采用低速(凝胶)锚固剂,且一孔中的快速锚固剂不应超过1节。

(4)表面协同支护构件,指能进一步扩散预应力的辅助构件,常用钢带和网。

①钢带[图5-1-1b)]布设在锚索与围岩间,将两或多根锚索连接在一起,共同形成组合支护系统,提高支护系统的整体刚度与支护能力。同时,钢带可将锚固系统的预应力分散传递至围岩,扩大预应力支护作用范围。

②护网[图5-1-1c)]布设于锚索间,是用以支撑锚索间围岩的构件,能防止松散破碎岩块的掉落,并将锚索间的岩块荷载传递给锚索,使由锚索与钢带形成的点、线支护转换为面支护,要求具备较好的变形能力。

 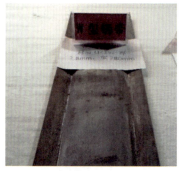 

a)1×19S钢绞线　　　　　　　b)钢带　　　　　　　c)护网

图5-1-1　索体、钢带和护网

图5-1-2为木寨岭公路隧道采用的高强预应力锚索系统。

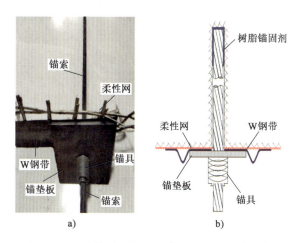

图 5-1-2　木寨岭公路隧道高强预应力锚索系统

5.1.2　一次支护体系设计内容

一次支护体系由三部分构成,包括核心支护措施——"高强预应力锚索系统"、协同支护措施——"钢架和喷射混凝土"、永久支护措施——"模筑二次衬砌"。因此,一次支护体系的设计主要由三个部分构成:

(1) 高强预应力锚索系统关键参数的设计核心在于确定预应力大小、支护密度、支护长度及组合方式等。

(2) 钢架和喷射混凝土支护参数的设计,核心在于明确其与高强预应力锚索系统的适配性。

(3) 二次衬砌支护参数的设计,鉴于挤压大变形隧道的强流变特性,二次衬砌支护参数设计的核心在于明确支护时机。

此外,支护结构的长期安全性也是工程设计焦点,鉴于预应力损失在工程服役过程中不可避免,探明预应力失效下的支护结构安全性极其重要。

5.2　高强预应力锚索系统关键设计参数研究

5.2.1　设计基本原则

预应力支护的实质是通过施加主动支护力,尽早地改善开挖后岩体的应力状态,以期尽可能控制围岩滑动、裂隙张开等扩容性行为,维持岩体的完整性,减小岩体强度及物理力学性能的降低,并在一定范围内形成"预应力-围岩"自承载结构。故预应力大小及其扩散效果对整个锚固系统的支护效果起决定性作用。

既有工程实践表明,预应力支护存在临界刚度,当锚固系统支护刚度小于临界支护刚度,围岩将长期处于变形与不稳定状态。故高强预应力锚索系统的设计关键在于探明临界支护刚度。所谓的临界支护刚度是一个综合性参数,一般认为,其与预应力值、支护范围正相关,与支护密度负相关,与支护长度及组合方式相关。为此,综合煤矿巷道"三高一低"(即高强度、高刚度、高可靠性与低支护密度)的预应力锚固系统设计理念,确定高强预应力锚固系统关键参数设计基本原则如下。

(1)预应力值

预应力受支护材料、岩体、锚固剂等多方面因素影响。为使材料性能利用最高,实施过程中应遵循高预紧力原则。综合我国煤矿巷道工程经验,以及现有锚索规格与快速张拉设备性能等,锚索预应力应为其拉断荷载的40%~70%。此处需要注意的是,预应力(设计)值应小于锚固力,防止加载过程中锚固段出现滑移,及避免无法加载至预设的预应力。同时,结合预应力扩散需要,锚固系统长度越长,施加的预应力也应越大。

(2)支护密度

所谓支护密度,即指锚固系统支护的纵向、环向距离,又称间排距。支护密度增大,将导致支护成本上升及支护速度降低,故实践中应尽可能先提升单根锚固系统的支护刚度,以期在保证支护效果和结构安全前提下,降低支护密度,提升支护功效及经济性。目前,我国隧道工程锚杆(索)间排距一般为0.6~1.5m,多数≥0.8m。同时,确定支护密度时,需关注支护密度与锚固系统预应力及长度相匹配,实践表明,通过提高预应力,可增大锚杆(索)支护间排距。

(3)支护布置范围

锚固系统支护范围按断面区域可划分为拱、墙、底三部分。隧道锚杆(索)一般布置在拱、墙位置,支护角度多为120°~240°;但对底板变形严重或有变形控制需求的隧道,可在隧道底部布置锚杆(索)。

(4)支护长度

支护长度的选取应考虑以下因素:

①可提供稳定的锚固力,决定锚固力大小的关键性因素为岩体的强度与完整性,鉴于围岩力学性能一般随距洞壁距离增加而上升,故找寻合理的锚固位置是在支护长度设计中应予以考虑的;

②保证锚固区内形成有足够厚度且具有良好承载性能的"预应力-围岩"承载结构;但支护长度也不宜过长,当增加长度到一定值后,继续增加长度,对"预应力-围岩"承载能力基本无影响,故支护长度应存在一个合理的取值(范围);

③长度的选取应与预应力值相匹配,长度越长,预应力也应越大。

(5)组合方式

组合方式主要指锚固系统采用等长支护或采用短、长组合支护。其中,短、长组合支护中,短锚索是支护核心,其使洞周一定深度范围内的破碎岩体形成承载结构,充分发挥围岩的自承能力;长锚索的主要作用则是充分调动深部围岩的承载能力,将短锚索支护形成的预应力承载结构与深部围岩相连,提高支护结构的整体稳定性,最终形成以短锚索为核心的骨架网状结构。

5.2.2 锚索预应力值设计

高强预应力锚索系统采用1×19S-21.80mm-1860MPa钢绞线,破断荷载$F_t \geq 583$kN,为此,设计荷载(预应力)$F_d = (0.4 \sim 0.7)F_t = 233.2 \sim 408.1$kN。故预应力值一般采用250kN、300kN、350kN、400kN。

1）计算方案拟定
（1）计算工况

预应力值是预应力锚固系统中最核心的参数。为确定适合不同挤压度的最小预应力值，以围岩挤压因子 N_c 和预应力值为控制参数划分计算工况，并设定支护参数为：锚索长度 5m，等长支护；支护密度 0.8m×1.0m（纵向×环向）；锚索沿拱顶左右对称布置，共打设 21 根（上台阶 15 根 + 中台阶 4 根 + 下台阶 2 根）。拟定的预应力值设计计算工况见表 5-2-1。

预应力值设计计算工况　　　　　　　表 5-2-1

N_c	σ_{00}（MPa）	P_0（MPa）	F_d（kN）	锚索长度（m）	支护密度（纵向×环向）（m×m）	锚索数量（根）
0.225（轻微挤压）	1.97	8.8	0	5	0.8×1.0	21
0.20（中等挤压）	1.97	9.9	150	5	0.8×1.0	21
0.175（中等挤压）	1.97	11.3	200	5	0.8×1.0	21
0.15（严重挤压）	1.97	13.1	250	5	0.8×1.0	21
0.125（严重挤压）	1.97	15.8	300	5	0.8×1.0	21
0.10（极严重挤压）	1.97	19.7	350	5	0.8×1.0	21
0.075（极严重挤压）	1.97	26.3	400	5	0.8×1.0	21

注：1. σ_{00} 代表围压为 0、塑性变形为 0 时的岩体强度。
　　2. 鉴于挤压型隧道水平主应力多大于竖向应力，地应力场设置为 $\sigma_x = \sigma_y = 1.2\sigma_z = P_0$。

（2）计算参数

采用考虑主动支护效应的围岩本构模型，计算参数同第 4.4 节。

（3）数值计算模型

①建立数值计算模型

建立的三维模型尺寸为 110m×110m×0.8m，开挖轮廓参照木寨岭公路隧道中 SVf 型开挖断面，断面开挖跨度 13m，如图 5-2-1 所示。模型中，预应力锚索由三段构成，由开挖轮廓向岩体内部依次为外固端、自由段、内锚段，其中，外固端设置强力锚固参数，模拟垫板支护效应；自由段设置零黏结参数；内锚段锚固参数参照软岩隧道树脂锚固性能进行设置。

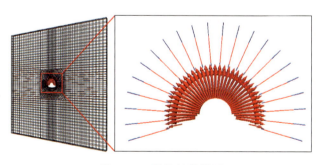

图 5-2-1　数值计算模型

②预应力加载

预应力加载由两部分构成：a. 自由段通过 Cable 单元内置参数设置预应力；b. 在内轮廓表面设置均布力，均布力取值采用等效法计算，均布支护轮廓面，如图 5-2-1 所示。

2）计算结果分析

（1）围岩变形分析

以 $N_c=0.125$（严重挤压）为例，提取不同预应力加载下的竖向位移云图、水平位移云图，如图 5-2-2、图 5-2-3 所示。

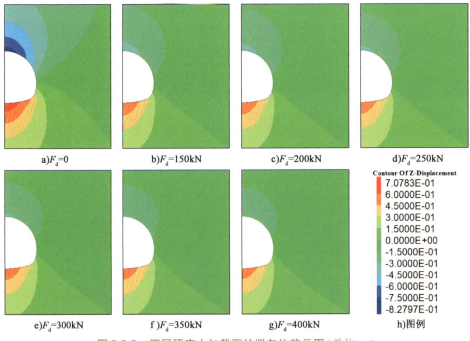

图 5-2-2　不同预应力加载下的竖向位移云图（单位：m）

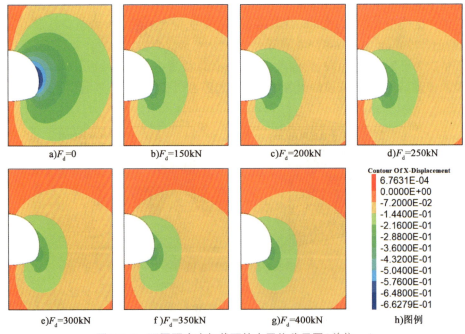

图 5-2-3　不同预应力加载下的水平位移云图（单位：m）

由图 5-2-2 可以看出：

①无支护（$F_d=0$）时，竖向最大位移出现在拱顶、拱底，表现为拱顶下沉、拱底隆起，且拱顶下沉量值大于拱底隆起量值。

②当施加预应力锚索支护（$F_d \neq 0$）时，拱顶下沉、拱底隆起值均减小，但拱顶沉降减小量明显大于拱底隆起减小量，其原因为高强预应力锚索系统布置于拱、墙位置，拱底无锚索支护；随着预应力 F_d 增加，拱顶下沉、拱底隆起均逐渐减小，对应云图表现为红、蓝两色逐渐减淡。

由图 5-2-3 可以看出：

①当无支护（$F_d=0$）时，最大水平位移出现在边墙，表现为向洞内收敛；施加预应力锚索支护（$F_d \neq 0$），最大水平位移向拱脚转移，其原因亦为锚索主要支护拱、墙部位、拱底无锚索支护。

②随着预应力 F_d 增大，最大水平位移逐渐减小，对应云图表现为边墙至拱脚位置的颜色由深蓝色逐渐向浅绿色转变。

综合图 5-2-2 和图 5-2-3，可知施加预应力锚索后，围岩变形得到了较好控制。为进一步探明预应力锚索应用于不同挤压度岩体时的支护效果，以拱顶沉降、拱底隆起、最大水平位移为指标，绘制了不同挤压度下，上述三个量值随预应力值的变化曲线，如图 5-2-4 所示。

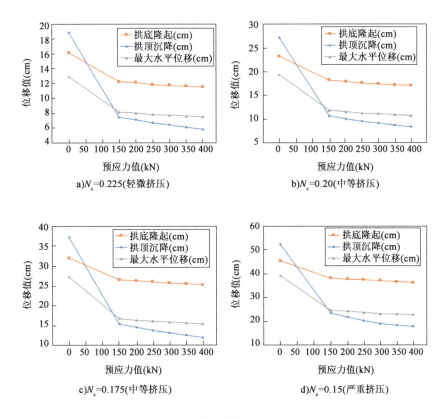

图 5-2-4

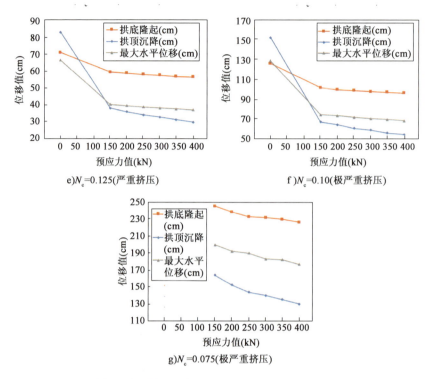

图 5-2-4 不同围岩挤压度下拱底隆起、拱顶沉降、最大水平位移随预应力值变化曲线

由图 5-2-4 可以看出：

①当 $N_c = 0.075$（极严重挤压）时，裸洞开挖无法收敛；$N_c \geq 0.1$，裸洞开挖一般均呈现出"拱顶沉降＞拱底隆起＞最大水平位移"，其中当 $N_c = 0.1$ 时，拱底隆起和最大水平位移相接近。由此可以看出，当围岩极严重挤压时，围岩塑性流动显著。

②当 $N_c \geq 0.1$ 时且施加预应力（$F_d = 150 \text{kN}$）时，拱顶沉降、拱底隆起、最大水平位移均出现了明显下降，且表现出"拱顶沉降下降值＞最大水平位移下降值＞拱底隆起下降值"，继而使得围岩位移表现出："拱底隆起＞拱顶沉降＞最大水平位移"，究其原因，高强预应力锚索系统具备较强围岩变形控制性能，且仅布置于拱、墙位置，拱底无布设。

③对于不同挤压度，随着施加的预应力增大（$F_d \geq 150 \text{kN}$），拱顶沉降、拱底隆起、最大水平位移持续下降，表现出"拱顶沉降下降速度＞最大水平位移下降速度＞拱底隆起下降速度"，继而使得围岩位移表现出：拱顶沉降和最大水平位移的差值逐渐增大，而最大水平位移和拱底隆起差值基本恒定。

④通过分析不同挤压度和不同预应力大小时的位移值，可知：

a. 当 $N_c = 0.225$（轻微挤压）、锚索预应力为 150kN 时，拱顶沉降、拱底隆起、最大水平位移分别为 7.4cm、12.2cm、8.1cm，均小于 15cm；且当预应力≥150kN 时，通过对各位移下降速率（位移下降速率＝位移差值/预应力差值）进行统计分析可知，随着预应力增大，位移下降速率基本恒定，最大值为 0.08mm/kN。故当围岩处于轻微挤压变形时，施加预应力 150kN 是适宜的加载值。

b. 当 $N_c=0.20$、0.175（中等挤压），锚索预应力为 150kN 时，拱顶沉降、拱底隆起、最大水平位移分别为 10.5cm、11.7cm、18.1cm 和 15.3cm、16.7cm、26.5cm，拱、墙位置位移均小于 20cm；且当预应力≥150kN 时，通过对各位移下降速率进行统计分析可知，随着预应力增大，位移下降速率基本恒定，最大值为 0.16mm/kN，故当围岩处于中等挤压变形时，施加预应力 150kN 亦是适宜的加载值。

c. 当 $N_c=0.15$（严重挤压）、锚索预应力为 150kN 时，拱顶沉降、拱底隆起、最大水平位移分别为 23.4cm、24.6cm、38.1cm，均超过 20cm，故应增大锚索预应力。进一步观察曲线变化规律可知，预应力为 150~300kN 时的位移下降速率明显大于预应力在 300~400kN 的下降速率，平均值分别为 0.3mm/kN、0.12mm/kN，故预应力值宜取 250~350kN，推荐采用 300kN。

d. 当 $N_c=0.125$（严重挤压）、锚索预应力为 150kN 时，拱顶沉降、拱底隆起、最大水平位移分别为 37.9cm、40.1cm、59.2cm，均超过 35cm，故应增大锚索预应力。进一步分析可知，当增大锚索预应力至 400kN 时，拱顶沉降降至 29.7cm，该值＜30cm；拱底隆起降至 36.8m，该值＞35cm，量值仍较大，因此环向×纵向间距 1.0m×0.8m、设置 21 根 5m 长的锚索难以有效控制围岩变形，应进一步提高锚索支护参数。

e. 当 $N_c=0.10$（极严重挤压）、锚索预应力为 150kN 时，拱顶沉降、拱底隆起、最大水平位移分别为 66.8cm、74cm、101.3cm，无法有效控制位移；当增大锚索预应力至 400kN 时，拱顶沉降、拱底隆起、最大水平位移分别降至 54.1cm、67.9cm、95.9cm，量值仍大，因此环向×纵向间距 1.0m×0.8m、设置 21 根 5m 长的锚索无法有效控制围岩变形，须进一步提高锚索支护参数。

f. $N_c=0.075$（极严重挤压）与 $N_c=0.10$（极严重挤压变形）相比，围岩位移进一步增大。但值得注意的是，处于该挤压度时，提升锚索预应力取得的位移控制效果非常明显，最大位移下降速率达到了 2.32mm/kN，因此通过进一步提升高强预应力锚索系统的支护强度，可取得很好的变形控制效果。

（2）围岩塑性区分析

数值仿真计算中，塑性区一般被认为与围岩稳定性相关。为此，仍以 $N_c=0.125$（严重挤压）为例，提取不同预应力加载下的围岩塑性区分布如图 5-2-5 所示。

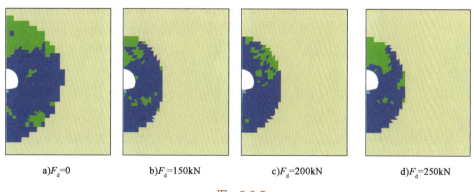

a) $F_d=0$ b) $F_d=150$kN c) $F_d=200$kN d) $F_d=250$kN

图 5-2-5

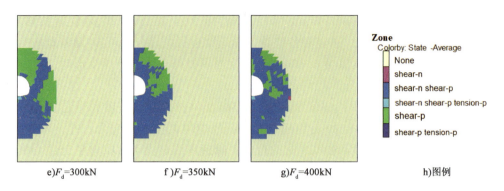

e) F_d=300kN f) F_d=350kN g) F_d=400kN h) 图例

图 5-2-5　不同预应力加载下的围岩塑性区分布云图

由图 5-2-5 可以看出：

①当无支护（$F_d=0$）时，塑性区分布范围大，拱、墙区域塑性区最大扩展深度 26m，为 $2D$（D 为开挖洞径，等于 13m），出现在拱顶、拱底位置。

②施加预应力（$F_d=150$kN）后，塑性区分布范围显著减小，拱、墙区域最大扩展深度 16m，接近 $1D$，出现在拱顶位置；预应力 F_d 增加至 200kN，塑性区分布范围减小，但拱、墙区域最大扩展深度未变化；预应力 F_d 继续增加至 300kN，塑性区分布进一步减小，且拱顶区域塑性区最大扩展深度减小。

综上所述，施加预应力主动支护后，围岩塑性区减小，且随预应力值增加，围岩塑性区逐渐减小，故高强预应力锚索系统对提升围岩稳定性具有一定效果。

（3）围岩物理力学性能分析

为研究高强预应力锚索系统对不同挤压度围岩的物理力学参数影响，以 $N_c=0.20$（中等挤压）、0.125（严重挤压）两种工况为例进行分析。

①弹性模量 E

分别提取 $N_c=0.20$（中等挤压）、0.125（严重挤压）时在不同预应力加载下的弹性模量云图，如图 5-2-6、图 5-2-7 所示。

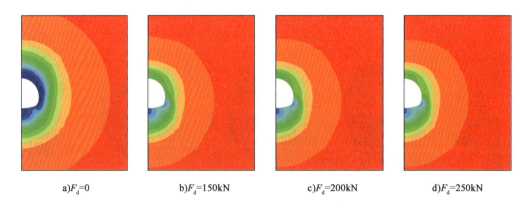

a) F_d=0 b) F_d=150kN c) F_d=200kN d) F_d=250kN

图 5-2-6

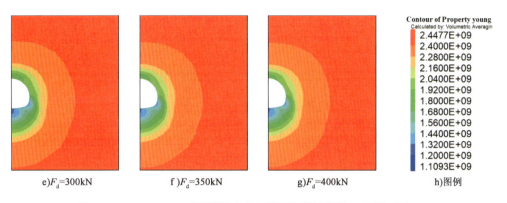

图 5-2-6　$N_c=0.20$ 时不同预应力加载下的弹性模量 E 云图（单位：Pa）

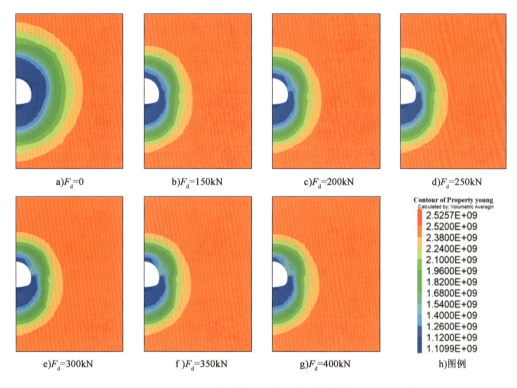

图 5-2-7　$N_c=0.125$ 时不同预应力加载下的弹性模量 E 云图（单位：Pa）

由图 5-2-6 和图 5-2-7 可以看出：

a. 以图 5-2-6 为例，当无支护（$F_d=0$）时：裸洞开挖后，开挖轮廓面的弹性模量均降至最小值 1.1GPa（依据试验数据在数值仿真中设置的最小值，定义为弹性模量的残余值），与原岩应力下弹性模量 2.45GPa 对比，下降显著，降幅超 50%，显示挤压型隧道中，断面开挖后若不进行及时支护，围岩弹性模量将迅速降低；随着距洞壁距离增加，围岩弹性模量增大，增速逐渐下降，至一定距离后，弹性模量恢复至原岩应力场弹性模量。上述特征在图 5-2-7 中亦有相同规律，不同之处为原岩应力场下，$N_c=0.15$ 的弹性模量要大于 $N_c=0.20$，其原因为地应力场增加。

b. 以图 5-2-6 为例,施加预应力支护($F_d \neq 0$)后:当 $F_d = 150$kN 时,围岩弹性模量上升,洞壁上拱、墙区域的弹性模量值超过残余值,拱底弹性模量值仍为残余值;随着预应力增大,围岩弹性模量逐步上升,但拱底弹性模量值一直为残余值,结合预应力锚索支护的横断面范围,验证了预应力支护在弹性模量改善方面的作用。上述特征与图 5-2-7 中呈现的规律有所不同,差异主要集中在洞壁上拱、墙区域的弹性模量变化,图 5-2-7 中预应力 400kN,拱顶弹性模量仍为残余值,其原因为随挤压度增加,洞壁塑性变形量大幅上升。

c. 为具体分析不同预应力对围岩弹性模量的提升性能,以拱顶距洞壁 0m、5m 处的弹性模量为研究对象,绘制不同挤压度下其与预应力的关系曲线如图 5-2-8 所示。由图可知,当挤压度较小时[$N_c = 0.20$(中等挤压变形)],施加预应力对洞壁与距洞壁一定范围内岩体的弹性模量均有明显的改善作用,且随预应力增加,改善效果上升,但改善幅度逐步降低;当挤压度较高时[$N_c = 0.125$(严重挤压变形)],施加预应力对洞壁弹性模量无改善效应,但对距洞壁一定范围外岩体的弹性模量有明显改善作用,且随预应力增加,改善效果上升,但改善幅度亦逐步降低。

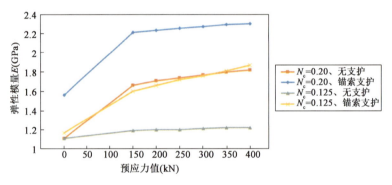

图 5-2-8 不同挤压度下弹性模量 E 与预应力关系曲线

② 黏聚力 c

分别提取 $N_c = 0.20$(中等挤压)、0.125(严重挤压)时在不同预应力加载下的黏聚力云图,如图 5-2-9、图 5-2-10 所示。

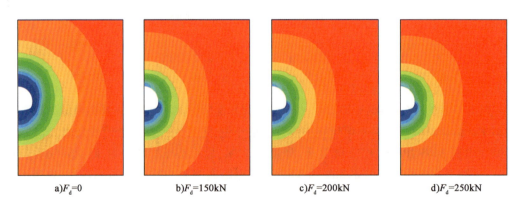

图 5-2-9

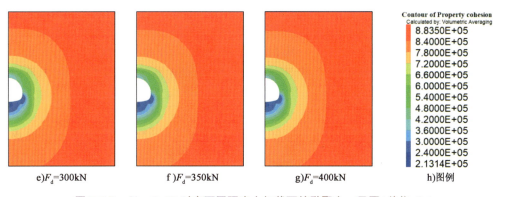

| e)F_d=300kN | f)F_d=350kN | g)F_d=400kN | h)图例 |

图 5-2-9　N_c=0.20 时在不同预应力加载下的黏聚力 c 云图（单位：Pa）

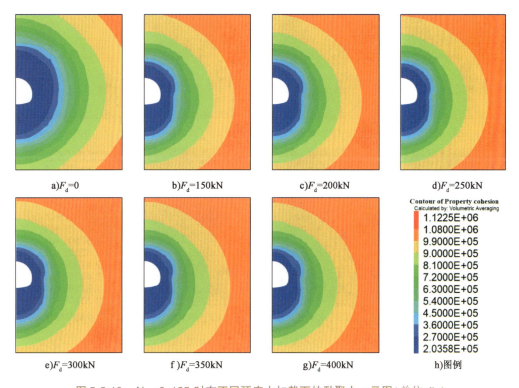

| a)F_d=0 | b)F_d=150kN | c)F_d=200kN | d)F_d=250kN |
| e)F_d=300kN | f)F_d=350kN | g)F_d=400kN | h)图例 |

图 5-2-10　N_c=0.125 时在不同预应力加载下的黏聚力 c 云图（单位：Pa）

由图 5-2-9 和图 5-2-10 可以看出：

a. 以图 5-2-9 为例,当无支护(F_d=0)时：裸洞开挖后,开挖轮廓面的黏聚力均降至最小值 2.1MPa(依据试验数据在数值仿真中设置的最小值,定义为黏聚力残余值),与原岩应力下黏聚力 8.8MPa 对比,下降显著,降幅超 75%,显示挤压型隧道中,断面开挖后若不及时进行支护,围岩黏聚力将迅速降低；随着距洞壁距离增加,围岩黏聚力增大,但增速逐渐下降,至一定距离后,黏聚力恢复至原岩应力场的黏聚力。上述特征在图 5-2-10 中亦有相同规律,不同之处为原岩应力场下,N_c=0.15 的黏聚力要大于 N_c=0.20,其原因为地应力场增加。

b. 以图 5-2-9 为例,施加预应力支护(F_d≠0)后：当 F_d=150kN 时,围岩黏聚力上升,洞壁上拱、墙区域黏聚力超过残余值,拱底黏聚力仍为残余值;随着预应力增大,围岩黏聚力逐步上升,但拱底区域黏聚力一直为残余值,结合预应力锚索支护的横断面范围,验证了预应力支护在黏聚力改善方面的作用。上述特征与图 5-2-10 中呈现的规律有所不同,差异主要集中在洞壁上拱、墙区域的黏聚力变化:图 5-2-10 中预应力 400kN,拱顶黏聚力仍为残余值,其原因为随着挤压度增加,洞壁塑性变形量大幅上升。

③内摩擦角 φ

分别提取 $N_c=0.20$(中等挤压)、0.125(严重挤压)时在不同预应力加载下的内摩擦角云图,如图 5-2-11、图 5-2-12 所示。

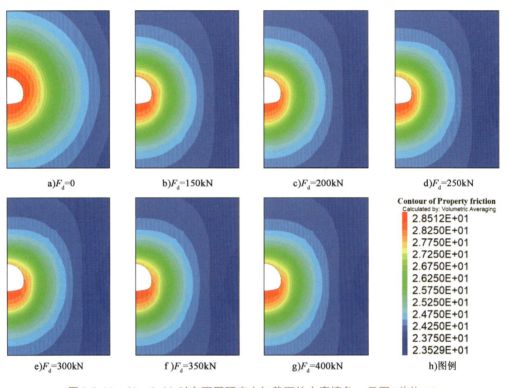

图 5-2-11 $N_c=0.20$ 时在不同预应力加载下的内摩擦角 φ 云图(单位:°)

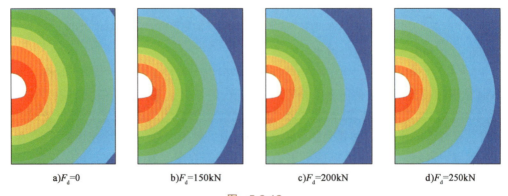

图 5-2-12

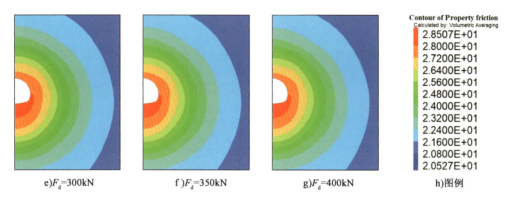

e) $F_d=300kN$ f) $F_d=350kN$ g) $F_d=400kN$ h) 图例

图 5-2-12　$N_c=0.125$ 时在不同预应力加载下的内摩擦角 φ 云图（单位：°）

由图 5-2-11 和图 5-2-12 可以看出：

a. 以图 5-2-11 为例，当无支护（$F_d=0$）时：裸洞开挖后，开挖轮廓面的内摩擦角出现明显上升，最大值达到 28.5°，与原岩应力下内摩擦角 23.5°对比，升幅 21%，究其原因，内摩擦角受围压影响，随着围压上升，量值下降，此处上升说明莫尔-库仑准则中包络线不是直线，而为一条缓和曲线，故有上述特征；随着距洞壁距离增加，围岩内摩擦角下降，至一定距离后，φ 恢复至原岩应力场内摩擦角。上述特征在图 5-2-12 中亦有相同规律，不同之处为原岩应力场下，$N_c=0.15$ 的内摩擦角要小于 $N_c=0.20$，其原因为地应力场增加。

b. 以图 5-2-11 为例，施加预应力支护（$F_d\neq0$）后：当 $F_d=150kN$ 时，围岩内摩擦角下降，洞壁上拱、墙区域的下降较为明显，拱底不甚明显；随着预应力增大，围岩内摩擦角逐步上升，但拱底区域基本不变。上述特征与图 5-2-12 中呈现的规律基本一致。

c. 为具体分析不同预应力对围岩内摩擦角的影响，以拱顶距洞壁 0m、5m 处的内摩擦角为研究对象，绘制不同挤压度下其与预应力的关系曲线如图 5-2-13 所示。由图可知，当挤压度较小时 [$N_c=0.20$（中等挤压）]，施加预应力对洞壁及距洞壁一定范围内岩体的内摩擦角均有轻微的下降作用，最大差值出现在洞壁，仅降低 1.3°；当挤压度较高时 [$N_c=0.125$（严重挤压）]，施加预应力对洞壁及距洞壁一定范围内岩体内摩擦角的影响与挤压度 [$N_c=0.20$（中等挤压）]较小时基本一致，差异主要集中在洞壁处，挤压度高，施加预应力对洞壁内摩擦角的下降作用小。

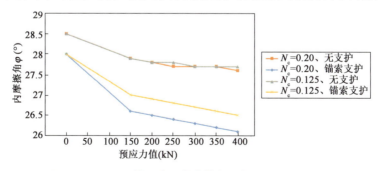

图 5-2-13　不同挤压度下内摩擦角 φ 与预应力关系曲线

（4）高强预应力锚索轴力与变形分析

为研究高强预应力锚索系统在挤压型隧道中的适用性，以 $N_c=0.20$（中等挤压）、0.125

(严重挤压)为例进行分析。

①轴力分析

分别提取 $N_c=0.20$(中等挤压)、0.125(严重挤压)时在不同预应力加载下的轴力云图,如图 5-2-14、图 5-2-15 所示。

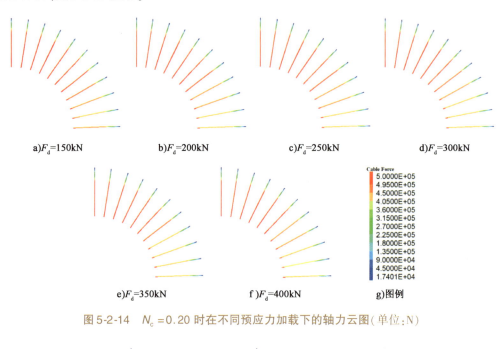

图 5-2-14　$N_c=0.20$ 时在不同预应力加载下的轴力云图(单位:N)

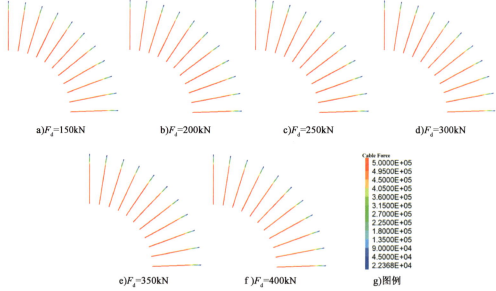

图 5-2-15　$N_c=0.125$ 时在不同预应力加载下的轴力云图(单位:N)

以图 5-2-14 为例,整体规律方面,外锚固端因设置极大黏结刚度,轴力达到了数值仿真中设置的最大轴力值(500kN),视为固定端;自由段的轴力恒定,内锚固段轴力随深度增加逐渐减小,符合预应力锚固系统轴力变化规律,故所提出的预应力锚固系统模拟方法是适宜、且有效的。拱腰及以上部位锚索自由段轴力达到强度值500kN;而边墙部位的锚索自由段轴力未达到强度值,为380~450kN,与围岩位移变化规律相一致。此处增加两点说明:a.数值模拟中锚索体设定为恒定弹模的理想弹塑性体,故达到强度值所需的变形量很小,而实际锚索体为中碳钢,相关拉伸试验显示1×19S锚索在破断前可达到5%以上的伸长率,大于规范延伸率指标(≥3.5%),因此,计算中虽锚索体轴力达到了预设的500kN强度值,但其破坏与否,应检验延伸率而非强度值;b.本次数值模拟中,锚固段黏结参数取值参照了一般树脂锚固参数,且设置1.5m锚固长度,故锚固段抗拔力大于索体强度500kN,但实际在软岩隧道中有可能出现另一种情况,即锚固段抗拔力小于索体强度500kN,索体轴力达不到其强度值500kN。上述特征与图5-2-15呈现的现象相似,不同之处在于,随着围岩挤压度增加,图5-2-15中布设的锚索,其轴力全部达到了500kN强度值,说明在挤压程度高的围岩中,高强预应力锚固系统易达到锚固系统的最大支护性能。

②位移分析

分别提取$N_c=0.20$(中等挤压)、0.125(严重挤压)时在不同预应力加载下的位移云图,如图5-2-16、图5-2-17所示。

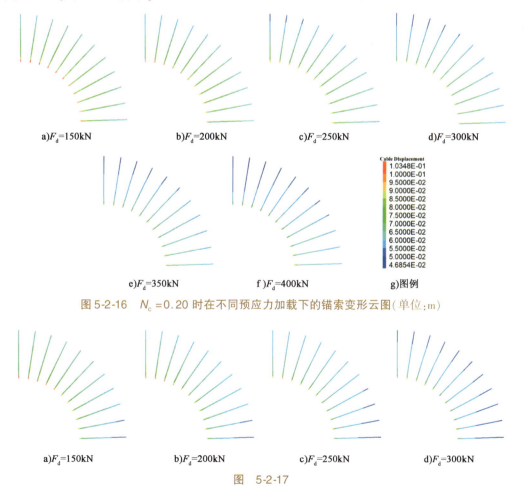

图 5-2-16　$N_c=0.20$ 时在不同预应力加载下的锚索变形云图(单位:m)

图 5-2-17

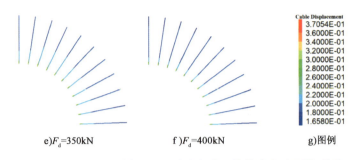

e) $F_d=350$kN   f) $F_d=400$kN   g) 图例

5-2-17 $N_c=0.125$ 时在不同预应力加载下的锚索变形云图（单位：m）

以图 5-2-16 为例,整体规律方面,随着锚索入岩深度增加,锚索变形逐渐减小,符合锚索变形一般规律;当预应力较小时($F_d=150$kN、200kN、250kN),拱顶区域锚索外锚端的变形明显大于其余锚索外锚端变形,而当预应力超过一定量值后($F_d\geqslant300$kN),两者差异减小,表明增加预应力可使得锚索间的相互协同作用增强,轮廓面围岩变形更趋均匀,利于提升围岩稳定性;锚索内锚段最大变形差异较小,其原因为围岩变形沿开挖洞壁径向快速收敛。上述特征与图 5-2-17 呈现的现象基本一致。

结合前述锚索体安全性的判定准则(自由段锚索延伸率大小),为探明不同挤压度下锚索系统安全性,提取拱顶①、拱腰②、边墙③锚索外锚端外侧点与内锚段内侧点的位移(图 5-2-18),计算锚索体(自由段)延伸率,如图 5-2-19 所示。

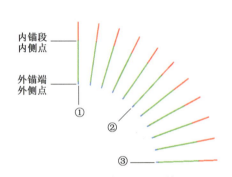

图 5-2-18 锚索延伸率计算图示

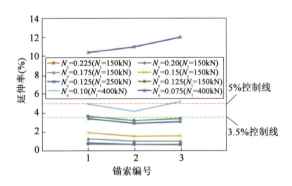

图 5-2-19 不同挤压度、不同预应力下锚索延伸率

由图 5-2-19 可以看出：

a. $N_c\geqslant0.15$,预应力加载 150kN,锚索延伸率均小于 5.0% 且小于 3.5%,处于安全状态。

b. $N_c=0.125$,预应力加载 150kN,锚索延伸率超过 3.2%,小于 5.0%,但部分超过 3.5%,考虑锚索体材料延伸性能的波动性,仍可能存在一定安全风险;继续增加预应力至 250kN,锚索延伸率在 2.9%~3.4%,小于 3.5%,处于安全状态。

c. $N_c=0.10$,预应力加载 400kN,锚索延伸率为 4.2%~5.2%,部分超过 5%,处于非安全状态。

d. $N_c=0.075$,预应力加载 400kN,锚索延伸率为 10.4%~12.0%,超过 5%,处于非安全状态。

由上述分析可知,$N_c\geqslant0.15$,发生索体断裂的风险小;$N_c=0.125$,当施加的预应力较小时,考虑锚索体材料延伸性能的波动性,将出现一定的安全隐患;$N_c \leqslant 0.10$,锚索系统自身的安全风险逐步显现。因此,极严重挤压变形围岩中,锚索存在断裂的安全风险。需要说明的是:a. 上述分析以环向间距×纵向间距为 1.0m×0.8m,设置 21 根 5m 长锚索支护为依托;同时,锚固段能够提供的锚固力大于索体强度;b. 增加锚索自由段长度、支护密度与范围等均可能会降低锚索系统的安全风险。

5.2.3 锚索支护密度设计

挤压大变形隧道多采用小进尺开挖,循环进尺一般为 0.8~1.6m,同时考虑锚索间距过大将使预应力锚索的联合支护效应下降,故设置锚索纵向间距主要有 0.6m、0.8m、1.0m、1.2m 四种。环向间距,考虑现场施工机械的协同布置等因素,选择 1.0m 并保持不变。

1) 计算方案拟定

(1) 计算工况

根据第 5.2.2 节,环向×纵向间距为 1.0m×0.8m,设置 21 根 5m 长锚索支护,当围岩处于极严重挤压变形时,施加锚索预应力 400kN 仍无法有效控制变形,表明此时的支护强度不足,应增强。当围岩处于轻微挤压时,施加锚索预应力为 150kN,拱、墙位移均小于 15cm,表明支护强度已足够;且伴随预应力增大,位移下降速率将减慢。为此,结合工程中预应力是最经济的支护参数这一原则,并考虑施工机械性能与软岩锚固性能,预应力优选 250kN,一般不超过 350kN,并选择 400kN 作为最大加载值。支护密度设计计算工况见表 5-2-2。

支护密度设计计算工况　　　　　　表 5-2-2

N_c	σ_{00} (MPa)	P_0 (MPa)	预应力 F_d (kN)	锚索长度 (m)	支护密度(纵向×环向) (m×m)	锚索数量 (根)
0.225(轻微挤压)	1.97	8.8	250	5	1.2×1.0/0.8×1.0	21
0.20(中等挤压)	1.97	9.9	250	5	1.2×1.0/0.8×1.0	21
0.175(中等挤压)	1.97	11.3	250	5	1.0×1.0/0.8×1.0	21
0.125(严重挤压)	1.97	15.8	350	5	0.6×1.0/0.8×1.0	21
0.10(极严重挤压)	1.97	19.7	400	5	0.6×1.0/0.8×1.0	21
0.075(极严重挤压)	1.97	26.3	400	5	0.6×1.0/0.8×1.0	21

注:1. σ_{00} 代表围压 0、塑性变形 0 时的岩体强度。
　　2. 鉴于挤压型隧道水平主应力多大于竖向应力,地应力场设置为 $\sigma_x = \sigma_y = 1.2\sigma_z = P_0$。
　　3. $N_c = 0.15$,预应力 250~350kN,锚索长度 5m,支护密度(纵向×环向)为 0.8m×1.0m,设置 21 根锚索,被认为是适宜的支护参数。

(2) 计算模型

采用纵向单元模型构建数值计算模型,图 5-2-20 为建立的不同纵向间距锚索数值计算模型。

2) 计算结果分析

(1) 围岩变形分析

绘制不同挤压度时支护密度与拱顶位移、最大水平位移及拱底隆起的关系曲线,如图 5-2-21 所示。

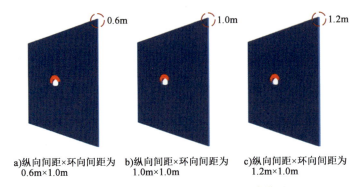

图 5-2-20　不同间距锚索数值计算模型

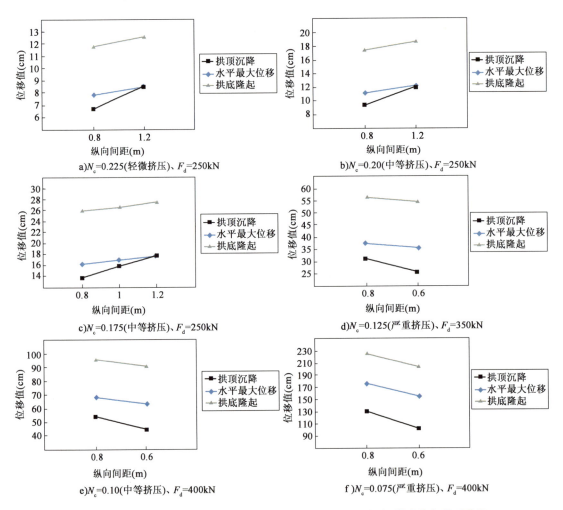

图 5-2-21　不同挤压度下支护密度与拱顶沉降、最大水平位移、拱底隆起关系曲线

由图 5-2-21 可以看出：

①拱顶沉降、最大水平位移、拱底隆起和支护密度（纵向间距）呈负相关，当支护密度增加，位移值均下降，其中拱顶沉降的下降幅度要大于最大水平位移及拱底隆起。

②当 $N_c=0.225$（轻微挤压）时，施加预应力 250kN，当纵向间距由 0.8m 增至 1.2m，拱顶沉降、最大水平位移、拱底隆起分别由 6.7cm、7.8cm、11.8cm 增至 8.5cm、8.5cm、12.6cm，分别增加 1.8cm、0.8cm、0.8cm。可知位移量变化小，且位移值均小于 15cm，故 1.2m 纵向间距适宜。

③当 $N_c=0.20$（中等挤压）时，施加预应力 250kN，纵向间距由 0.8m 增至 1.2m，拱顶沉降、最大水平位移、拱底隆起分别由 9.4cm、11.1cm、17.5cm 增至 12cm、12.2cm、18.7cm，分别增加 2.6cm、1.1cm、1.2cm。可知位移量变化较小，且位移值均小于 20cm，故 1.2m 纵向间距较适宜。

④当 $N_c=0.175$（中等挤压）时，施加预应力 250kN，纵向间距由 0.8m 增至 1.2m，拱顶沉降、最大水平位移、拱底隆起分别由 9.4cm、11.1cm、17.5cm 增至 12cm、12.2cm、18.7cm，分别增加 2.6cm、1.1cm、1.2cm。可知位移量变化较小，且位移值均小于 20cm，故 1.2m 纵向间距较适宜。

⑤当 $N_c=0.125$（严重挤压）时，施加预应力 350kN，纵向间距由 0.8m 减至 0.6m，拱顶沉降、最大水平位移、拱底隆起分别由 31.1cm、37.5cm、56.5cm 减至 25.6cm、35.6cm、54.7cm，分别减小 5.5cm、1.9cm、1.8cm。可知位移量变化较明显，此时，拱顶沉降小于 30cm，但最大水平位移大于 30cm，故需采用 0.6m 纵向间距，同时应进一步增加支护强度。

⑥当 $N_c=0.10$（极严重挤压）时，施加预应力 400kN，纵向间距由 0.8m 减至 0.6m，拱顶沉降、最大水平位移、拱底隆起分别由 54.1cm、67.9cm、95.9cm 减至 44.8cm、63.4cm、90.9cm，分别减小 9.3cm、6.5cm、5cm。可知位移量变化明显，此时，拱顶沉降小于 45cm，故需采用 0.6m 纵向间距，同时应进一步增加支护强度。

⑦当 $N_c=0.075$（极严重挤压）时，施加预应力 400kN，纵向间距由 0.8m 减至 0.6m，拱顶沉降、最大水平位移、拱底隆起分别由 130cm、176.5cm、225.6cm 减至 102cm、154.9cm、203.5cm，分别减小 28cm、21.6cm、22.1cm。可知位移量变化显著，此时，拱顶沉降大于 100cm，故需采用 0.6m 纵向间距，同时应进一步增加支护强度。

（2）锚索延伸率校核

①当 $N_c=0.225$（轻微挤压）、锚索长度 5m、锚索数量 21 根、预应力 250kN、支护间距 1.2m×1.0m（环向×纵向）时，锚索体的最大延伸率为 0.9%，小于规范限值 3.5%，结构安全。

②当 $N_c=0.20$（轻微挤压）、锚索长度 5m、锚索数量 21 根、预应力 250kN、支护间距 1.2m×1.0m（环向×纵向）时，锚索体的最大延伸率为 1.3%，小于规范限值 3.5%，结构安全。

③当 $N_c=0.125$（严重挤压）、锚索长度 5m、锚索数量 21 根、预应力 350kN、支护间距 0.6m×1.0m（环向×纵向）时，锚索体的最大延伸率为 2.7%，小于规范限值 3.5%，结构安全。

④当 $N_c=0.10$（极严重挤压）、锚索长度 5m、锚索数量 21 根、预应力 350kN、支护间距 0.6m×1.0m（环向×纵向）时，锚索体的最大延伸率为 4.5%，大于规范限值 3.5%，小于 1×19s 锚索体的试验延伸率 5%，结构基本安全。

⑤当 $N_c=0.075$（极严重挤压）、锚索长度 5m、锚索数量 21 根、预应力 350kN、支护间距 0.6m×1.0m（环向×纵向）时，锚索体的最大延伸率 10.3%，大于 1×19s 锚索体的试验延伸率 5%，结构不安全。

5.2.4 锚索布设数量设计

鉴于仰拱或底板锚索的施工难度较大,同时考虑重力效应,开挖支护阶段拱底隆起的影响相对较小,故锚固系统环向支护范围多为隧道拱、墙区域。

1) 计算方案拟定

(1) 计算工况

根据第5.2.3节,结合挤压大变形隧道一般采用三台阶施工,借鉴木寨岭公路隧道锚索布置形式(上台阶15根、中台阶4根、下台阶0~6根),锚索布设数量设计计算工况见表5-2-3。

锚索布设数量设计计算工况　　表5-2-3

N_c	σ_{00} (MPa)	P_0 (MPa)	预应力 F_d (kN)	锚索长度 (m)	支护密度 (纵向×环向) (m×m)	锚索数量 (根)	备注
0.225(轻微挤压变形)	1.97	8.8	250	5	1.2×1.0	15/19	上台阶/上中台阶
0.20(中等挤压变形)	1.97	9.9	250	5	1.2×1.0	15/19	上台阶/上中台阶
0.175(中等挤压变形)	1.97	11.3	250	5	1.2×1.0	15/19	上台阶/上中台阶
0.125(严重挤压变形)	1.97	15.8	350	5	0.6×1.0	23/25/27	三台阶
0.10(极严重挤压变形)	1.97	19.7	400	5	0.6×1.0	23/25/27/38	38根为全断面
0.075(极严重挤压变形)	1.97	26.3	400	5	0.6×1.0	23/25/27/38	38根为全断面

(2) 计算模型

图5-2-22为建立的不同锚索数量的数值计算模型。

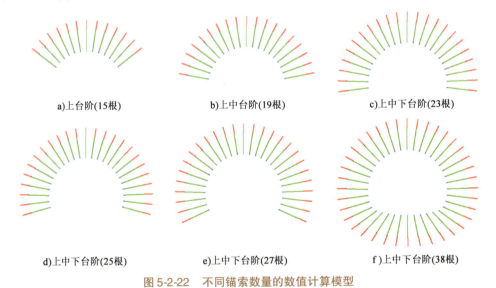

a) 上台阶(15根)　　b) 上中台阶(19根)　　c) 上中下台阶(23根)

d) 上中下台阶(25根)　　e) 上中下台阶(27根)　　f) 上中下台阶(38根)

图5-2-22 不同锚索数量的数值计算模型

2) 计算结果分析

(1) 围岩变形分析

绘制不同挤压度下不同锚索数量与拱顶沉降、最大水平位移及拱底隆起的关系曲线,如图5-2-23所示。

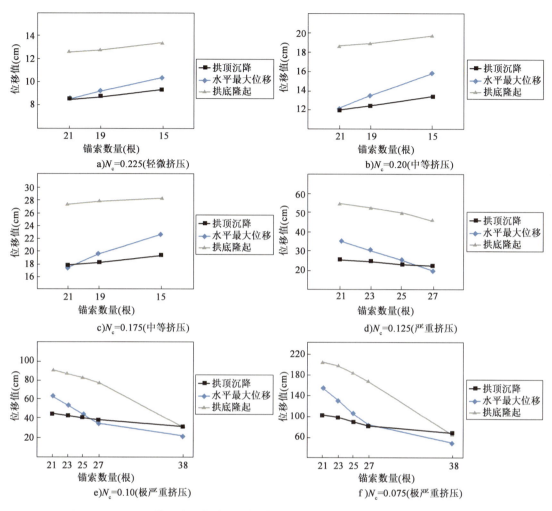

图 5-2-23 不同挤压度下锚索数量与拱顶沉降、最大水平位移、拱底隆起关系曲线

由图 5-2-23 可以看出：

①拱顶沉降、最大水平位移、拱底隆起和支护范围（锚索数量）呈负相关，当支护范围增大，位移值均下降。其中，当锚索数量≤27 根，即布置于拱底以上时，下降速率表现为"最大水平位移＞拱底隆起＞拱顶沉降"；当锚索全环布置时，拱底隆起得到了显著减小。

②在 $N_c=0.225$（轻微挤压）、锚索长度 5m、预应力 250kN、支护密度 1.2m×1.0m（环向×纵向）条件下，当锚索数量由 21 根减至 15 根（仅支护上台阶）时，拱顶沉降、最大水平位移、拱底隆起分别由 8.5cm、8.5cm、12.6cm 增至 9.3cm、10.4cm、13.4cm，分别增加 0.8cm、1.9cm、0.8cm，可知位移量变化小，且位移值均小于 15cm，故 15 根锚索适宜。

③在 $N_c=0.20$（中等挤压）、锚索长度 5m、预应力 250kN、支护密度 1.2m×1.0m（环向×纵向）条件下，当锚索数量由 21 根减至 15 根（仅支护上台阶）时，拱顶沉降、最大水平位移、拱底隆起分别由 12cm、12.2cm、18.7cm 增至 13.4cm、15.8cm、19.7cm，分别增加 1.4cm、3.6cm、1.0cm，可知位移量变化较小，且位移值均小于 20cm，故 15 根锚索较适宜。

④在 $N_c=0.175$（中等挤压）、锚索长度 5m、预应力 250kN、支护密度 1.2m×1.0m（环向×纵向）条件下，当锚索数量由 21 根减至 19 根（支护上、中台阶）时，拱顶沉降、最大水平位移、拱底隆起分别由 17.7cm、17.6cm、27.5cm 增至 18.3cm、19.6cm、27.9cm，分别增加 0.6cm、2.0cm、0.4cm，可知位移量变化较小，且拱、墙位移值均小于 20cm；当锚索数量进一步由 19 根减至 15 根时，拱顶沉降、最大水平位移、拱底隆起分别增至 19.3cm、22.6cm、28.3cm，最大水平位移出现较大增长，超过了 20cm。因此，综合考虑 19 根锚索较适宜。

⑤在 $N_c=0.125$（严重挤压）、锚索长度 5m、预应力 350kN、支护密度 0.6m×1.0m（环向×纵向）条件下，当锚索数量由 21 根增至 23 根时，拱顶沉降、最大水平位移、拱底隆起分别为 24.5cm、30.4cm、52.5cm，最大水平位移大于 30cm；锚索数量增至 25 根时，拱顶沉降、最大水平位移、拱底隆起分别减至 23.3cm、25.1cm、49.8cm，拱、墙最大位移 25.1cm；锚索数量增至 27 根时，拱顶沉降、最大水平位移、拱底隆起分别减至 22.2cm、20.2cm、46cm，拱、墙最大位移 22.2cm。因此，综合考虑 25 根和 27 根锚索较适宜，建议为 25 根。

⑥在 $N_c=0.10$（极严重挤压）、锚索长度 5m、预应力 400kN、支护密度 0.6m×1.0m（环向×纵向）条件下，当锚索数量由 21 根增至 27 根时，拱顶沉降、最大水平位移、拱底隆起分别为 38.6cm、34.8cm、77.9cm，拱、墙最大位移 38.6cm，小于 40cm；当采用全断面锚索（38 根）支护时，拱顶沉降、最大水平位移、拱底隆起分别为 31.8cm、21.6cm、30.7cm，均小于 35cm。因此，综合考虑 27 根和全断面锚索支护较适宜。

⑦在 $N_c=0.075$（极严重挤压）、锚索长度 5m、预应力 400kN、支护密度 0.6m×1.0m（环向×纵向）条件下，当锚索数量由 21 根增至 27 根时，拱顶沉降、最大水平位移、拱底隆起分别为 82.1cm、82.8cm、168cm，拱、墙最大位移 82.8cm；当采用全断面锚索（38 根）支护时，拱顶沉降、最大水平位移、拱底隆起分别为 67.2cm、49.5cm、65.4cm，拱、墙最大位移 67.2cm。因此，综合考虑全断面锚索支护较适宜。

（2）锚索延伸率校核

提取不同挤压度下锚索数量与最大延伸率关系曲线，如图 5-2-24 所示。

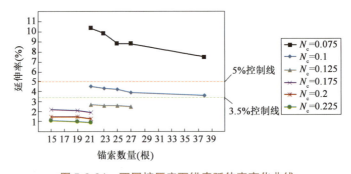

图 5-2-24　不同挤压度下锚索延伸率变化曲线

由图 5-2-24 可以看出：

①不同挤压度下，随锚索数量增加，最大延伸率逐渐下降。

②在 $N_c=0.225$（轻微挤压）、0.20（中等挤压）、0.175（中等挤压），锚索长度 5m、预应力 250kN、支护密度 1.2m×1.0m（环向×纵向）条件下，当锚索数量在 15~21 根时，最大延伸率均小于规范限值 3.5%，结构安全。

③在 $N_c = 0.125$(严重挤压),锚索长度5m、预应力350kN、支护密度0.6m×1.0m(环向×纵向)条件下,当锚索数量在21~27根时,最大延伸率均小于规范限值3.5%,结构安全。

④在 $N_c = 0.10$(极严重挤压),锚索长度5m、预应力350kN、支护密度0.6m×1.0m(环向×纵向)条件下,当锚索数量在21~38根时,最大延伸率在3.6%~4.5%,均大于规范限值3.5%,小于1×19s锚索体的试验延伸率5%,结构基本安全。

⑤在 $N_c = 0.075$(极严重挤压),锚索长度5m、预应力400kN、支护密度0.6m×1.0m(环向×纵向)条件下,当锚索数量在21~38根时,最大延伸率在7.4%~10.3%,均大于1×19s锚索体的试验延伸率5%,结构不安全。

5.2.5 锚索长度设计

随着锚索长度增加,支护效率将迅速下降,为此,在确保支护结构安全有效前提下,锚索支护长度应尽可能取小值。

1)计算方案拟定

(1)计算工况

根据第5.2.4节,考虑隧道工程中系统锚杆的常用长度,并综合随钻孔深度增加,钻孔效率的下降规律等,设置锚索长度设计计算工况见表5-2-4。

锚索长度设计计算工况　　　　表5-2-4

N_c	σ_{00}(MPa)	P_0(MPa)	预应力 F_d(kN)	锚索长度(m)	支护密度(纵向×环向)(m×m)	锚索数量(根)
0.225(轻微挤压)	1.97	8.8	250	3、4	1.2×1.0	15
0.20(中等挤压)	1.97	9.9	250	3、4	1.2×1.0	15
0.175(中等挤压)	1.97	11.3	250	3、4	1.2×1.0	19
0.125(严重挤压)	1.97	15.8	350	6、7、8、9、10、11、12	0.6×1.0	25
0.10(极严重挤压)	1.97	19.7	400	6、7、8、9、10、11、12	0.6×1.0	27
0.075(极严重挤压)	1.97	26.3	400	6、7、8、9、10、11、12	0.6×1.0	38

(2)计算模型

如图5-2-25所示为建立的不同长度锚索的局部模型。

a)锚索长度3m、锚索数量15根

b)锚索长度4m、锚索数量19根

c)锚索长度6m、锚索数量25根

d)锚索长度10m、锚索数量25根

图 5-2-25

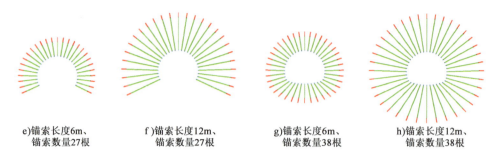

图 5-2-25 不同长度锚索的局部计算模型

2）计算结果分析

（1）围岩变形分析

绘制不同挤压度下锚索长度与拱顶沉降、最大水平位移的关系曲线，如图 5-2-26 所示。

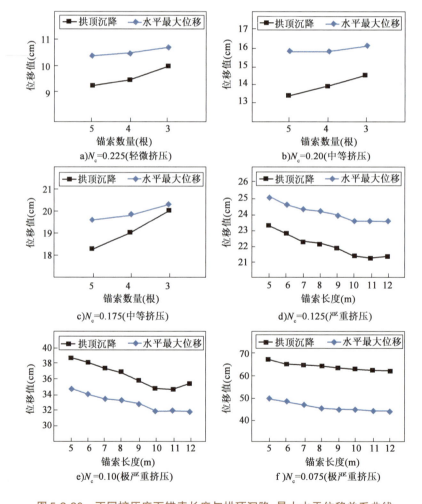

图 5-2-26 不同挤压度下锚索长度与拱顶沉降、最大水平位移关系曲线

由图 5-2-26 可以看出：

①在 $N_c=0.225$（轻微挤压），预应力 250kN、支护密度 1.2m×1.0m（环向×纵向）、锚索 15 根条件下，当锚索长度由 5m 减至 3m 时，拱顶沉降、最大水平位移由 9.3cm、10.4cm 增至 10cm、10.7cm，分别增加 0.7cm、0.3cm，可知位移量变化小，且位移值均小于 15cm，故 3m 锚索适宜。但值得注意的是，锚索长度由 4m 减至 3m 时的拱顶沉降增加量明显大于锚索长度由 5m 减至 4m 时，故考虑支护效率，锚索长度可采用 4m。

②在 $N_c=0.20$（中等挤压），预应力 250kN、支护密度 1.2m×1.0m（环向×纵向）、锚索 15 根条件下，当锚索长度由 5m 减至 3m 时，拱顶沉降、最大水平位移由 13.4cm、15.8cm 增至 14.5cm、16.1cm，分别增加 1.1cm、0.3cm，可知位移量变化较小，且位移值均小于 20cm，故 3m 锚索较适宜。同样值得注意的是，锚索长度由 4m 减至 3m 时的拱顶沉降增加量明显大于锚索长度由 5m 减至 4m 时，故考虑支护效率，锚索长度可采用 4m。

③在 $N_c=0.175$（中等挤压），预应力 250kN、支护密度 1.2m×1.0m（环向×纵向）、锚索 19 根条件下，当锚索长度由 5m 减至 4m 时，拱顶沉降、最大水平位移由 18.3cm、19.6cm 增至 19cm、19.8cm，分别增加 0.7cm、0.2cm，可知位移量变化小，且拱、墙位移值均小于 20cm；当锚索数量由 4m 减至 3m 时，拱顶沉降、最大水平位移增至 20cm、20.3cm，均超过 20cm。因此，综合考虑 4m 锚索较适宜。

④在 $N_c=0.125$（严重挤压），预应力 350kN、支护密度 0.6m×1.0m（环向×纵向）、锚索 25 根条件下，拱顶沉降和最大水平位移随锚索长度增加呈现"先减小后增大"的现象，当锚索长度大于 10m，增加锚索长度几无位移控制作用，其原因为 10m 长锚索支护时，拱、墙区域塑性区径向扩展深度在 9~11m[图 5-2-27a)]，此时的锚固段布置于弹塑性交界区域，当进一步增大锚索长度，锚固段将逐渐位于弹性区域，由其形成的锚固段应力扩散（改善）对围岩物理力学参数的影响将逐步下降，因此出现当锚索长度超过 10m，拱顶沉降、最大水平位移基本不变或下降的情形。此现象在 $N_c=0.10$（中等挤压）时，表现得更加明显，锚索长度超过 11m 后，拱顶沉降出现了较明显增大；而在 $N_c=0.075$（严重挤压），则无此现象，锚索长度在 6m 增至 12m，位移持续下降，其原因为塑性区分布差异导致，如图 5-2-27b)、图 5-2-27c) 所示。因此，$N_c=0.125$（严重挤压），锚索长度应小于 10m；进一步从整体曲线变化规律分析，锚索长度 7m，处于第一个"平台"，此时，拱顶沉降 24.3cm，故锚索长度宜取 7m，不应大于 10m。

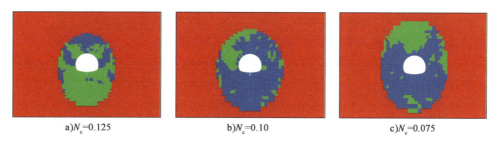

图 5-2-27 不同挤压度下塑性区分布

⑤在 $N_c=0.10$（极严重挤压），预应力 400kN、支护密度 0.6m×1.0m（环向×纵向）、锚索 27 根条件下，拱顶沉降和最大水平位移随锚索长度的变化规律，与 $N_c=0.125$（严重挤压）时规律相似，均呈现"先减小后增大"。为此，综合曲线变化规律，锚索长度宜为 8~10m。

⑥在 $N_c=0.075$（极严重挤压），预应力 400kN、支护密度 $0.6m×1.0m$（环向×纵向）、锚索 38 根条件下,当锚索长度由 5m 增至 12m 时,拱顶沉降、最大水平位移持续降低;当锚索长度为 12m 时,拱顶沉降和最大水平位移为 $61.9cm$、$44cm$。从拱顶沉降变化规律分析,锚索长度应大于 6m。

（2）锚索延伸率校核

绘制不同挤压度下锚索长度与最大延伸率关系曲线,如图 5-2-28 所示。

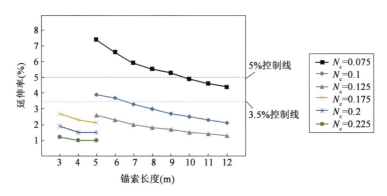

图 5-2-28 不同挤压度下锚索长度与最大延伸率关系曲线

由图 5-2-28 可以看出:

①不同挤压度下,随锚索长度增加,最大延伸率逐渐下降。

②在 $N_c=0.225$（轻微挤压）、$N_c=0.20$（中等挤压）,预应力 250kN、支护密度 $1.2m×1.0m$（环向×纵向）、锚索 15 根条件下,当锚索长度在 3～5m 时,最大延伸率均小于规范限值 3.5%,结构安全。

③在 $N_c=0.175$（中等挤压），预应力 250kN、支护密度 $1.2m×1.0m$（环向×纵向）、锚索 19 根条件下,当锚索长度在 3～5m 时,最大延伸率小于规范限值 3.5%,结构安全。

④在 $N_c=0.125$（严重挤压），预应力 350kN、支护密度 $0.6m×1.0m$（环向×纵向）、锚索 25 根条件下,当锚索长度在 5～12m 时,最大延伸率小于规范限值 3.5%,结构安全。

⑤在 $N_c=0.10$（极严重挤压），预应力 400kN、支护密度 $0.6m×1.0m$（环向×纵向）、锚索 27 根条件下,当锚索长度在 5～12m 时,最大延伸率在 2.1%～3.9%。其中,锚索长度在 5m、6m 时,最大延伸率大于规范限值 3.5%,小于 1×19s 锚索体的试验延伸率 5%,结构基本安全;锚索长度≥7m,最大延伸率小于规范限值 3.5%,结构安全。

⑥在 $N_c=0.075$（极严重挤压），预应力 400kN、支护密度 $0.6m×1.0m$（环向×纵向）、锚索 38 根条件下,当锚索长度在 5～12m 时,最大延伸率在 4.4%～7.4%。其中,锚索长度在 5～9m 时,最大延伸大于 1×19s 锚索体的试验延伸率 5%,结构不安全;锚索长度≥10m,最大延伸率大于规范限值 3.5%,小于 1×19s 锚索体的试验延伸率 5%,结构基本安全。

5.2.6 锚索长度组合设计

锚索长度组合设计主要有等长设计和短、长组合设计,其中,普遍认为短、长组合设计具有一定优势,其可将短锚索形成的"锚索-围岩"支护体系受力向围岩深部进行转移,充分发挥围岩深部岩体的承载能力。

1）计算方案拟定

（1）计算工况

根据 5.2.5 节中结论：①当 $N_c=0.125$（严重挤压），预应力 350kN、支护密度 $0.6m\times1.0m$（环向×纵向）、锚索 25 根时，锚索长度宜为 7m，且不应大于 10m；②当 $N_c=0.10$（极严重挤压），预应力 400kN、支护密度 $0.6m\times1.0m$（环向×纵向）、锚索 27 根时，锚索长度宜为 8~10m。锚索长度组合设计计算工况见表 5-2-5。

锚索长度组合设计计算工况　　　　表 5-2-5

N_c	σ_{00} (MPa)	P_0 (MPa)	预应力 F_d (kN)	支护密度 (纵向×环向) (m×m)	锚索数量 (根)	锚索长度(m) 等长设置	锚索长度(m) 短、长组合设置
0.125（严重挤压）	1.97	15.8	350	0.6×1.0	25	7+7	4+10/5+9/6+8
0.10（极严重挤压）	1.97	19.7	400	0.6×1.0	27	8+8	6+10/7+9

（2）计算模型

图 5-2-29 为建立的不同锚索长度组合设计的计算模型。

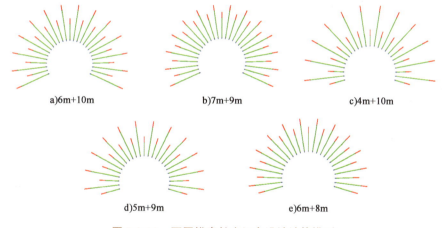

图 5-2-29　不同锚索长度组合设计计算模型

2）计算结果分析

（1）围岩变形分析

绘制不同挤压度下，不同锚索组合与拱顶沉降、最大水平位移的关系曲线，如图 5-2-30 所示。由图 5-2-30 可以看出：

①在 $N_c=0.125$（严重挤压），预应力 350kN、支护密度 $0.6m\times1.0m$（环向×纵向）、锚索 25 根、锚索平均长度为 7m 条件下，当锚索长度组合为 6m+8m 时，位移控制效果最佳，与等长 7m 支护比较，拱顶沉降和最大水平位移减小 0.3cm、0.3cm。值得注意的是，随着短、长锚索间长度差异增大，围岩位移逐渐上升，与等长 7m 支护比较，长度组合为 5m+9m 时，拱顶沉降和最大水平位移仍有所下降；当长度组合为 4m+10m 时，拱顶沉降和最大水平位移增大 0.4cm、0.1cm。因此，长度组合工况中，短、长锚索间长度差异不宜过大。

②在 $N_c=0.10$（极严重挤压），预应力 400kN、支护密度 $0.6m \times 1.0m$（环向×纵向）、锚索 27 根、锚索平均长度 8m 条件下，当锚索长度组合为 7m+9m 时，位移控制效果最佳，与等长 8m 支护比较，拱顶沉降和最大水平位移减小 0.7cm、0.8cm；同样，与 $N_c=0.125$（严重挤压）中规律相似，与等长 7m 支护比较，拱顶沉降和最大水平位移减小 0.3cm、0.3cm。

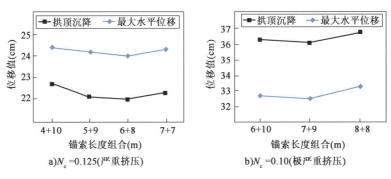

图 5-2-30 不同挤压度下锚索组合与拱顶沉降、最大水平位移关系曲线

综上所述，锚索长度组合对控制拱顶沉降和最大水平位移等均有一定作用；同时，现有支护理论普遍认为，短、长组合支护利于调动深部围岩承载性能，但大多缺乏证明，故有必要进一步明确短、长组合支护对围岩深部位移的影响，提取 $N_c=0.125$（严重挤压）、$N_c=0.10$（极严重挤压）的竖向位移云图和水平位移云图，如图 5-2-31 和 5-2-32 所示。

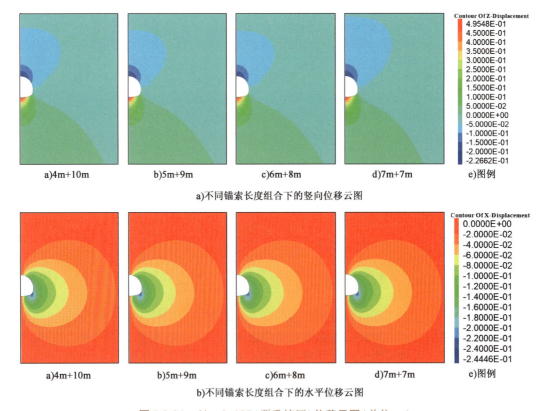

图 5-2-31 $N_c=0.125$（严重挤压）位移云图（单位：m）

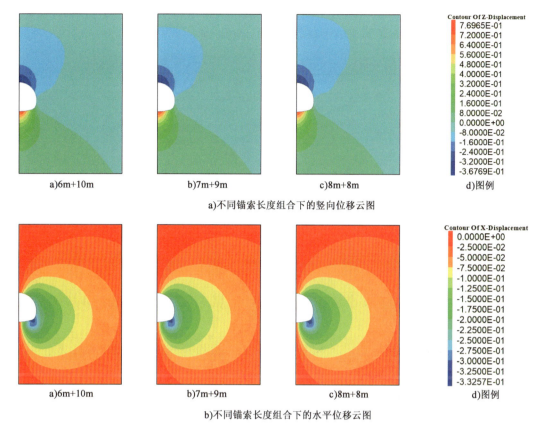

a) 不同锚索长度组合下的竖向位移云图

b) 不同锚索长度组合下的水平位移云图

图 5-2-32　$N_c=0.10$（极严重挤压）位移云图（单位：m）

由图 5-2-31 和图 5-2-32 可以看出：

①锚索短、长组合可增强对内部岩体竖向位移的控制能力。以图 5-2-31 为例，对比"淡蓝色"分布区域，4m+10m 组合的内部岩体竖向位移明显小于 7m+7m，值得注意的是，4m+10m 组合中的拱顶沉降要小于 7m+7m，不同短、长组合间的内部岩体竖向位移差异不明显，排序规律与拱顶沉降一致。

②锚索短、长组合对内部岩体水平位移的控制能力与等长支护基本一致、甚至略优，究其原因为锚索系统布设于拱、墙区域，最大水平位移出现在拱脚区域，并逐步向外扩展，故短、长组合对水平位移的控制要明显弱于竖向位移。

综上，短、长组合支护有利于增强对岩体内部变形的控制，其控制效果与锚索布置具有相关性，呈现对竖向位移的控制效果大于水平位移的现象。

（2）锚索延伸率校核

提取不同挤压度下锚索长度组合与最大延伸率关系曲线，如图 5-2-33 所示。

由图 5-2-33 可以看出：

①当围岩处于严重挤压（$N_c=0.125$），锚索数量 25 根、预应力 350kN、支护密度 0.6m×1.0m（环向×纵向）时，各锚索长度组合工况中的锚索延伸率均小于规范限值 3.5%，结构安全。

②当围岩处于极严重挤压（$N_c=0.10$），锚索数量 27 根、预应力 400kN、支护密度 0.6m×

1.0m(环向×纵向)时,6m+10m组合工况中6m锚索的延伸率3.8%大于规范限值3.5%,而7m+7m组合工况中的锚索延伸率小于规范限值3.5%。

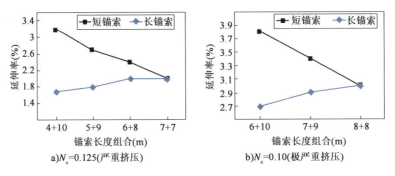

图 5-2-33　不同挤压度下锚索长度组合与最大延伸率关系曲线

5.2.7　不同挤压度下高强预应力锚索系统关键参数取值

综合第5.2.2节~第5.2.6节计算分析,确定挤压度 N_c 在0.075~0.225时的高强预应力锚索系统关键参数,见表5-2-6。

不同挤压度下高强预应力锚索系统关键参数取值　　　　　　表5-2-6

N_c	预应力 F_d（kN）	支护密度（纵向×环向）（m×m）	锚索数量（根）	锚索长度（m）	锚索长度组合（m）
0.225(轻微挤压)	250	1.2×1.0	15	3、4	等长
0.20(中等挤压)	250	1.2×1.0	15	4	等长
0.175(中等挤压)	250	1.2×1.0	19	4	等长
0.15(严重挤压)	300	0.8×1.0	21	5	等长
0.125(严重挤压)	350	0.6×1.0	25	7	6+8
0.10(极严重挤压)	400	0.6×1.0	27	8	7+9
0.075(极严重挤压)	400	0.6×1.0	38	≥10	等长

根据表5-2-6,设定高强预应力锚索关键设计参数取值原则如下(三台阶工法):

(1)当围岩处于轻微挤压时,可采用等长3~4m短锚索支护上台阶,锚索预应力为250kN,支护密度(环向×纵向)为1.2m×1.0m。

(2)当围岩处于中等挤压时,可采用等长4~5m短锚索支护上、中台阶,锚索预应力为250kN,支护密度(环向×纵向)为(1.2m~1.0m)×1.0m。

(3)当围岩处于严重挤压时,需采用长5~7m锚索支护上、中、下台阶,锚索预应力为300~350kN,支护密度(环向×纵向)为(0.8m~0.6m)×1.0m。其中当锚索长度>5m时,宜采用短、长组合方式,以等长7m为例,宜采用6m+8m组合模式。

(4)当围岩处于极严重挤压(N_c ≥0.075)时,需采用等长且长度≥8m锚索支护全断面,锚索预应力400kN,支护密度(环向×纵向)0.6m×1.0m。其中锚索长度在8m时,宜采用短、长组合方式:7m+9m。需要指出的是,极严重挤压时,采用的锚索长度较长,其工程经济性及可行性将下降。同时当挤压度增加($N_c<0.075$),此时若仍采用高强预应力锚索系统,锚索长度将继续增加,工程可行性逐步降低,为此,应采用具备恒阻让压功能的高强预应力锚索系统,以减小锚索支护长度,并确保锚固系统结构安全性。

5.3 基于协同支护理念的初期支护参数设计

与将初期支护(喷射混凝土+钢架)作为主要承载构件的传统强力型支护体系不同,一次支护体系是一种以高强预应力锚索系统为核心的支护体系,应用于其中的初期支护更多的是起到协同支护作用。因此,一次支护体系中初期支护的设计需围绕高强预应力锚索系统的支护性能开展,设定设计准则为:初期支护(喷射混凝土+钢架)提供的支护力不小于高强预应力锚索系统的支护力。

5.3.1 软岩大变形隧道初期支护参数调研分析

1)交通隧道技术规范中的初期支护参数

(1)根据《铁路挤压性围岩隧道技术规范》(Q/CR 9512—2019),挤压性围岩隧道可按表 5-3-1 选择支护和衬砌措施。

挤压性围岩隧道基本措施表 表 5-3-1

变形等级	一	二	三
断面形式	常规断面	必要时加大曲率断面	加大曲率断面,必要时设置为圆形
喷射混凝土	C25	C25 或 C30	C30
系统锚杆	短锚杆	中、短锚杆	长、短锚杆
钢架	I20-I22 型钢	I22-H175 型钢	HW175-HW200 型钢
径向注浆	可采用	宜采用	应采用
特殊措施	—	—	必要时考虑长锚索、多层支护、应力释放等
二次衬砌	钢筋混凝土	钢筋混凝土	钢筋混凝土

由表 5-3-1 可知,针对挤压性隧道,喷射混凝土需采用 C25 以上强度,钢架则需采用 I20 型钢以上参数,但表中未明确适宜的喷射混凝土厚度与钢架间距参数。

(2)鉴于挤压变形均发生在 V 级及以上围岩中,提取《铁路隧道设计规范》(TB 10003—2016)中 $V_{深埋}$ 复合式衬砌设计参数,见表 5-3-2。

$V_{深埋}$ 复合式衬砌设计参数 表 5-3-2

围岩级别	隧道开挖跨度	初期支护参数						二次衬砌厚度(cm)	
		喷射混凝土厚度(cm)		锚杆			钢筋网间距(cm)	钢架	拱墙	仰拱
		拱墙	仰拱	位置	长度(m)	间距(m)				
$V_{深埋}$	小跨	20~23	—	拱墙	3.0~3.5	0.8~1.0	拱墙:20×20	拱墙	40~45	45~50
	中跨	20~23	20~23	拱墙	3.0~3.5	0.8~1.0	拱墙:20×20	全环	40~45*	45~50*
	大跨	23~25	23~25	拱墙	3.5~4.0	0.8~1.0	拱墙:20×20	全环	50~55*	55~60

注:表中喷射混凝土厚度为平均值;带*号者为钢筋混凝土。

由表 5-3-2 可知，$V_{深埋}$铁路围岩性隧道中喷射混凝土厚度不应小于20cm，中、大跨隧道钢架应全环设置，但表中未明确喷射混凝土采用的具体材料，以及钢架材料与间距等参数。

同时，《铁路隧道设计规范》(TB 10003—2016)中针对高应力大变形给出了预案设计：

①选择合理的隧道断面形状，适当加大边墙和仰拱矢度；加大预留变形量，二次衬砌采用钢筋混凝土。

②Ⅰ级大变形可采取长短锚杆结合、网喷或喷钢纤维混凝土、设置钢拱架、提高喷射混凝土强度等措施。

③Ⅱ级大变形可采取喷层留纵缝、网喷或喷钢纤维混凝土、长锚杆、型钢钢架或可缩式钢架、掌子面补强或封闭等措施。

④Ⅲ级大变形可采取预加固地层、喷层留纵缝、网喷或喷钢纤维混凝土、长锚杆、型钢钢架或可缩式钢架、掌子面补强或封闭、两次或多次支护等措施。

(3) 根据《公路隧道设计规范 第一册 土建工程》(JTG 3370.1—2018)，Ⅴ级围岩两车道复合式衬砌设计参数见表5-3-3。

Ⅴ级围岩两车道复合式衬砌设计参数　　　　表5-3-3

围岩级别	初期支护								二次衬砌厚度(cm)	
	喷射混凝土厚度(cm)		锚杆参数			钢筋网间距(cm)	钢架参数			
	拱墙	仰拱	打设位置	长度(m)	间距(m)		间距(m)	截面高(cm)	拱墙	仰拱
Ⅴ	18~28	—	拱、墙	3.0~3.5	0.6~1.0	拱、墙：20×20	拱、墙、仰拱：0.6~1.0	14~22	35~50	0或35~50

由表5-3-3可知，Ⅴ级围岩两车道公路隧道中喷射混凝土厚度宜为18~28cm，钢架间距宜为0.6~1.0m，钢架截面高度宜为14~22cm，但表中未明确喷射混凝土和钢架采用的具体材料参数。

2) 挤压大变形隧道工程实例调研

通过调研关角隧道、乌鞘岭隧道、木寨岭铁路隧道、成兰铁路软岩隧道、玉楚高速公路齐云隧道、滇中引水工程香炉山隧洞等挤压大变形隧道的施工经验，挤压变形程度为轻微~严重时，工程多采用I20、I22、H175等全环设置的型钢拱架，间距主要为0.5~1.0m，采用的喷射混凝土厚度单层以20~30cm为主；当挤压变形为极严重时，工程多采用H175、H200等全环设置的型钢拱架，间距以不大于0.8m为主，采用的喷射混凝土厚度单层普遍大于30cm，多为30~40cm。相关参数统计见表5-3-4。

典型挤压型隧道中喷射混凝土与钢架参数　　　　表5-3-4

隧道名称	具体段落或里程或设计变形级别	喷射混凝土参数	钢拱架参数
关角隧道	F2-1断层	C25，厚28cm	全环I20a钢架，2榀/m
乌鞘岭隧道	志留系地层地段	C25，厚25cm	全环H175钢架，1榀/0.8m
	F7断层	C25，厚25cm+10cm	全环I20钢架，2榀/m

续上表

隧道名称	具体段落或里程或设计变形级别	喷射混凝土参数	钢拱架参数
木寨岭铁路隧道	Ⅰ级	C25,厚30cm	全环 H175 钢架,1 榀/m
	Ⅱ级	C25,厚30cm	全环 H175 钢架,1 榀/m
	Ⅲ级	C25,厚33cm	全环 H175 钢架,1 榀/m
	Ⅳ级	C25,厚33cm	全环 H175 钢架,1 榀/m
成兰铁路软岩隧道（双线）	轻微变形	C30,厚27cm	全环 I20 钢架,1 榀/0.8m
	中等变形	C30,厚25cm	全环 H175 钢架,1 榀/0.6m
	严重变形	C30,厚25cm+21cm	双层全环 H175 钢架,1 榀/0.6m
	极严重变形	C30,厚25cm+21cm	全环 H200 钢架,1 榀/0.6m+钢管混凝土
齐云隧道	SF5e 型衬砌	C25,厚29cm	全环 I22b 钢架,1 榀/0.5m
香炉山隧洞	DLI7+478.6~DLI7+459.6	C20,厚22cm	全环 I22a 钢架,1 榀/0.5m

5.3.2 不同挤压度下一次支护体系喷射混凝土与钢架合理参数

1）不同挤压度下高强预应力锚索系统的等效支护力

综合第5.2节,根据不同挤压度下高强预应力锚索系统采用的参数,确定最大等效支护力,见表5-3-5。

不同挤压度下高强预应力锚索系统最大等效支护力　　　表5-3-5

挤压度 N_c	支护间距（纵向×环向）(m)	最大等效支护力（MPa）	挤压度 N_c	支护间距（纵向×环向）(m)	最大等效支护力（MPa）
0.225（轻微挤压）	1.2×1.0	0.42	0.125（严重挤压）	0.6×1.0	0.84
0.20（中等挤压）	1.2×1.0	0.42	0.10（极严重挤压）	0.6×1.0	0.84
0.175（中等挤压）	1.2×1.0	0.42	0.075（极严重挤压）	0.6×1.0	0.84
0.15（严重挤压）	0.8×1.0	0.63			

2）不同挤压度下喷射混凝土与钢架的选型与参数选取范围

综合第5.3.1节,拟定不同挤压度下喷射混凝土与钢架的选型与参数选取范围,见表5-3-6。

不同挤压度下喷射混凝土与钢架的选型与参数选取范围　　　表5-3-6

挤压程度	喷射混凝土强度等级与厚度	钢拱架类型与参数
轻微挤压	C25,厚度 22~28cm	全环 I20/I22 钢架,1 榀/1.2m
中等挤压	C25,厚度 25~30cm	全环 I20/I22 钢架,1 榀/(0.8~1.2m)
严重挤压	C25/C30,厚度 25~35cm	全环 H175 钢架,1 榀/(0.6~0.8m)
极严重挤压	C25/C30,厚度 25~35cm	全环 H175/H200 钢架,1 榀/(0.6~0.8m)

3）不同挤压度下协同作用的喷射混凝土与钢架参数

根据式(3-1-4)和式(3-1-5)计算表5-3-6中支护参数对应的支护力,设定等效开挖半径 $R=6.7$m,计算结果见表5-3-7。

喷射混凝土、钢架的支护力计算表　　　　　表 5-3-7

支护类型与参数	计算支护力（MPa）
C25 喷射混凝土，厚度 22～28cm	0.38～0.48
C25 喷射混凝土，厚度 25～30cm	0.43～0.52
C25 喷射混凝土，厚度 25～30cm	0.43～0.52
C25 喷射混凝土，厚度 25～35cm	0.43～0.60
C30 喷射混凝土，厚度 25～35cm	0.52～0.72
全环 I20a 钢架（1 榀/1.2m）/I22a 钢架（1 榀/1.2m）	0.10
全环 I22a 钢架，1 榀/1.2m	0.12
全环 I20a 钢架，1 榀/(0.8～1.2m)	0.15～0.10
全环 I22a 钢架，1 榀/(0.8～1.2m)	0.18～0.12
全环 HW175 钢架，1 榀/(0.6～0.8m)	0.3～0.23
全环 HW200 钢架，1 榀/(0.6～0.8m)	0.42～0.32

根据设计准则"初期支护（喷射混凝土＋钢架）提供的支护力不小于高强预应力锚索系统的支护力"，结合表 5-3-5～表 5-3-7，确定不同挤压度下喷射混凝土、钢架支护参数见表 5-3-8。

不同挤压度下喷射混凝土、钢架支护参数　　　　　表 5-3-8

挤压度 N_c	喷射混凝土参数	钢架参数	支护力核算（MPa）
0.225（轻微挤压）	C25，厚 22cm	全环 I20a 钢架，1 榀/1.2m	0.38＋0.1＞0.42
0.20（中等挤压）	C25，厚 25cm	全环 I20a 钢架，1 榀/1.2m	0.43＋0.1＞0.42
0.175（中等挤压）	C25，厚 25cm	全环 I20a 钢架，1 榀/1.2m	0.43＋0.1＞0.42
0.15（严重挤压）	C25，厚 25cm	全环 HW175 钢架，1 榀/0.8m	0.43＋0.23＞0.63
0.125（严重挤压）	C30，厚 30cm	全环 HW175 钢架，1 榀/0.6m	0.62＋0.3＞0.84
0.10（极严重挤压）	C30，厚 30cm	全环 HW175 钢架，1 榀/0.6m	0.62＋0.3＞0.84
0.075（极严重挤压）	C30，厚 30cm	全环 HW175 钢架，1 榀/0.6m	0.62＋0.3＞0.84

5.4　考虑长期蠕变效应的二次衬砌支护时机

5.4.1　关于二次衬砌支护时机的调研

1）相关规范中二次衬砌支护时机介绍

（1）《客货共线铁路隧道工程施工技术规程》（Q/CR 9653—2017）中规定，二次衬砌一般应在围岩变形趋于基本稳定后施作，变形趋于稳定应符合下列规定之一：隧道周边变形速率明显下降并趋于缓和，即水平收敛变形速率小于 0.2mm/d、拱部下沉速度小于 0.15mm/d；施作二次衬砌前的累计位移值已达极限位移值的 80% 以上。

（2）《高速铁路隧道工程施工技术规程》（Q/CR 9604—2015）中规定，在高地应力软弱围岩、膨胀岩等可能产生大变形，且变形长期不能趋于稳定的不良地质隧道，二次衬砌可提前施作，衬砌结构应有足够的强度和刚度。

(3)《铁路挤压性围岩隧道技术规范》(Q/CR 9512—2019)中规定,二次衬砌施作应在围岩和初期支护变形基本稳定后进行。变形基本稳定应符合:变形速率明显下降并趋于缓和;当无经验时,可按变形速率(7d平均值)中小跨小于1mm/d、大跨及以上小于2mm/d执行,并对二次衬砌进行加强。

2)典型工程案例中二次衬砌支护时机

国内外隧道现场实践表明,挤压性围岩隧道具有明显的流变性质,具有变形量大、变形速率高、持续时间长、难以稳定、支护结构受力大等特征,在短时间内很难达到规范要求的稳定值,在施工完成后2~3年,甚至5~6年才能最终稳定。

兰武二线乌鞘岭隧道推算变形稳定需3年时间,故需及早施作二次衬砌,以抵抗余存的变形压力,维护隧道及围岩的整体稳定;现场采取的二次衬砌施作时机变形速率为3~5mm/d,加强二次衬砌且采用钢筋混凝土结构。兰渝铁路挤压性围岩隧道变形在短时间内很难达到规范要求的稳定值,根据现场实测,结合专家意见,二次衬砌施作时机变形速率为1~2mm/d,仍有部分段落很难满足上述控制标准,调整为2~4mm/d。截至目前,乌鞘岭、兰渝铁路挤压性围岩隧道运营状态良好。

综上所述,现行一般规范中对二次衬砌支护前的围岩变形限制为基本稳定(变形速度<0.5mm/d或收敛<0.2mm/d),但综合工况实例分析,挤压大变形隧道中大多难以满足上述要求。因此,本书借鉴《铁路挤压性围岩隧道技术规范》(Q/CR 9512—2019)中规定,二次衬砌施作时机变形速率确定为1~2mm/d。

5.4.2 不同挤压度下二次衬砌支护时机分析

1)计算方案拟定

(1)计算工况与支护参数

根据第5.2.7节和第5.3.2节,拟定数值计算工况见表5-4-1。

数值计算工况　　　　表5-4-1

工况编号	N_c	σ_{00}(MPa)	P_0(MPa)	预应力锚索参数	喷射混凝土、钢架参数
工况1	0.225(轻微挤压)	1.97	8.8	15根3m锚索、预应力250kN、间距1.2m×1.0m(纵向×环向)	C25(厚22cm)、全环I20a钢架(1榀/1.2m)
工况2	0.20(中等挤压)	1.97	9.9	15根4m锚索、预应力250kN、间距1.2m×1.0m(纵向×环向)	C25(厚25cm)、全环I20a钢架(1榀/1.2m)
工况3	0.175(中等挤压)	1.97	11.3	19根4m锚索、预应力250kN、间距1.2m×1.0m(纵向×环向)	C25(厚25cm)、全环I20a钢架(1榀/1.2m)
工况4	0.15(严重挤压)	1.97	13.1	21根5m锚索、预应力300kN、间距0.8m×1.0m(纵向×环向)	C25(厚25cm)、全环HW175钢架(1榀/0.8m)
工况5	0.125(严重挤压)	1.97	15.8	25根6m+8m交替锚索、预应力350kN、间距0.6m×1.0m(纵向×环向)	C30(厚30cm)、全环HW175钢架(1榀/0.6m)

续上表

工况编号	N_c	σ_{00}（MPa）	P_0（MPa）	预应力锚索参数	喷射混凝土、钢架参数
工况6	0.10（极严重挤压）	1.97	19.7	27根7m+9m交替锚索、预应力400kN、间距0.6m×1.0m（纵向×环向）	C30（厚30cm）、全环HW175钢架（1榀/0.6m）
工况7	0.075（极严重挤压）	1.97	26.3	38根12m交替锚索、预应力400kN、间距0.6m×1.0m（纵向×环向）	C30（厚30cm）、全环HW175钢架（1榀/0.6m）

注：数值计算中将钢架与喷层等效刚度处理为实体单元。

（2）围岩计算参数

围岩本构模型采用Cvsic蠕变模型，蠕变参数同表2-3-1。弹塑性参数 E、c 的设置考虑预应力作用影响，根据第5.2节计算成果，开挖轮廓面径向0～10m深度设置为线性变化，深度10m以外参数恒定，具体见表5-4-2。

计算模型 E、c 参数设置　　表5-4-2

距洞壁的距离（m）	弹性模量 E（GPa）	黏聚力 c（MPa）
0	1.1	0.2
10	2.4	1.0
>10	2.4	1.0

2）计算结果分析

提取不同挤压度下围岩变形时程曲线，如图5-4-1所示。

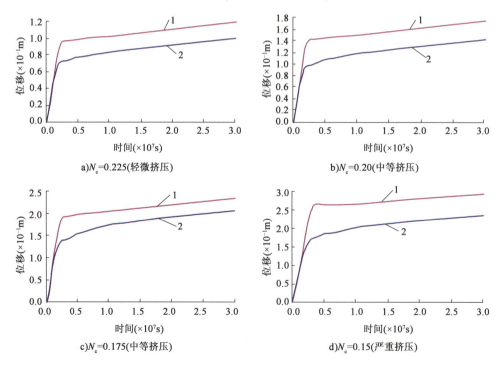

a) N_c=0.225（轻微挤压）　　　b) N_c=0.20（中等挤压）

c) N_c=0.175（中等挤压）　　　d) N_c=0.15（严重挤压）

图 5-4-1

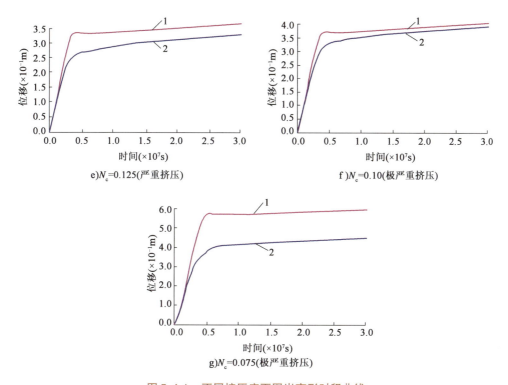

图 5-4-1 不同挤压度下围岩变形时程曲线

注:曲线 1 表示拱顶沉降曲线,曲线 2 表示边墙水平位移曲线。

由图 5-4-1 可以看出:

①对于不同挤压度围岩,断面开挖后,各点位移均快速增大,围岩内部向临空面产生挤压作用。

②围岩变形至一定时间后,各点位移变形速率大幅降低。

③不同挤压度下围岩最终位移与变形稳定时间存在差异,为详细分析具体差异,提取不同工况下拱顶沉降与变形稳定时间,绘制变化曲线如图 5-4-2 所示。

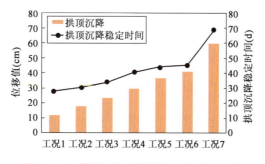

图 5-4-2 拱顶沉降及其稳定时间变化曲线

由图 5-4-2 可以看出:

①围岩挤压度与拱顶沉降量、稳定时间呈正相关,即随着围岩挤压度增加,拱顶沉降和稳定时间均逐渐增大。

②工况1～工况6中,随着围岩挤压度增加,拱顶沉降和稳定时间的增长速率基本恒定;而工况7拱顶沉降和稳定时间均出现了明显增大,显示极严重挤压时,伴随挤压度的进一步增大,围岩变形与稳定时间均将快速增长。

③以拱顶沉降稳定时间变化为基础,确定在不同挤压等级下的二次衬砌支护时机。

a. 轻微挤压:计算初期支护变形稳定时间为28d,由此确定二次衬砌支护时机为30～35d,并要求变形速率小于2mm/d。

b. 中等挤压:计算初期支护变形稳定时间为30d、34d,由此确定二次衬砌支护时机为35～40d,并要求变形速率小于2mm/d。

c. 严重挤压:计算初期支护变形稳定时间为40d、44d,由此确定二次衬砌支护时机为45～50d,并要求变形速率小于2mm/d。

d. 极严重挤压:计算初期支护变形稳定时间为45d、68d,由此确定二次衬砌支护时机应大于45d,并要求变形速率小于2mm/d。

5.5 预应力失效下支护结构安全性分析

大量的工程实践表明,锚固系统中的预应力不可避免会下降乃至完全丧失,故预应力失效下支护结构的安全性问题亟待探明,是检验一次支护体系在挤压大变形隧道中适用性的关键一环。为此,本节基于荷载-结构计算模式,研究预应力失效下,即极端工况下的二次衬砌结构安全性。

5.5.1 计算方案拟定

1) 计算荷载取值

(1) 围岩压力计算

针对挤压性围岩隧道,《铁路挤压性围岩隧道技术规范》(Q/CR 9512—2019)第5.2条在统计了87个挤压大变形隧道实测围岩压力的有效案例基础上,给出了取值公式。

①垂直均布压力可按式(5-5-1)计算确定。

$$q = 0.191 \cdot B^{0.15} \cdot e^{0.445S - 35H} \tag{5-5-1}$$

式中:q——垂直均布压力(MPa);

B——隧道开挖跨度(m);

H——隧道埋深(m);

S——挤压变形等级,$S=1、2、3$,分别对应一、二、三级变形等级;

e——自然常数。

②水平均布压力可按式(5-5-2)及表5-5-1计算确定。

$$e = \lambda q \tag{5-5-2}$$

式中:e——水平均布压力(MPa);

λ——侧压力系数,取值见表5-5-1。

侧压力系数取值 表5-5-1

挤压性围岩变形等级	一	二	三
λ	0.50～0.75	0.75～1.00	>1

注：λ 取值与洞室高跨比有关。对于高跨比较大的马蹄形或椭圆形单线隧道，λ 取表中较小值；对于高跨比近似等于1的双线隧道和圆形（或近似圆形）隧道，λ 取表中较大值。水平地应力比较大时，可根据实际情况调整。

为此，本节以木寨岭公路隧道实践为依托，代入具体参数，计算一、二、三级大变形下垂直均布压力和水平均布压力，见表5-5-2。

围岩压力计算表 表5-5-2

参数	数值		
S	1	2	3
B(m)	13	13	13
H(m)	300	400	450
$λ$	0.7	0.9	1.2
q(MPa)	0.39	0.63	0.99
e(MPa)	0.27	0.56	1.18

由表5-5-2可以看出，随着挤压等级 S 增大，垂直均布压力和水平均布压力逐渐增大。但与《铁路挤压性围岩隧道技术规范》(Q/CR 9512—2019) 中设定的三级大变形等级不同，Hoek 关于围岩挤压性（度）的分级为五级，由强至弱依次为：极严重、严重、中等、轻微、不明显。综合木寨岭公路隧道实践，设定 $S=1、2、3$ 对应"极严重（区间）、严重（区间）、中等（区间）"，因此，不同挤压度 N_c 时围岩压力取值见表5-5-3。

不同挤压度 N_c 下围岩压力取值表 表5-5-3

N_c	0.225（轻微挤压）	0.20（中等挤压）	0.175（中等挤压）	0.15（严重挤压）	0.125（严重挤压）	0.10（极严重挤压）	0.075（极严重挤压）
q(MPa)	0.2	0.29	0.39	0.51	0.63	0.81	0.99
e(MPa)	0.14	0.2	0.27	0.42	0.56	0.87	1.18
备注	0.5倍"$S=1$"	0.75倍"$S=1$"	等于"$S=1$"	线性插值	等于"$S=2$"	线性插值	等于"$S=3$"

（2）二次衬砌荷载及分布

根据《公路隧道设计细则》(JTG/T D70—2010) 第9.2.6条，针对双车道隧道，荷载分担比例采用表5-5-4中规定。

双车道隧道释放荷载分担比例建议值 表5-5-4

围岩级别	分担比例(%)		
	围岩	初期支护	二次衬砌
Ⅲ	70～80	20～30	10
Ⅳ	60～80		20～40
Ⅴ	20～40		60～80

根据工程实践，挤压变形均发生在Ⅴ级围岩中，故二次衬砌荷载分担比例应为60%～80%围岩压力。同时，考虑高强预应力锚固系统的应用，对一次支护体系中二次衬砌的荷载分担比统一按60%进行取值，因此，确定二次衬砌荷载见表5-5-5。

不同挤压度 N_c 下二次衬砌荷载取值表　　　　表 5-5-5

N_c	0.225（轻微挤压）	0.20（中等挤压）	0.175（中等挤压）	0.15（严重挤压）	0.125（严重挤压）	0.10（极严重挤压）	0.075（极严重挤压）
q(MPa)	0.12	0.17	0.23	0.31	0.38	0.49	0.59
e(MPa)	0.08	0.12	0.16	0.25	0.34	0.52	0.71

鉴于挤压变形多发生在 300m 以上埋深区域,属深埋隧道,同时设定施工采用钻爆法开挖,依据《铁路隧道设计规范》(TB 10003—2016)附录 D "深埋隧道荷载计算方法",二次衬砌荷载分布可按图 5-5-1 确定。

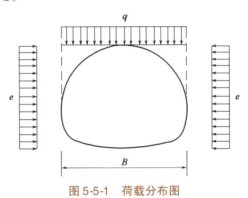

图 5-5-1　荷载分布图

q-垂直均布压力;e-水平均布压力;B-隧道宽度

2)计算模型与工况

为系统探明预应力失效对支护结构安全性的影响,数值计算分两部分开展:(二次衬砌)荷载作用下的结构安全性分析以及高强预应力锚索系统失效下的结构安全性分析。

鉴于分析对象为二次衬砌,数值计算采用"荷载结构法",并考虑地层抗力作用。其中,设定高强预应力锚索失效的计算模型为:将 0.7 倍预应力值反作用于二次衬砌,建立的数值模型如图 5-5-2 所示。

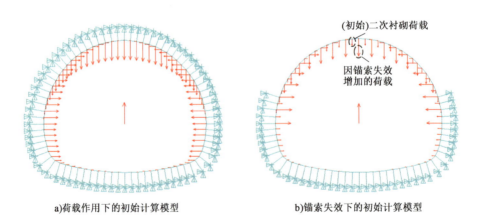

a)荷载作用下的初始计算模型　　　b)锚索失效下的初始计算模型

图 5-5-2　计算模型

如图 5-5-2 所示，二次衬砌结构离散为等厚度小变形的弹性梁单元（Beam3）；地层反力通过设置在结构上的径向弹簧（Psprng）来实现，弹簧刚度由结构周围围岩的地基抗力系数决定。需要注意的是，结构位移指向开挖轮廓线内时，弹簧受拉需删除，故模型计算是一个试算的过程；在此过程中如结构位移指向初始开挖轮廓线外时，需增加弹簧，因此计算亦是一个逐步逼近的过程，这也是锚索失效下初始计算模型的拱顶处无弹簧（依据第一步计算得到）的原因所在。

综上所述，借鉴木寨岭公路隧道二次衬砌设计参数及前述不同挤压度下锚索（建议）支护参数，拟定计算工况见表 5-5-6。

计算工况表 表 5-5-6

工况编号	N_c	衬砌厚度 d（cm）	加载方式
工况 1-1	0.225（轻微挤压）	50	二次衬砌荷载
工况 1-2			二次衬砌荷载 + 15 根 250kN 锚索失效
工况 2-1	0.20（中等挤压）	50	二次衬砌荷载
工况 2-2			二次衬砌荷载 + 15 根 250kN 锚索失效
工况 3-1	0.175（中等挤压）	50	二次衬砌荷载
工况 3-2			二次衬砌荷载 + 19 根 250kN 锚索失效
工况 4-1	0.15（严重挤压）	55	二次衬砌荷载
工况 4-2			二次衬砌荷载 + 21 根 300kN 锚索失效
工况 5-1	0.125（严重挤压）	55	二次衬砌荷载
工况 5-2			二次衬砌荷载 + 25 根 350kN 锚索失效
工况 6-1	0.10（极严重挤压）	65	二次衬砌荷载
工况 6-2			二次衬砌荷载 + 27 根 400kN 锚索失效
工况 7-1	0.075（极严重挤压）	65	二次衬砌荷载
工况 7-2			二次衬砌荷载 + 38 根 400kN 锚索失效

注：二次衬砌为钢筋混凝土结构，弹性模量取 31GPa，泊松比为 0.2，围岩弹性反力系数 R 参照规范中 V 级围岩取值 125MPa/m。

5.5.2 衬砌结构安全性评价方法

荷载结构法中二次衬砌安全性评价可采用《公路隧道设计规范 第一册 土建工程》（JTG 3370.1—2018）（以下简称"规范"）中衬砌结构安全系数的方法。针对钢筋混凝土结构，规范中给出了结构强度的安全系数，见表 5-5-7。木寨岭公路隧道所受荷载主要源自围岩压力和锚索失效产生附加力，因此根据规范可知衬砌结构的强度安全系数可取 2.0。

钢筋混凝土结构各种荷载组合的强度安全系数 表 5-5-7

破坏原因	永久荷载或永久荷载 + 基本可变荷载	永久荷载 + 基本可变荷载 + 其他可变荷载	永久荷载 + 偶然荷载
钢筋达到极限抗拉强度或混凝土达到抗压或抗剪极限强度	2.0	2.7	1.5
混凝土达到极限抗拉强度	2.4	2.0	1.8

对于二次衬砌截面强度的计算,钢筋混凝土偏心受压构件的截面强度可按规范附录 N 计算,如图 5-5-3 所示,简述如下。

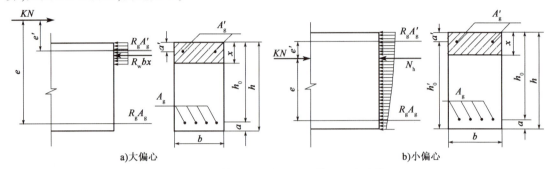

a)大偏心　　　　　　　　　　　　　　b)小偏心

图 5-5-3　钢筋混凝土偏心受压截面强度计算图

(1)钢筋混凝土矩形截面的大偏心受压构件($x \leqslant 0.55h_0$):

$$KN \leqslant R_w bx + R_g(A'_g - A_g) \tag{5-5-3}$$

式中:K——安全系数;

N——轴力(MN);

R_w——混凝土弯曲极限抗压强度,$R_w = 1.25R_a$,R_a 为极限抗压强度;

b——矩形截面的宽度(m);

R_g——钢筋的抗拉或抗压计算强度;

A_g、A'_g——受拉和受压区钢筋的截面面积(m^2);

x——混凝土受压区的高度(m)。

x 的计算公式为:

$$R_g(A_g e \mp A'_g e') = R_w bx(e - h_0 + x/2) \tag{5-5-4}$$

式中:e、e'——钢筋 A_g、A'_g 的重心至轴向力作用点的距离(m);

h_0——截面的有效高度(m),$h_0 = h - a$,a 为钢筋 A_g 重心至截面最近边缘的距离(m)。

当轴向力 N 作用于钢筋 A_g、A'_g 的重心之间时,式(5-5-4)左边第二项取正号;当 N 作用于 A_g、A'_g 两重心以外时,则取负号。

如计算中考虑受压钢筋时,则混凝土受压区的高度应符合:$x \geqslant 2a'$,如不符合,则按下式计算:

$$KNe' \leqslant R_g A_s(h_0 - a') \tag{5-5-5}$$

当按式(5-5-5)求得的构件截面强度比不考虑受压钢筋更小时,则计算中不应考虑受压钢筋。

(2)钢筋混凝土矩形截面的小偏心受压构件($x > 0.55h_0$):

$$KNe \leqslant 0.5R_a bh_0^2 + R_g A'_g(h_0 - a') \tag{5-5-6}$$

当轴向力 N 作用于钢筋 A_g、A'_g 两重心之间,还应符合下列要求:

$$KNe \leqslant 0.5R_a bh_0^{'2} + R_g A_g(h'_0 - a) \tag{5-5-7}$$

5.5.3　计算结果分析

1)位移分析

(1)竖向位移分析

不同工况二次衬砌竖向位移云图如图 5-5-4 所示。

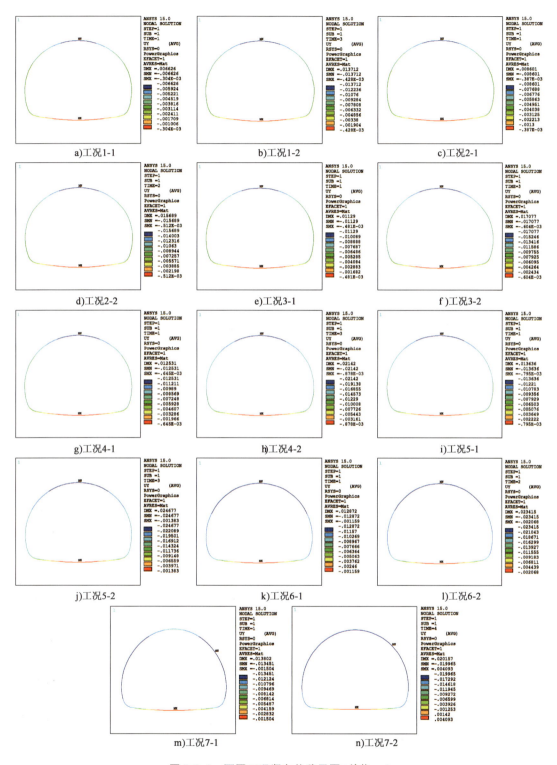

图 5-5-4 不同工况竖向位移云图(单位:m)

由图 5-5-4 可以看出：①二次衬砌荷载作用下，工况 1～工况 6 的竖向变形规律基本一致，变形最大值出现在拱顶、最小值出现在拱底，且均为负值，显示发生沉降；②工况 7 中的竖向变形规律与工况 1～工况 6 差异明显，其最大位移出现在拱腰，其原因为在此工况中设定水平均布压力为 1.2 倍的竖向均布压力；③工况 7-2 中拱底处竖向位移为正值，显示发生隆起，其原因为工况 7 中全断面锚索布置，拱底区域受到锚索失效引发的作用力。

为详细分析锚索失效对二次衬砌竖向位移的影响，提取各工况最大竖向位移，绘制曲线如图 5-5-5 所示。

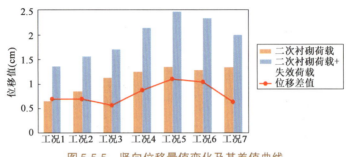

图 5-5-5　竖向位移量值变化及其差值曲线

由图 5-5-5 可以看出：①与"二次衬砌荷载"中的竖向位移量值比较，"二次衬砌荷载+失效荷载"中的位移值均出现了增长，差值在 0.58～1.11cm，显示锚索失效将引发二次衬砌竖向变形；②从差值的具体量值分析，最大值 1.11cm，显示锚索失效对围岩造成的竖向位移扰动较小，其原因为二次衬砌是刚性支护构件，较小变形即可产生较大的支护力，即二次衬砌可很好地、及时弥补锚索失效产生的（对围岩）支护力下降。因此，由于锚索失效导致的岩体物理力学性能下降幅度是较小的，尤其当考虑锚索失效是一个长期的渐进过程时。

（2）水平位移分析

不同工况二次衬砌水平位移云图如图 5-5-6 所示。

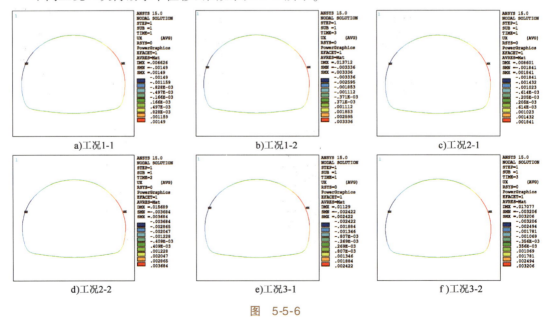

图　5-5-6

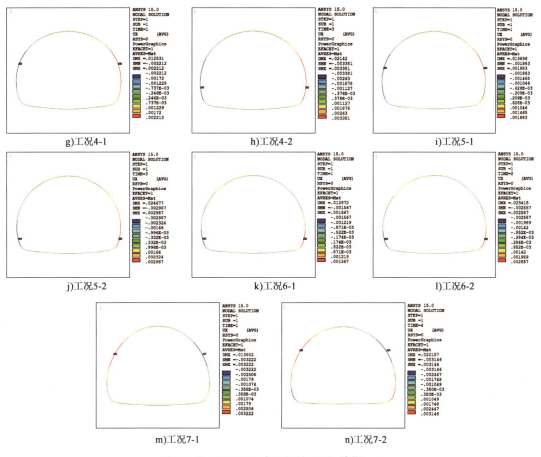

图 5-5-6 不同工况水平位移云图(单位:m)

由图 5-5-6 可以看出:①工况 1~工况 7 中水平变形集中在拱脚以上、拱腰以下的边墙区域;②从水平位移变化规律分析,断面上半部分水平变形一般指向洞内、下半部分指向洞外,其原因为二次衬砌受竖向均布荷载作用,且土层弹簧只受压、不受拉。

为详细分析锚索失效对二次衬砌水平位移的影响,提取各工况最大水平位移,绘制曲线如图 5-5-7 所示。

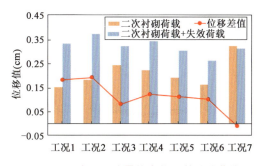

图 5-5-7 水平位移量值变化及其差值曲线

由图 5-5-6 可以看出：①工况 1～工况 6 中的水平位移值，"二次衬砌荷载"＜"二次衬砌荷载+失效荷载"，差值在 0.08cm～0.19cm；工况 7 中的水平位移值，"二次衬砌荷载"＞"二次衬砌荷载+失效荷载"，差值 0.01cm。其原因为工况 7 中拱底布设锚索，其失效后将对拱底产生作用力，限制二次衬砌水平变形。②从差值的量值上分析，最大值 0.19cm，显示锚索失效对围岩造成的水平扰动较小，原因同前述。

2) 结构受力分析

(1) 衬砌弯矩分析

不同工况二次衬砌弯矩云图如图 5-5-8 所示。

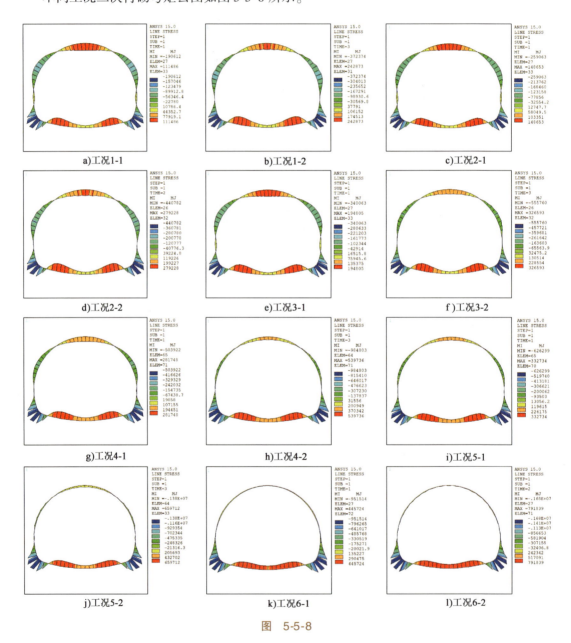

图 5-5-8

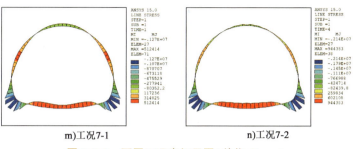

图 5-5-8　不同工况弯矩云图(单位:N·m)

由图 5-5-8 可以看出:①工况 1～工况 7 中二次衬砌弯矩分布规律基本一致,下半断面的弯矩值大于上半断面,且最大弯矩出现在拱脚区域;②对比锚索失效前后,即工况 X-1(X = 1～7)与工况 X-2 比较,弯矩分布规律相似,差异主要集中在量值上,显示锚索失效对弯矩分布规律影响较小,对弯矩的影响主要为改变其量值。

为详细分析锚索失效对二次衬砌弯矩的影响,绘制各工况最大弯矩曲线如图 5-5-9 所示。

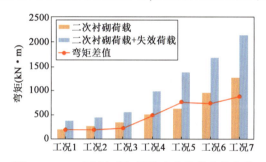

图 5-5-9　二次衬砌弯矩量值变化及其差值曲线

由图 5-5-9 可以看出:①与"二次衬砌荷载"中的弯矩值比较,"二次衬砌荷载 + 失效荷载"中的弯矩值均出现了明显增长,差值在 181.7～870kN·m,增幅 63%～120%,显示锚索失效将引发二次衬砌弯矩大幅增加;②从弯矩量值、弯矩差值的变化角度分析,量值与差值均逐渐增大,显示随围岩挤压度增加,二次衬砌弯矩逐渐增大的同时,因锚索失效而引发的弯矩增加量亦逐渐增大。

(2)衬砌轴力分析

不同工况二次衬砌轴力云图如图 5-5-10 所示。

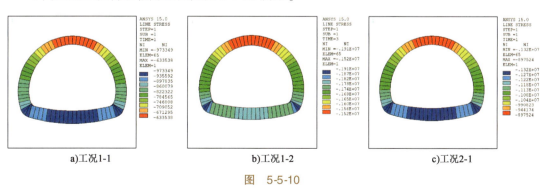

图 5-5-10

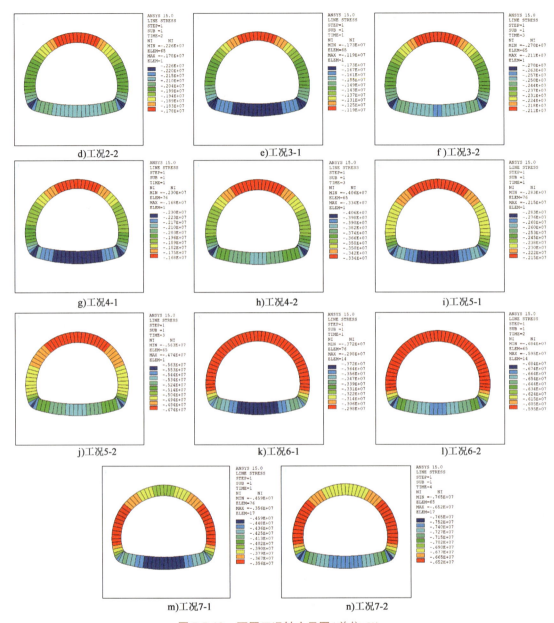

图 5-5-10 不同工况轴力云图(单位:N)

由图 5-5-10 可以看出:①工况 1～工况 7 中二次衬砌轴力均为负值,表明二次衬砌受压;②对比锚索失效前后,即工况 X-1($X=1\sim7$)与工况 X-2 比较,轴力分布规律出现差异,锚索失效前后的轴力最小值位置(深红色)基本不变,但最大值位置(深蓝色)出现明显变化,即锚索失效前轴力最大值主要出现在拱底区域,锚索失效后轴力最大值均出现在拱脚位置。

为详细分析锚索失效对二次衬砌轴力的影响,绘制各工况最大轴力曲线如图 5-5-11 所示。

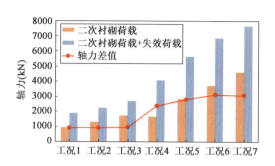

图 5-5-11 二次衬砌轴力量值变化及其差值曲线

由图 5-5-11 可以看出：①与"二次衬砌荷载"中的轴力值比较，"二次衬砌荷载+失效荷载"中的轴力值均出现了明显增长，差值在 936.7~3120kN，增幅 56%~142%，显示锚索失效将引发二次衬砌轴力大幅增加；②从弯矩量值、弯矩差值的变化角度分析，量值与差值均逐渐增大，显示随围岩挤压度增加，二次衬砌轴力逐渐增大的同时，因锚索失效而引发的轴力增加量亦逐渐增大。

3）结构安全性分析

图 5-5-12 为二次衬砌监测点示意图，提取图中监测点弯矩与轴力，并根据 5.5.2 节安全系数计算方法和二次衬砌参数（表 5-5-8），计算高强预应力锚索系统失效前后安全系数，如图 5-5-13 所示。

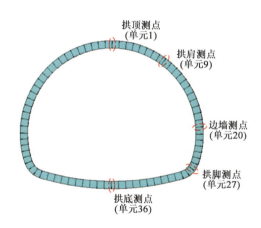

图 5-5-12 二次衬砌监测点示意图

二次衬砌设计参数　　　　表 5-5-8

工况	钢筋					C30 混凝土		二次衬砌厚度
	A_g (m²)	A'_g (m²)	R_g (MPa)	a (m)	a' (m)	R_w (MPa)	R_a (MPa)	h (m)
工况 1~3	0.00152	0.00152	400	0.06	0.06	28.1	22.5	0.44
工况 4~5	0.00245	0.00245	400	0.06	0.06	28.1	22.5	0.49
工况 6~7	0.00245	0.00245	400	0.06	0.06	28.1	22.5	0.59

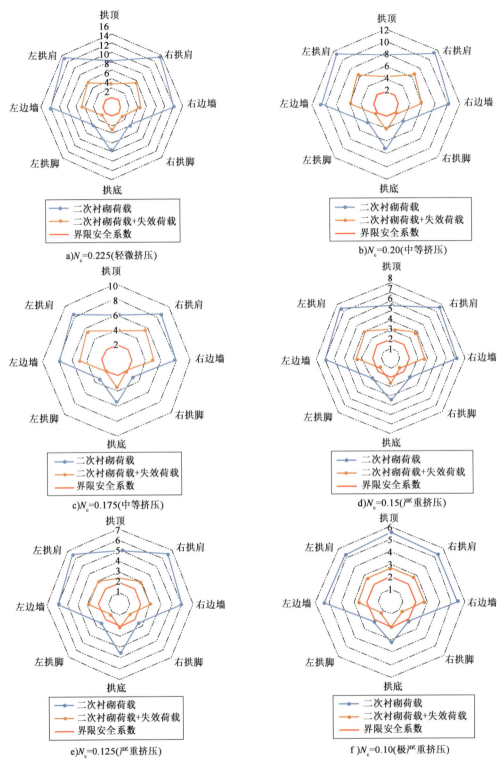

图 5-5-13

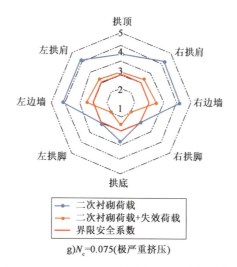

g) $N_c=0.075$(极严重挤压)

图 5-5-13　不同工况下高强预应力锚索系统失效前后安全系数分布

由图 5-5-13 可以看出：

(1) 从整体规律上看，拱顶、边墙、拱底安全系数明显大于拱脚位置，且"二次衬砌荷载"与"二次衬砌荷载 + 失效荷载"中的安全系数分布规律一致，表明锚索失效对安全系数的分布规律无明显影响，最小安全系数仍出现在拱脚位置。

(2) 锚索失效后（"二次衬砌荷载 + 失效荷载"）的结构安全系数明显减小。以拱脚处的最小安全系数为例，锚索支护时（"二次衬砌荷载"），工况 1-1~工况 7-1 的安全系数分别为 5.6、4.3、3.3、2.9、2.5、2.1、2，均大于界限安全系数 2，显示二次衬砌结构安全；作为对比，工况 1-2~工况 7-2 中的安全系数分别为 2.9、2.4、2.1、1.5、1.3、1.2、1.0，显示围岩挤压严重、极严重时，当锚索失效后，拱脚位置的安全系数将小于 2，但大于 1，显示结构存在安全风险。需要说明的是，衬砌结构设计中拱脚位置一般进行加厚，同时，计算中采用的衬砌荷载应是偏于安全的，且考虑到的是锚索完全失效的极端工况，因此，虽计算的安全系数为 1~2，衬砌结构仍是基本安全的。

(3) 工况 1~工况 7 中"二次衬砌荷载"安全系数与"二次衬砌荷载 + 失效荷载"安全系数的比值范围，依次为 1.90~2.10、1.51~1.57、1.66~1.81、1.69~1.95、1.92~2.24、1.65~2.03、1.5~2.00，因此，为考虑锚索失效导致的结构安全性降低，一次支护体系衬砌结构的界限安全系数可取 4.5（即 2×2.25）。

5.6　本章小结

本章提出了适用于软岩隧道可实现主动支护效应的一次支护体系，并以新研本构模型为基础，采用资料调研、数值仿真、理论分析相结合的方法，开展了高强预应力锚索系统关键参数设计研究、钢架和喷射混凝土支护参数设计研究以及二次衬砌支护时机与安全性分析研究，得到的主要结论如下。

(1)提出了以高强预应力锚固系统为支护核心,联合传统钢拱架、喷射混凝土、二次衬砌等组成的新型一次(组合型)支护体系:①"一次"采用高强预应力锚固系统加固、提升围岩;②"二次"采用轻型钢架+喷射混凝土保护围岩,协同高强预应力锚固系统全断面支护围岩;③"三次"采用模筑混凝土衬砌,形成长期安全可靠的支护体系。其中,高强预应力锚固系统支护形式应为"单孔单束",结构组成为"锚索体+垫板+锚具+树脂锚固剂+表面协同支护构件",并具备三个特征:①具有足够的支护强度与刚度;②能充分实现预应力在围岩当中的扩散;③具有足够的延伸率和冲击韧性。

(2)设定高强预应力锚索关键设计参数取值原则如下(以三台阶工法为例)。

①轻微挤压:可采用等长3~4m短锚索支护上台阶,锚索预应力250kN,支护密度(环向×纵向)1.2m×1.0m。

②中等挤压:可采用等长4~5m短锚索支护上、中台阶,锚索预应力250kN,支护密度(环向×纵向)(1.2m~1.0m)×1.0m。

③严重挤压:需采用5~7m锚索支护上、中、下台阶,锚索预应力300~350kN,支护密度(环向×纵向)(0.8m~0.6m)×1.0m。其中锚索长度>5m时,宜采用短、长组合方式,以等长7m为例,宜采用6m+8m组合模式。

④极严重挤压($N_c \geq 0.075$):需采用等长≥8m锚索支护全断面,锚索预应力400kN,支护密度(环向×纵向)0.6m×1.0m。其中锚索长度为8m时,宜采用7m+9m短、长组合方式。需要指出的是,极严重挤压时,采用的锚索长度较长,施工经济性及可行性将下降,同时当挤压度增加($N_c < 0.075$),若仍采用高强预应力锚索系统,锚索长度将继续增加,工程可行性逐步降低。为此,应采用具备恒阻让压功能的高强预应力锚索系统,以减小锚索支护长度,并确保锚固系统结构安全性。

(3)确定不同挤压度下匹配高强预应力锚索系统的喷射混凝土、钢架支护参数如下。

①轻微挤压:可采用"C25混凝土(厚22cm)+全环I20a钢架(1榀/1.2m)"。

②中等挤压:可采用"C25混凝土(厚25cm)+全环I20a钢架(1榀/1.2m)"。

③严重挤压:可采用"C25混凝土(厚25~30cm)+全环HW175钢架[1榀/(0.8~0.6)]"。

④极严重挤压($N_c \geq 0.075$):可采用"C30混凝土(厚30cm)+全环HW175钢架(1榀/0.6m)"。

(4)确定二次衬砌支护时机如下。

①轻微挤压:计算初期支护变形稳定时间为28d,由此确定二次衬砌支护时机为30~35d,并要求变形速率小于2mm/d。

②中等挤压:计算初期支护变形稳定时间为30d、34d,由此确定二次衬砌支护时机为35~40d,并要求变形速率小于2mm/d。

③严重挤压:计算初期支护变形稳定时间为40d、44d,由此确定二次衬砌支护时机为45~50d,并要求变形速率小于2mm/d。

④极严重挤压:计算初期支护变形稳定时间为45d、68d,由此确定二次衬砌支护时机应>45d,并要求变形速率小于2mm/d。

(5)考虑锚索失效导致的结构安全性降低,一次支护体系衬砌结构的界限安全系数建议取4.5。

第 6 章
挤压型隧道一次支护体系工程实践

以高强预应力锚索系统为核心,联合传统钢拱架、喷射混凝土、二次衬砌等组成的一次(组合型)支护体系,在实践中尤其强调主动支护施作的及时性、有效性。本章在总结一次支护体系关键配套工艺技术的基础上,开展应用实践研究。典型工程应用包括:在一般围岩挤压段中的应用、在严重围岩挤压段中的应用、在断面加宽段中的应用、在2号斜井进正洞挑顶施工中的应用,以及在协同机械化开挖中的应用。

6.1 一次支护体系关键配套工艺技术

6.1.1 高强预应力锚索系统关键工艺技术

图6-1-1为高强预应力锚索系统的全工序施工工艺流程。图6-1-2为高强预应力锚索系统关键工序施工现场。

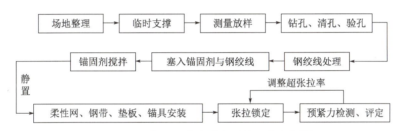

图6-1-1 高强预应力锚索系统工艺流程图

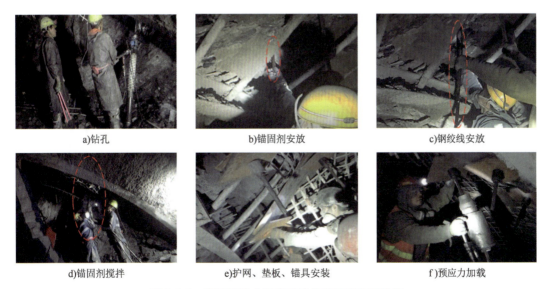

图6-1-2 高强预应力锚索系统关键工序施工现场

分析高强预应力锚索系统工艺流程,关键工艺参数主要为"三径匹配"、锚固剂组合、动力搅拌参数、静置时间以及张拉控制参数等。

(1) 三径匹配。高强预应力锚索系统的优选匹配"三径"为：锚孔直径 30mm、索体直径 21.8mm、树脂锚固剂直径 23mm。

(2) 锚固剂组合。一般地段，锚固剂应优先选用中速锚固剂。当锚孔出水流量较大时，锚固剂可优选快速锚固剂；当使用两支或两支以上不同型号的树脂锚固剂时，应按锚固剂凝胶时间先快后慢的顺序将锚固剂依次放入锚杆孔。

(3) 动力搅拌参数。动力搅拌参数的核心为搅拌推进时间，考虑树脂锚索实际施工中，尤其是对长锚索，受到锚孔狭长环境制约，搅拌过程放热会快速让锚固系统升温，致使初凝（凝胶）时间大幅缩短，为此，搅拌时间可适当小于规范推荐值。

(4) 静置时间。静置时间不得小于《树脂锚杆 第1部分：锚固剂》(MT/T 146.1—2011)的要求；有条件时可适当延长静置时间：快速锚固剂 >5min，中速锚固剂 >10min。

(5) 张拉控制参数。张拉过程中，每次张拉位移应控制在不大于90%的千斤顶最大行程，以避免到顶后出现的张拉力"失真"现象；应进行不少于2~3次的全过程张拉，以减小后期预应力损失；考虑张拉锁定过程的预应力损失，应进行超张拉，超张拉率可取理论损失率的1.2~1.5倍。

6.1.2 一次支护体系施工工序

一次支护体系采用的支护理念是在改善岩体力学性能基础上的"抗"，为此，传统以支撑优先的施工工序将改变。具体而言，为实现"及时主动"，洞室开挖后，即刻进行高强预应力锚索系统的施作，而后再进行钢架施工、喷射混凝土以及二次衬砌等支护施工。可概述为："一次"采用高强预应力锚索系统加固、提升围岩稳定性；"二次"采用钢架+喷射混凝土等常规支护保护围岩，并协同预应力系统，共同支护围岩；"三次"采用混凝土模筑衬砌，实现挤压大变形隧道"一次"支护成功。图 6-1-3 所示为一次支护体系施工工艺流程图（三台阶工法）；图 6-1-4 所示为施作完成的高强预应力锚索系统；图 6-1-5 所示为一次支护体系的施工效果。

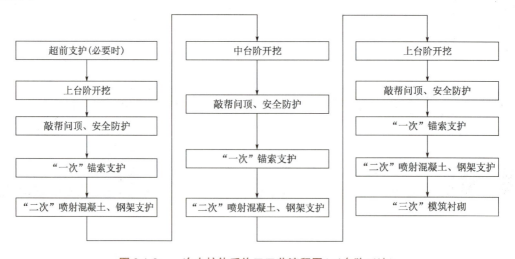

图 6-1-3　一次支护体系施工工艺流程图（三台阶工法）

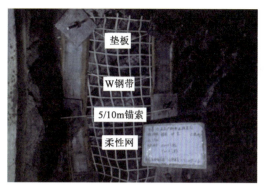

图6-1-4 完成的高强预应力锚索系统

图6-1-5 一次支护体系支护效果

6.1.3 一次支护体系"人、机、料"配置

与传统锚网喷支护体系不同,一次支护体系突出了"预应力锚"的核心地位,结合一次支护体系施工工序可知,其与传统支护体系的最大不同即为高强预应力锚索系统。为此,针对一次支护体系的"人、机、料"配置,关键在于解析高强预应力锚索系统的"人、机、料"配置。

1) 人员(劳动力)配置

高强预应力锚索系统采用全新的施工工序,其"施工地位"与拱架、喷射混凝土、二次衬砌相同,需单独组织一个专业型的施工班组。以木寨岭公路隧道为例,详细人员需求见表6-1-1。

人员需求　　　　　　　　　　　　　　　　　　表6-1-1

序号	职务(工种)	人数	备注
1	队长	1	一个班组的人员需求
2	锚索施工人员	10~15	
3	专职安全员	1	
4	保障人员	1~2	
5	技术资料员	1	

2) 机械配置

高强预应力锚索系统施工需用的主要机械设备有气动锚杆钻机、风动气腿式凿岩机、手持式气动帮锚杆钻机、钢绞线张拉机具、电动空气压缩机、型材切割机、载货汽车、液压支柱等,详见表6-1-2。

机械需求　　　　　　　　　　　　　　　　　　表6-1-2

序号	设备名称	实物图示	用途	型号
1	气动锚杆钻机		配合六棱钎杆与聚晶金刚石复合片(PDC)钻头使用,或配合锚索搅拌器使用	MQT-130/3.2

续上表

序号	设备名称	实物图示	用途	型号
2	风动气腿式凿岩机		配合六棱钎杆与冲击钻头使用	YT28
3	手持式气动帮锚杆钻机		配合锚索搅拌器使用	ZQS-50/2.3S
4	钢绞线张拉机具		张拉锚索	MQ22-300/63
5	电动空气压缩机		为风动机具,包括钻机与张拉机具,提供动力	—
6	型材切割机		切割防腐无黏结钢绞线	—

续上表

序号	设备名称	实物图示	用途	型号
7	载货汽车		为洞内运送施工材料	—
8	液压支柱		维持拱顶稳定,减少掉块发生	DW25-30/100B

3）材料配置

高强预应力锚索系统施工中的材料主要为锚索系统的组成材料与钻机的耗材,详见表6-1-3。

材料需求　　　　　　　　　　　　　　　表6-1-3

序号	材料名称	实物图示	型号
1	防腐无黏结钢绞线		1×19S-21.8mm-1860MPa
2	W钢带		Q235、宽280mm

续上表

序号	材料名称	实物图示	型号
3	垫板		30cm×30cm×1.6cm
4	钢筋		φ19 或 φ22mm,每根长度为 1m
5	PDC 钻具	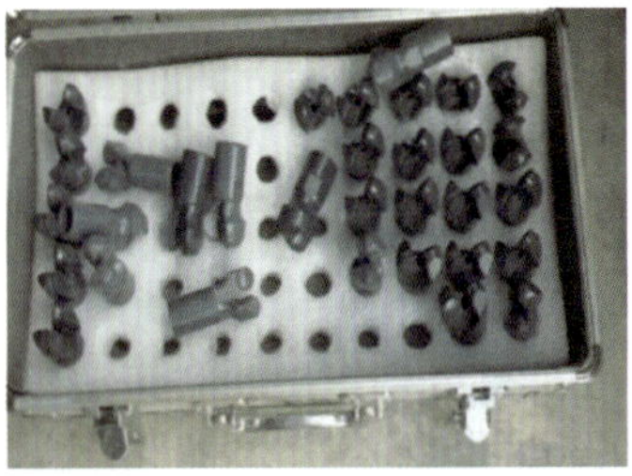	φ28mm 双翼内凹型
6	聚酯纤维柔性网		JD PET 120×120MS,网格尺寸 100mm×100mm
7	树脂锚固剂	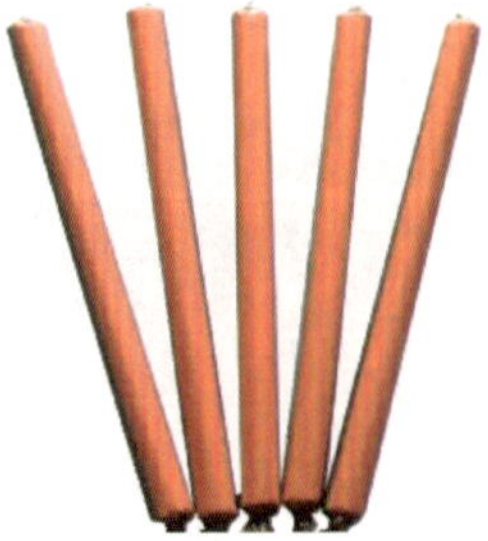	CKa、CK、Z

续上表

序号	材料名称	实物图示	型号
8	锚具		KM22-1770/1860
9	锚索搅拌器		MSJ22/B19

6.1.4 一次支护体系施工优化措施

在践行一次支护体系的基础上,围绕开挖工法、支护技术以及辅助措施等,以木寨岭公路隧道为工程依托,开展了大量施工优化措施研究。

1)施工工法与开挖方法优化

根据现场围岩具体情况,中、下台阶采取左右侧错进开挖方式。例如掌子面围岩"左差右好"时,采取左侧在前进行施工组织,如此则实现了对左侧围岩的及早支护加固,如图6-1-6a)所示。同时,针对揉皱发育的炭质板岩段,部分段落采用铣挖机进行开挖,降低爆破扰动对围岩变形的不利影响,如图6-1-6b)所示。

a)左右侧错进三台阶开挖法

b)机械式开挖

图6-1-6 施工工法与开挖方法

2)"锚+架+喷+衬"系统优化

(1)注浆导管替代中空注浆锚杆

正常与轻微挤压大变形段落取消中空注浆锚杆。严重挤压大变形段落,采用φ42mm注浆导管替换中空注浆锚杆,并增加φ89mm注浆导管(长度6m,每循环2根,分别布置在上中台阶、中下台阶连接钢板部位的上方30~50cm处,斜向前下方约10°),如图6-1-7所示。

a)钻孔施工 b)施作完成后效果

图6-1-7 φ42mm、φ89mm注浆导管加固

注浆在初期支护完成后,根据断面量测数据,位移达到2/3预留变形时进行注浆加固,既能减小浆液损失,又可顺利实现注浆。注浆浆液采用高强快硬硫铝酸盐水泥浆液,凝固速度快,对快速变形段落围岩具有较好的加固效果,可减小25%~50%的日变形速率。

(2)H型钢拱架工艺改进

针对严重挤压变形段落钢拱架采用大拱脚工艺[图6-1-8a)]施工,并在拱脚设置强度等级C30、尺寸为32mm×24mm×8cm的预制混凝土垫块[图6-1-8b)],采用双排锁脚锚管[图6-1-8c)]进行锁固。

a)大拱脚 b)大尺寸混凝土垫块 c)双排锁脚锚管

图6-1-8 钢拱架工艺改进

(3)初期支护混凝土添加抗裂纤维

在部分大变形段落,为降低初期支护开裂程度及减小掉块概率,在喷射混凝土中添加了硬化抗裂合成纤维(用量约4kg/m³),如图6-1-9所示。结果显示,该工艺对防治喷射混凝土开裂有一定效果,但喷射混凝土施工难度加大。

a)室内配置

b)添加操作

图 6-1-9　添加抗裂纤维

(4)二次衬砌、仰拱及填充三缝合一

木寨岭隧道围岩软散,拱墙部位变形较大,仰拱部位承载力相对偏弱,容易造成二次衬砌混凝土不规则裂缝。在施工过程中,将二次衬砌、仰拱及填充施工缝调整到同一横断面(图 6-1-10),有效减少了二次衬砌混凝土的开裂。

3)地下水处理

炭质板岩、炭质千枚岩及软弱夹层地段,遇水软化明显,且木寨岭山体潜水空隙基本贯通,水压力对隧道支护体系影响较大。基于此,采取了对富水段落预埋泄水管的处理措施(图 6-1-11),可降低水压对初期支护结构的早期破坏,并减弱地下水对围岩的软化效应。

图 6-1-10　三缝合一

图 6-1-11　预埋的泄水管

6.2　一次支护体系在一般挤压段的应用

6.2.1　概述

根据乌鞘岭隧道、关角隧道,兰渝铁路、襄渝线、成兰铁路等已建成的挤压性围岩隧道修建经验,在一般挤压段(变形等级判定为一、二级)中采用 I20、I22、H175 等刚度较大的型钢钢架,配中短锚杆支护体系,多数可控制围岩大变形发生。具体支护参数见表 6-2-1、表 6-2-2。

国内中、小跨度($B \leq 12m$)隧道主要支护参数统计表　　　　表 6-2-1

变形等级		一	二
喷射混凝土		喷射 27cm 厚 C25 混凝土	喷射 30cm 厚 C25 混凝土
预留变形量(cm)		10~20	20~30
锚杆	系统锚杆	长 4m,间距 1.2m×1.2m(环向×纵向)	长 4~8m,间距 1.2m×1.2m(环向×纵向)
	锁脚锚杆	ϕ42mm 小导管,长 4.0m	
钢架		I20a 型钢,1 榀/(0.8~1.0m),全环设置	I22a 或 H175 型钢,1 榀/(0.8~1.0m),全环设置
径向注浆			边墙 ϕ42mm 径向注浆小导管,长 4.0m,间距 1.2m×1.2m
二次衬砌		钢筋混凝土,厚度 45cm	钢筋混凝土,厚度 50cm

国内大跨及以上($B>12m$)隧道主要支护参数统计表　　　　表 6-2-2

变形等级		一	二
喷射混凝土		喷射 30cm 厚 C25 混凝土	喷射 30cm 厚 C25 混凝土
预留变形量(cm)		15~25	25~35
锚杆	系统锚杆	长 4m,间距 1.2m×1.2m(环向×纵向)	长 4~8m,间距 1.2m×1.2m(环向×纵向)
	锁脚锚杆	ϕ42mm 小导管,长 4.0m	ϕ42mm 小导管,长 6.0m
钢架		I22a 型钢,1 榀/(0.8~1.0m),全环设置	H175 型钢,1 榀/(0.8~1.0m),全环设置
径向注浆			边墙 ϕ42mm 径向注浆小导管,长 4.0m,间距 1.2m×1.2m
二次衬砌		钢筋混凝土,厚度 50cm 或 55cm	钢筋混凝土,厚度 55cm 或 60cm

由表 6-2-1、表 6-2-2 可以看出,对于一般挤压围岩段,目前采用的支护措施仍主要是传统锚网喷的复合型支护体系,实施中重点关注拱架与喷射混凝土的支护刚度、强度。同时,锚杆采用中空注浆锚杆,强调了使用注浆锚杆以及注浆等措施对围岩进行加固与支护,核心支护理念是增加(被动)支护力。此处说明一点,上述参数应用于一般挤压围岩段时,仍出现了较多的初期支护开裂现象,也在部分隧道中出现了围岩大变形与初期支护拆换。

木寨岭公路隧道(原)设计支护体系为强力支护体系,其支护参数与表 6-2-2 相似。在斜井的早期施工过程中发现 I20a 型钢拱架频繁出现扭曲,支护强度明显偏低,为此变更了拱架型钢,将 I20a 型钢变更为 HW175 型钢,并在一段时间内取得了较好的支护效果,型钢拱架扭曲现象大幅减少。但随着围岩挤压程度逐渐增大,围岩大变形与初期支护拆换仍频繁发生,例如 2 号斜井段初期拆换率就达 30% 以上。

6.2.2 工程案例1:5m 锚索

1)工点概况与支护设计

为论证一次(初期)支护体系在一般挤压围岩中的适用性与有效性,据地勘资料,选择在 YK218+840~YK218+880 段开展了对比分析,其中 YK218+840~YK218+860 段为一次支护段,YK218+860~YK218+880 段为 SVc 支护段。表 6-2-3 为施工揭示的围岩地质情况,由表可看出两者的地质情况较为一致;表 6-2-4 为初期支护参数。试验中在 YK218+850.4 和 YK218+869.2 断面对钢架应力进行了监测。

YK218+840~YK218+860 段和 YK218+860~YK218+880 段围岩地质情况　表 6-2-3

起止里程桩号	YK218+840~YK218+860（一次支护）	YK218+860~YK218+880（SVc）
岩性	以炭质板岩为主,夹砂岩	
破碎程度	岩体破碎、节理裂隙发育	
岩层走向	与隧道轴线基本平行	
层厚	薄层状结构,层厚<5cm	
地下水	潮湿、局部滴水	

YK218+840~YK218+860 段和 YK218+860~YK218+880 段初期支护参数　表 6-2-4

	起止里程桩号	YK218+840~YK218+860（一次支护）	YK218+860~YK218+880（SVc）
径向支护参数	锚杆(索)形式	预应力锚索 $L=5$m	中空注浆锚杆 $L=4$m
	预紧力(kN)	350	—
	锚固长度(m)	≥1.2	—
	锚杆(索)间距	1.0m×0.8m(环向×纵向)	
	锚杆(索)数量	25 根	
	环向支护参数	喷射 25cm 厚 C25 混凝土+I20a、间距 80cm 拱架	喷射 25cm 厚 C25 混凝土+HW175、间距 80cm 拱架
	预留变形量(cm)	35	20

2)试验结果分析

(1)围岩位移分析

绘制一次支护段 YK218+845、YK218+850、YK218+855 和 SVc 支护段 YK218+865、YK218+870、YK218+875 共 6 个断面的拱顶沉降与拱腰收敛时程曲线,如图 6-2-1、图 6-2-2 所示。

从图 6-2-1、图 6-2-2 可以看出,一次支护段和 SVc 支护段的测点/线位移随时间变化规律基本一致,均大致表现为"先快后缓再稳定"的变化规律。总体上,一次支护段 YK218+845、YK218+850、YK218+855 断面的位移数据明显小于 SVc 支护段,变形稳定时间也明显变小。

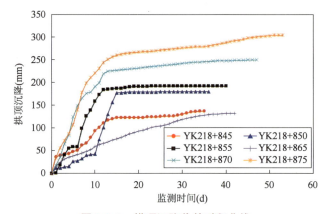

图 6-2-1 拱顶沉降收敛时程曲线

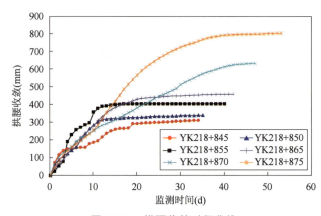

图 6-2-2 拱腰收敛时程曲线

为详细分析不同支护体系对位移的控制效果,不同支护下拱顶沉降和拱腰收敛范围与平均值见表 6-2-5,绘制各断面拱顶沉降、拱腰收敛最终值随里程变化曲线如图 6-2-3 所示。

不同支护体系下隧道变形数据　　　　　表 6-2-5

区段	拱顶沉降(mm)	拱腰收敛(mm)	拱顶沉降平均值(mm)	拱腰收敛平均值(mm)
SVc 支护段	132~304	459~803	246.50	486.00
一次支护段	137~192	310~401	169.75	330.25

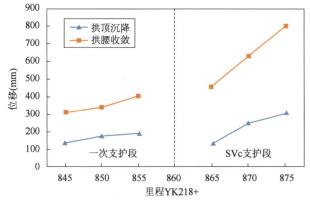

图 6-2-3 拱顶沉降和拱腰收敛最终值变化曲线

从表6-2-5和图6-2-3中可以看出,一次支护段拱顶沉降、拱腰收敛区间和相应平均值均明显小于SVc支护段。其中,拱顶、边墙平均位移减小量分别为76.75mm、155.75mm,减幅达到31%、32%。结合表6-2-4支护参数分析,在弱化传统支护构件(HW175型钢变成I20a型钢)基础上,仅将常规全长黏结锚杆($L=4.0$m)替换为高强预应力锚索系统($L=5.0$m),围岩位移即出现大幅度减小,显示了以高强预应力锚索为核心的一次支护体系具备的良好支护性能,支护效果优于传统纯被动支护体系。

(2)钢架应力分析

图6-2-4所示为钢拱架应力测点布置及现场安装和测量。绘制YK218+850.4、YK218+869.2监测断面拱架应力变化曲线,如图6-2-5所示。

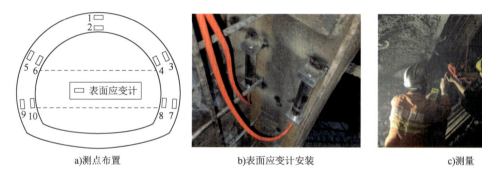

a)测点布置　　　　b)表面应变计安装　　　　c)测量

图6-2-4　拱架应力监测

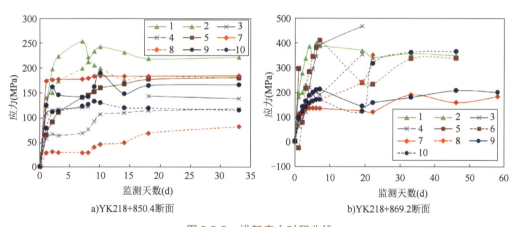

a)YK218+850.4断面　　　　b)YK218+869.2断面

图6-2-5　拱架应力时程曲线

由图6-2-5可以看出:

①YK218+850.4断面的钢架应力总体呈现出"先增后平"的变化规律,规律性较为明显,在监测15d后拱架受力基本趋于稳定;YK218+869.2断面的钢架应力规律性差,在监测30d内多处有明显变化,如监测点10在监测第19d应力突然增大。上述现象与围岩的变形发展密切相关。监测数据显示:YK218+869.2断面的拱腰收敛在开挖后40d内未能有效收敛;而YK218+850.4断面在开挖后15d左右即能够有效收敛。

②对于拱架最终受力进行分析,YK218+850.4、YK218+869.2断面的钢架应力分布于81.1~221.0MPa、182.2~467.4MPa。需要说明的是,YK218+869.2断面中的467.4MPa来

自于监测第19d的3号测点(右拱腰外侧),后续出现了数据失真,推测测点已出现破坏。设拱架受力验算保守取值为375MPa,计算得到YK218+850.4断面的最小安全系数仅为1.7,结构安全性低,现场观测显示右拱腰位置出现了明显的外鼓变形。

由上述分析可看出,高强预应力锚索系统的应用使得支护体系更趋安全,并呈现出了更佳的支护整体性,即快速趋向于稳定受力。

6.2.3 工程案例2:5m+10m锚索

1)工点概况与支护设计

(1)施工揭示情况

木寨岭公路隧道右线里程YK218+075~YK218+035段围岩以炭质板岩为主,夹杂砂质板岩,黑色,薄层状结构,层厚0~5cm,含石英夹层;岩体破碎,呈裂隙块状结构,节理裂隙发育;岩体强度较低,整体性差,自稳能力弱,易掉块;岩层走向与隧道轴线方向基本垂直,并且变化较大,局部滴水。原设计初期支护形式为SVc型衬砌。

YK218+065断面监测数据显示(图6-2-6),拱顶沉降接近35cm,上台阶收敛值达70cm,总体位移量接近预留变形量,变形量接近初期支护极限承载能力,且极易发生侵限。同时,变形稳定时间超过54d,历时长,显示支护结构未能对围岩进行有效控制,增加了二次衬砌后期的安全风险。

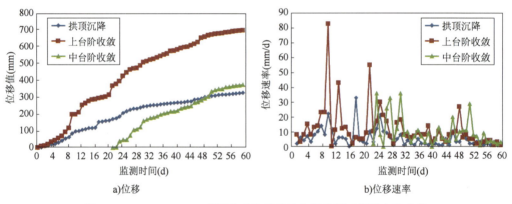

a)位移　　　　b)位移速率

图6-2-6　YK218+065断面位移和位移速率随监测时间的变化曲线

(2)支护设计

基于YK218+065断面位移数据反演分析地质参数,后经数值分析、理论计算与工程类比,实际变更里程YK218+055~YK218+035段的初期支护形式为:高强预应力长、短锚索支护系统+喷射混凝土(含钢筋网)+钢拱架。

高强预应力锚索系统布设参数:短锚索5.0m,长锚索10.0m,沿隧道纵向交叉布设,即一环短锚索一环长锚索。预紧力设计,短锚索350kN($\approx 0.58 \times 600$kN),长锚索400kN($\approx 0.67 \times 600$kN);树脂端部锚固,短锚索锚固长度不小于1.2m,长锚索锚固长度不小于1.5m,设计抗拔力大于500kN。锚索环向间距1.0m,纵向间距0.8m(与钢架间距相协调),上台阶13根,中台阶6根,合计每环19根,如图6-2-7所示。

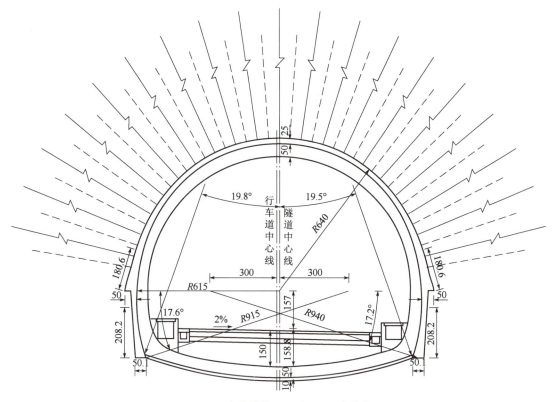

图 6-2-7 一次支护体系设计图（尺寸单位：cm）

2）试验结果分析

断面 YK218+045 监测位移与位移速率随监测时间的变化曲线如图 6-2-8 所示。

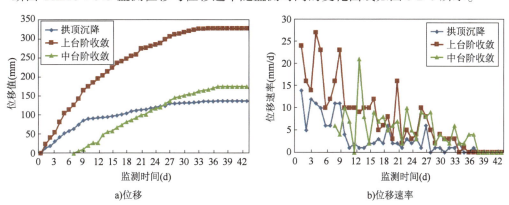

a）位移 b）位移速率

图 6-2-8 YK218+045 断面位移和位移速率随监测时间的变化曲线

如图 6-2-8 所示，YK218+045 断面（一次支护）拱顶沉降 13.7cm，最大收敛值 32.7cm，变形稳定时间 34d。对比 YK218+065 断面（SVc），沉降减小 21.3cm，降低 61%；收敛值减小 37.3cm，降低 53%；变形稳定时间减少 20d，降低 37%。上述量值变化显示，高预应力短、长锚索联合支护对围岩变形起到了很好的控制作用，大幅度减小了围岩变形量，并缩短了围岩的变形稳定时间。

6.2.4 工程应用小结

(1)软岩大变形隧道中以预应力锚索为核心的一次支护体系具备良好的支护性能:在弱化传统支护构件(HW175 型钢变成 I20a 型钢)基础上,仅将常规全长黏结锚杆($L=4.0m$)替换为小孔径树脂锚固预应力锚索系统($L=5.0m$),围岩位移即出现明显减小;同时,支护体系更趋安全,并呈现出了更佳的支护整体性,即快速趋向于恒定受力。

(2)在采用 5m+10m 组合锚索实践中,位移减小幅度超过 50%,支护收益(变形控制)大于采用 5m 等长锚索工况的 30% 左右。

6.3 一次支护体系在严重挤压段的应用

6.3.1 工点概况

1)工程地质条件

木寨岭公路隧道左线 ZK219+556.7~ZK219+616.7 段(60m)地勘资料显示(图 6-3-1):该段为断层破碎带,断层为压扭性质,破碎带填充物主要为断层压碎岩,胶结较差,局部无胶结,呈碎裂状松散结构,原岩以炭质板岩为主。岩体破碎,未能取到代表性岩样。围岩稳定性差,初期支护不及时易产生大变形甚至大坍塌。由于岩体节理裂隙极发育且连通性好,因此地下水渗流通道较好,水量较大,施工时可能出现淋雨状或涌流状出水。

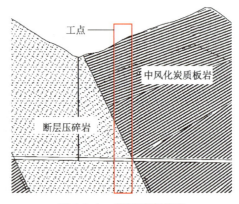

图 6-3-1 纵断面地质图

2)设计支护方案

木寨岭公路隧道左线 ZK219+556.7~ZK219+616.7 段(60m),原设计为 SVf 型衬砌结构。考虑到 SVf 型衬砌难以适应断层破碎带围岩变形控制需要,在开挖前对衬砌结构设计进行了主动调整。

(1)调整后的支护方案以高强预应力锚索系统为核心,锚索支护采用长度 500cm 和 1000cm 两种形式,间隔布置(即一个循环长度 500cm,下一循环长度 1000cm),环向间距 100cm,纵向间距 80cm,每环 21 根,支护上、中、下台阶,加载预紧力 300kN;钢拱架类型为 I20a

型钢(含仰拱),间距80cm/榀;其余支护参数与原SVf型衬砌一致。

(2)采用三台阶法施工。

3)围岩变形分析

ZK219+571~ZK219+587段施工过程中受围岩复杂多变影响,初期支护变形相对较大,2021年10月23日,变形速率突然加大,最大收敛速率达87mm/d,施工单位及时采用补打锚索等应急处置措施,效果不佳。2021年10月26日,最大累计收敛为648mm,导致拱架扭曲变形失效并侵限,如图6-3-2所示;事发当日暂停掌子面施工,对变形侵限段进行拆换拱处理。

图6-3-2 围岩大变形

围岩变形原因主要包括以下两点:

(1)围岩条件差(图6-3-3)。开挖揭示该段围岩主要为中风化黑色炭质板岩,薄层状结构,岩体破碎,裂隙发育,构造面复杂多变,岩层倾角、走向变化频繁;开挖后掉块垮塌严重,呈面状松散状态。

图6-3-3 ZK219+571~ZK219+587段典型掌子面围岩照片

(2)支护体系承载能力不足。设计参数下的预应力锚索形成的预应力承载结构无法抵抗由隧道开挖引起的不平衡力,这是导致大变形发生的主要原因。该段的支护方案与前段保持一致,但围岩岩性相较于前段明显变差,因此总体而言,支护方案偏弱。

6.3.2 一次支护体系设计与实践

1)支护方案设计

鉴于原一次支护体系方案未能有效控制围岩变形,将ZK219+588~ZK219+616.7段锚索支护参数进行上调:锚索仍采用500cm和1000cm两种长度,间隔布置;锚索根数增至21根,支护上、中、下三台阶分别布设15根、4根、2根;锚索支护间距为1.0m×0.6m(环向×纵向);钢拱架采用H175型钢,间距60cm;其余参数同SVf型衬砌结构,如图6-3-4所示。

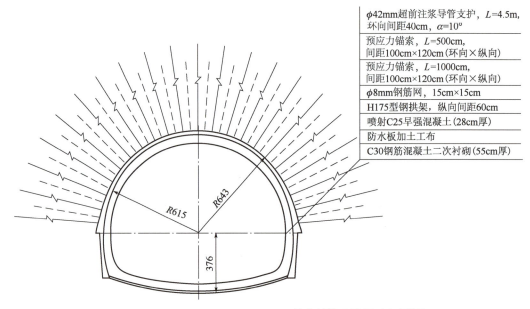

图6-3-4　ZK219+588~ZK219+616.7衬砌结构设计图(尺寸单位:cm)

2)应用效果分析

(1)围岩变形分析

从ZK219+560断面起每间隔5m提取各测点监测数据并绘制成曲线,如图6-3-5所示。

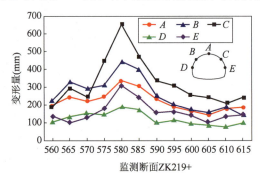

图6-3-5　ZK219+560~ZK219+615各测点变形曲线

由图6-3-5可以看出:采用增强后的锚索支护方案,测点变形量均小于预留变形量35cm,支护取得成功;同时,ZK219+600~ZK219+615段的变形量整体也明显小于ZK219+560~ZK219+570段,较明确地显示出了增强锚索支护方案可使围岩变形得到进一步控制。

(2)锚索受力分析

ZK219+600断面布置5个锚索轴力监测点,获取锚索轴力时程曲线如图6-3-6所示。

由图6-3-6可以看出:

①锚索预应力加载损失20%~30%不等(-1~0d),早期支护中锚索轴力会出现一定的下

降,降幅10%～20%不等(0～3d),这一阶段出现的主要原因是锚固系统受力与围岩变形间存在一个相互协同的过程;其后,锚索轴力会在一定时间内,快速增大至一个稳定值,这一时间长度与围岩变形(速率)相关。

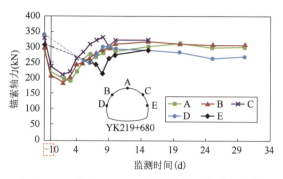

图6-3-6 ZK219+600断面锚索轴力时程曲线

注:横坐标"-1"对应的轴力值表示为千斤顶加载的预应力值;A、B、C线中横坐标"0"表示为千斤顶卸载后,加载到锚索上的预紧力,对应D线为"5",E线为"7"。

②锚索最终受力上,上台阶断面的A、B、C锚索的轴力稳定在300～320kN,中台阶断面D、E锚索的轴力稳定在260～290kN,轴力量值分布规律与围岩变形分布规律相近。从各锚索的最终量值来看,锚索支护发挥了应有的效用,同样较好地体现出了高强支护(支护力≥250kN)功能。

6.3.3 工程应用小结

在严重挤压变形隧道中,如果仅在上、中台阶打设预应力锚索,且支护密度不适宜时,将会出现围岩挤压大变形。故在此工况(严重挤压与极严重挤压)中,预应力锚索应设置为支护上、中、下三台阶,即锚索数量需大于21根;同时,锚索的支护排距应设置为0.6m。

6.4 一次支护体系在超大断面段的应用

6.4.1 概述

为供车辆临时发生故障或其他原因紧急停车使用,对于长、特长隧道,每隔一定距离需修建紧急停车带,车道加宽、开挖断面增大,其断面多为三车道及以上大断面,开挖面积一般超150m²,属超大断面隧道。

具体时间,在超大断面隧道支护类型上,主要采用"单层初期支护+二次衬砌"的形式,部分Ⅴ级软弱地层采用双层初期支护。其中,对于初期支护仍是沿用常规的钢拱架、喷射混凝土及系统锚杆。在钢拱架上主要应用I16～I22型钢钢架,间距0.4～1.0m不等,部分Ⅲ级围岩段落未使用钢架;在喷射混凝土上,材料以钢纤维混凝土为主,厚度分布在12～30cm;在系统锚杆上,采用φ25mm中空注浆锚杆,长度3.5～6.0m,环向间距以1m为主,纵向间距与钢架间距相协调。而对于二次衬砌,厚度基本超过50cm,且主要为钢筋混凝土。基于上述的支护参数统计分析,可看出超大断面隧道支护呈现以下特征:

(1)明显沿用了在中、小跨度隧道中普遍采用的"重二次衬砌、轻初期支护"设计理念。一方面,体现在锚杆长度及环向间距随围岩级别变化很小,其中长度与围岩级别表现出围岩级别增长一级,锚杆长度仅增加0.5m的(普遍)规律;另一方面,二次衬砌厚度大,且采用钢混凝土形式,其原因是大跨度隧道设计中将二次衬砌作为了主要(后期)承载结构。

(2)无快速主动支护能力,总体支护能力偏弱。随着跨度与断面增大,隧道开挖后的围岩应力状态更趋复杂,整体(自)稳定性显著降低,而传统"锚、喷、架"的支护模式受其自身承载特性影响是无法及时支护岩体的,大跨度隧道中的围岩易出现局部掉块及失稳等现象。与此同时,隧道跨度与断面增大后,环向支护技术(喷、架)的承载能力呈几何级下降,也使得支架易出现支护能力不足的现象。

实际上,对于超大断面隧道,以二次衬砌为代表的环向支护技术的承载能力很小,以跨度20m为例,若依靠二次衬砌进行承载,厚度需达到1.5m以上。而以锚杆(索)为代表的径向支护技术,支护能力是与环向断面面积无关的。因此,超大断面隧道的支护中应重点突出锚杆(索)的核心地位,这也被广大隧道建设者们所认可。

6.4.2 工点概况

1)工程地质条件

木寨岭公路隧道左线ZK219+036.3~ZK219+086.3(长度50m)为紧急停车带,开挖断面面积约170m²,为高速公路三车道隧道断面。地勘资料显示,该段为断层影响带,洞身最大埋深约500m,围岩主要为中风化炭质板岩,薄层状构造,碎裂状松散结构,如图6-4-1所示。受f10断层影响,该段岩体节理裂隙很发育,岩体破碎。根据勘察结果,该段围岩中存在高地应力,主应力方向为北北东向,与线路夹角小于26°。岩体v_p=2100~2520m/s,R_c=26.0MPa,K_v=0.25~0.36,BQ=230.5~258.0,K_1=0.4,K_2=0.2,K_3=1.0,[BQ]=70.5~98.0。由于围岩稳定性差,若初期支护施作不及时易产生大变形及大坍塌。地下水主要为基岩裂隙水,水量较小,施工时可能出现点滴状,局部可能出现线状出水。

隧道向大桩号施工至ZK219+061.3处,该处掌子面围岩主要为炭质板岩,灰黑色、薄层状结构,层厚1~2cm,岩层走向约北偏东70°,倾向东南,倾角约70°,节理裂隙发育,岩体较破碎,呈裂隙碎裂状松散结构,围岩强度较低,易掉块坍塌,自稳能力弱,地下水为基岩裂隙水,掌子面潮湿,如图6-4-2所示。

2)原支护体系

ZK219+036.3~ZK219+086.3段(长度50m)原设计为TSVa型衬砌结构(图6-4-3),支护参数主要为:φ42mm超前注浆小导管,α=10°,L=4.5m,环向间距35cm(每环51根);径向设φ25mm中空注浆锚杆L=4.0m,间距100cm×60cm(环向×纵向);φ8mm钢筋网,间距15cm×15cm;HW200a型钢拱架,间距60cm/榀(仰拱封闭成环);喷射C25早强混凝土(厚28cm);预留变形量为25cm;二次衬砌采用C30钢筋混凝土(厚度60cm),主筋为φ22mm螺纹钢筋,间距20cm,采用中隔壁法(CD法)施工。

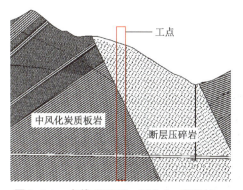

图 6-4-1 左线 ZK219+036.3~ZK219+086.3 段纵断面地质图

图 6-4-2 左线 ZK219+061.3 处掌子面围岩

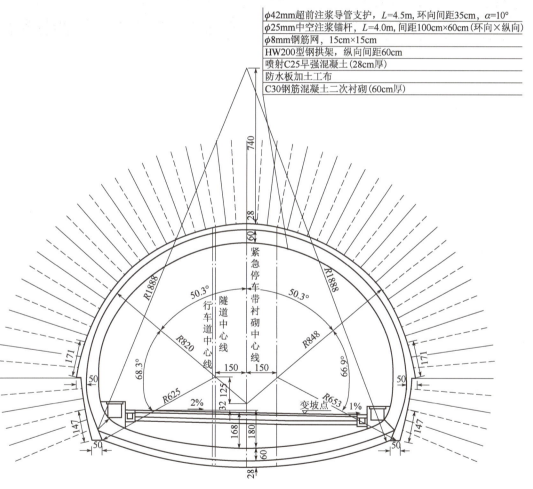

图 6-4-3 TSVa 型衬砌结构断面图（尺寸单位：cm）

TSVa 型衬砌结构为被动加强型支护体系，其与两车道隧道断面比较，由于开挖断面增大，钢架型号、间距等均有明显提升。但是，受限于该型支护体系无主动支护能力，不能够有效调动围岩自承载能力，在大断面隧道中的变形控制能力仍十分有限。运用此类支护体系，左线

173

14号紧急停车带(ZK211+312)出现了较大面积的混凝土开裂剥落,以及钢架扭曲、钢架接头板张开、初期支护局部变形侵限等现象(图6-4-4),不得不进行拆换拱处理。由此可以预测,在受近接断层影响而地质条件更差的ZK219+036.3~ZK219+086.3段(长度50m),如仍采用原支护设计方案,变形侵限将不可避免。

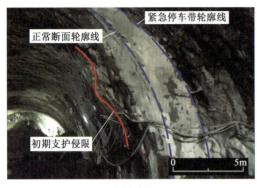 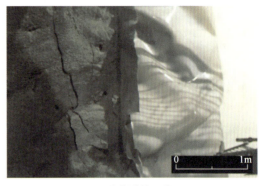

a)围岩大变形　　　　　　　　　　　b)初期支护开裂

图6-4-4　ZK211+312初期支护大变形

同时,ZK219+036.3~ZK219+086.3段原设计采用CD法施工(图6-4-5),施工工序包括:

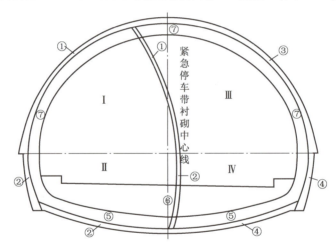

图6-4-5　CD法开挖横向施工工序示意图

(1)开挖先行导坑上部Ⅰ。
(2)施作先行导坑上部初期支护及临时支护①。
(3)开挖先行导坑下部Ⅱ。
(4)施作先行导坑下部初期支护及临时支护②。
(5)开挖后行导坑上部Ⅲ。
(6)施作后行导坑上部初期支护及临时支护③。
(7)开挖后行导坑下部Ⅳ。
(8)施作后行导坑下部初期支护及临时支护④。
(9)浇筑仰拱⑤。
(10)仰拱回填⑥。

(11)整体模筑二次衬砌⑦。

由此可以看出,CD工法施工工序过于繁杂,与《铁路挤压性围岩隧道技术规范》(Q/CR 9512—2019)提出的"挤压性围岩隧道施工工序应力求简单,并实现仰拱的快速封闭"相背离。

6.4.3 一次支护体系设计与应用

1)一次支护体系设计

(1)衬砌结构设计调整

①ZK219+036.3~ZK219+086.3段衬砌结构:ϕ42mm超前注浆小导管,$\alpha=10°$,$L=4.5$m,环向间距35cm(每环51根);初期支护的钢拱架类型为HW175型钢(含仰拱),间距为60cm/榀;ϕ8mm钢筋网,间距15cm×15cm,喷射C25早强混凝土,厚度28cm;二次衬砌采用C30钢筋混凝土(厚度60cm),二次衬砌主筋为ϕ22mm钢筋,间距20cm;预留变形量调整为35cm。

②优化原设计的系统锚杆(导管),采用29根预应力锚索支护拱墙(全)区域(图6-4-6)。取消环向ϕ25mm自进式锚杆和ϕ42mm环向注浆导管,替换为预应力锚索,布置在上、中、下台阶,采用500cm和1000cm两种长度。长度500cm和1000cm两种锚索间隔布置,即一个循环采用500cm,下一循环采用1000cm。环向间距100cm,纵向间距120cm。上、中、下台阶每环布置29根。

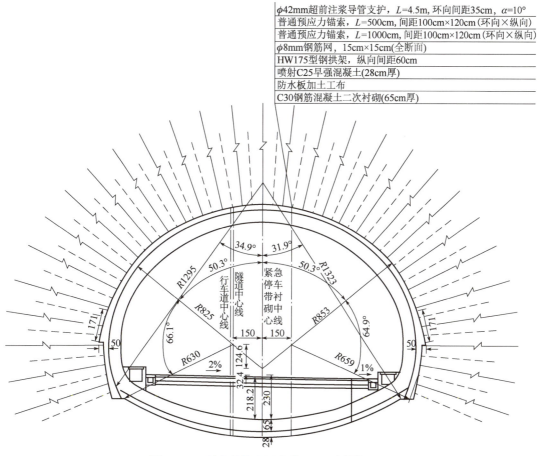

图6-4-6 衬砌结构变更设计图(尺寸单位:cm)

(2)施工方案调整

左线紧急停车带 ZK219+036.3~ZK219+086.3 段,采用三台阶法施工:第一台阶高度 300cm,长度控制在 5~8m;第二台阶高度 300cm,长度控制在 15~20m;第三台阶高度 422cm(开挖至边墙底部,仰拱部分最后开挖),可以根据现场的拱架分节实际情况作适当的调整。综合考虑隧道机械化施工各个作业台车的合理布置、初期支护结构稳定时间、隧道施工进度等因素,确定采用预应力锚索施工段掌子面距离二次衬砌的长度控制在 100m(即隧道施工安全距离)。

2)应用效果分析

(1)围岩变形分析

从 ZK219+040 断面起,每间隔 5m 提取各测点变形监测数据并绘制成曲线,如图 6-4-7 所示。

由图 6-4-7 可以看出:

①断面测点最终位移量均小于预留变形量(350mm),未出现净空侵限等情况,取得了良好的实际应用效果。

②下台阶 D、E 测点的位移与上台阶 A、B、C 测点的位移接近,显示了预应力锚索"完整地"支护拱墙区域的设计较合理。

(2)锚索受力分析

在 ZK219+065 断面上台阶布置 3 个锚索轴力监测点,获取锚索轴力时程曲线,如图 6-4-8 所示。

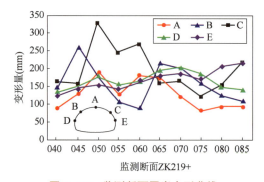

图 6-4-7 监测断面围岩变形曲线

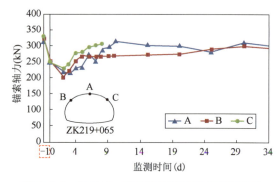

图 6-4-8 ZK219+065 断面锚索轴力时程曲线

注:横坐标"-1"对应的轴力值表示为千斤顶加载的预应力值;A/B/C 线中横坐标"0"表示千斤顶卸载后,加载到锚索上的预紧力。

由图 6-4-8 可以看出:

①锚索预应力加载损失 20%~25%(-1~0d);早期支护中锚索轴力会出现一定的下降,降幅 30% 不等(0~3d),这一阶段出现的主要原因是锚固系统受力与围岩变形间存在一个相互协同的过程;其后,锚索轴力会在一定时间内,快速增大至一个稳定值,这一时间长度与围岩变形(速率)相关。

②锚索最终受力上,上台阶断面 A、B、C 锚索的轴力稳定在 280~310kN,显示锚索支护发挥了应有的效用,同样较好地体现出了高强支护(支护力≥250kN)功能。

6.4.4 工程应用小结

三车道超大断面公路隧道与常规两车道隧道比较,开挖断面积增加明显,围岩整体变形加大,故一次支护体系中预应力锚索应完整地支护拱墙区域;同时,预应力锚索的支护排距应减小,宜取 0.6m。

6.5 一次支护体系在悬臂掘进机法开挖的应用

6.5.1 概述

与传统钻爆法相比,悬臂掘进机法具有安全性好、扰动小、施工快、超挖少等多种优势。此外,悬臂掘进机是一种集行走、开挖、装渣于一体的多功能机械设备,当岩土体强度适宜时,其是一种开挖煤矿巷道等小断面地下工程的理想设备。近年来,悬臂掘进机法也逐渐被应用于公路、铁路等隧道工程,形成了以工程地质、复杂环境为先导,与开挖断面、施工要求等多因素相适应的应用模式,展现出了较强的工程适应性。

截至目前,悬臂掘进机法典型工程案例包括:大断面隧道或断面频繁变化的隧道,如开挖面积达 390m² 的重庆轨道交通 4 号线鱼嘴站、广州地铁 6 号线东湖车站存车线渡线段;近接或下穿既有构筑物的隧道,如紧邻既有营业性建筑物的新磨溪二号隧道、浅埋下穿既有密集构筑物的重庆新红岩隧道;特殊地层或环境的隧道,如穿越"滇西红层"的大瑞铁路秀岭隧道、穿越高瓦斯地层的成都轨道交通 6 号线三期工程;挤压性围岩隧道,如穿越千枚岩、板岩等软弱破碎岩体的新乌鞘岭隧道。但是,受围岩大变形频发、施工连续性差以及支护体系多变等因素制约,悬臂掘进机法在挤压性围岩隧道中的应用还相对较少,已有文献资料中仅新乌鞘岭隧道较为典型、系统。

挤压性围岩隧道多为高应力软岩隧道,其变形是围岩的一种具有累进性和明显时间效应的塑性变形(破坏),故其围岩变形速率及总量等均与施工(多次)扰动密切相关。钻爆法开挖对围岩的爆破冲击损伤、松动圈扩大、引起岩体力学性能下降,以及钻爆施工中普遍存在的较大超欠挖等,均将大幅减弱围岩自稳能力,加剧围岩变形。故从开挖影响围岩稳定性及位移角度分析,挤压性围岩隧道中,采用非爆破的悬臂掘进机法优势显著。因此,在以传统分(多)部开挖为主的挤压性围岩隧道中,可以通过将三台阶变换为两台阶来减少"分部数量",以满足悬臂掘进机法的施工需求;而一般挤压性围岩隧道中围岩强度 <30MPa,悬臂掘进机对此强度的围岩施工效率相对较高。综上所述,本节将开展一次支护体系下的悬臂掘进机法开挖研究。

6.5.2 工程背景

木寨岭公路隧道钻爆法一次支护体系施工中为维持掌子面围岩稳定,设计采用三台阶法开挖。但在施工中发现多工序钻爆开挖对围岩扰动频繁,破坏了岩体的整体稳定性,使得(严重)超挖、局部坍塌、掉块等现象时有发生[图 6-5-1a)];同时,受地应力场作用与炭质板岩薄层产状控制,拱腰区域为围岩变形主要部位[图 6-5-1b)],而三台阶法施工中上台阶钢架的"悬空接长"过程[图 6-5-1c)]加剧了拱腰区域围岩变形,体现在木寨岭公路隧道围岩大变形多发生在上中台阶交接的拱腰部位。

 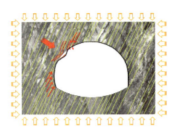 

a)断面成型差　　　　　　　b)拱腰处大变形　　　　　　c)上台阶拱脚悬空

图 6-5-1　三台阶钻爆法施工情况

6.5.3　悬臂掘进机法方案设计

1)悬臂掘进机选型

悬臂掘进机的选型主要考虑工程制约因素和工程背景。对于木寨岭公路隧道,选型主要考虑岩石强度、开挖断面和工效三个因素。

(1)岩石强度决定了悬臂掘进机的切割功率。当岩石强度大于100MPa,与传统钻爆法相比较,悬臂掘进机法开挖的经济适用性较差。因此,结合施工中所揭示的炭质板岩、砂质板岩典型围岩[图 6-5-2a)、图 6-5-2b)],现场进行了围岩点荷载单轴抗压强度测试,结果如图 6-5-2c)所示,炭质板岩抗压强度分布区间为16~38MPa、平均值为25MPa,砂质板岩抗压强度分布区间为37~65MPa、平均值为48MPa。根据既有实践经验,岩石强度达到30~60MPa,宜选择260型以上机型。

  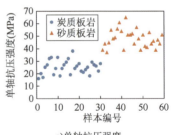

a)炭质板岩为主　　　　　　b)砂质板岩为主　　　　　　c)单轴抗压强度

图 6-5-2　典型围岩及其单轴抗压强度(取自掌子面)

(2)考虑匹配开挖断面,选用的机型一是要求能够满足机械自身通行需求,二是以实现定位切割面积最大化为基本原则,即要求悬臂掘进机在同一台阶内施工,尽可能不移动或少移动。因此,结合木寨岭公路隧道开挖断面积大于130m²,当要求悬臂掘进机能够实现"台阶内移动一次"即满足开挖一个台阶时,单次定位切割面积应大于32.5m²。

(3)掘进开挖工效方面,当围岩强度在0~30MPa 或 30~60MPa 时,切割功率300kW 的 CTR300 型悬臂掘进机和切割功率320kW 的 EBZ320 型悬臂掘进机在开挖效率上无较大差异,故选用机型的切割功率没有超过300kW 的必要。

综上所述,以地下工程常用悬臂掘进机为例(徐工 EBZ200A、EBZ260、XTR6/260 型悬臂掘进机,中铁装备 CTR300A、CTR323 型悬臂掘进机为例),确定采用中铁工程装备集团有限公司生产的 CTR300A 型悬臂掘进机(图6-5-3),一次定位,切割最大高度 6.5m、切割最大宽度 7.0m、切割最大面积 43.5m²(表6-5-1)。

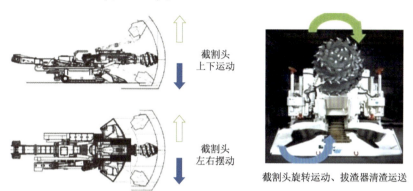

图 6-5-3 CTR300A 型悬臂掘进机及其工作原理

CTR300A 型悬臂掘进机主要参数   表 6-5-1

参数名称	总长度(m)	总宽度(m)	总高度(m)	质量(t)	总功率(kW)	爬坡坡度(°)	切割功率(kW)	切割硬度(MPa)	切割高度(mm)	切割宽度(mm)	切割面积(m²)	最大行走速度(m/min)
数值	19.5	3.6	3.7	125	572	±16	300	≤80	4200~6500	4200~7000	16.8~43.5	14

2)掘进开挖设计

掘进开挖方案设计中重点需考虑开挖工法、开挖断面分区(部)和掘进路线三要素。

(1)综合考虑开挖断面尺寸、悬臂掘进机工作空间、围岩级别及稳定性,并遵照"台阶内移动一次"即满足开挖一个台阶原则,综合确定上台阶开挖高度为 6.0m,开挖宽度为 13.32m,台阶长度约 25m,并视实际掌子面围岩稳定情况预留核心土;下台阶开挖高度 3.6m,宽度 12.56m;同时,开挖进尺设置为 1~2 榀拱架间距(0.8~1.6m/循环),如图 6-5-4 所示。

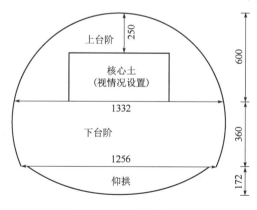

a)开挖断面图(尺寸单位:cm)

图 6-5-4

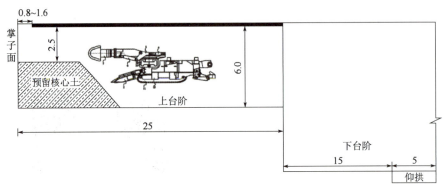

b) 纵向施工工序示意图(尺寸单位：m)

图 6-5-4　两台阶悬臂掘进机法开挖示意图

(2)考虑悬臂掘进机一次切割(围岩)尺寸,结合两台阶工法,采用"两台阶四断面"施工工序,如图 6-5-5a)所示。施工顺序为：上台阶左侧→移动掘进机→上台阶右侧→移动掘进机→下台阶左侧→移动掘进机→下台阶下右侧,其中,下台阶开挖时按左右侧错开 2 榀拱架。

(3)掘进路线设计遵循自下向上铣挖的顺序原则,结合木寨岭公路隧道围岩以层状形式为主、倾角一般小于 45°,综合确定掘进路线为 Z 形自下而上、左右往复Ⅰ,辅以断面修整Ⅱ,如图 6-5-5b)所示(以切割上台阶左侧为例)。

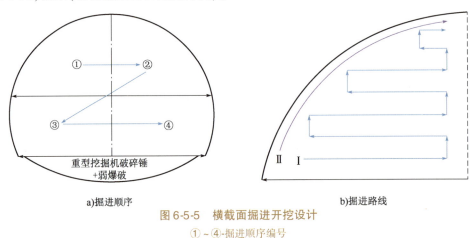

a)掘进顺序　　　　　　　　　　　b)掘进路线

图 6-5-5　横截面掘进开挖设计

①~④-掘进顺序编号

6.5.4　应用效果分析

1)支护效果分析

(1)试验段支护方案

根据地勘资料显示,木寨岭公路隧道右线渭源方向 YK217+176.0~YK217+115.0 地质条件基本一致,因此在此段进行了悬臂掘进机法和钻爆法开挖工法的对比试验。其中,YK217+170~YK217+145.8 段(长度 24.2m)采用两台阶悬臂掘进机法；YK217+145.8~YK217+120.0 段(长度 25.8m)采用三台阶钻爆法。两段的支护参数见表 6-5-2,均采用 5m、10m 锚索交替布设,不同之处在于锚索环向施工布置与施工台阶数匹配。

试验段支护参数   表6-5-2

起止里程	YK217+176~YK217+145.8 (两台阶悬臂掘进机法)	YK217+145.8~YK217+115.0 (三台阶钻爆法)
锚索体形式	1×19S、ϕ21.80mm、抗拉强度1860MPa钢绞线	
长度、间距、预紧力	L=500cm,间距100cm×160cm(环向×纵向),预紧力>300kN; L=1000cm,间距100cm×160cm(环向×纵向),预紧力>300kN	
环向布置	17根(上台阶)+2根(下台阶)	13根(上台阶)+4根(中台阶)+2根(下台阶)
环向支护参数	C25喷射混凝土(厚25cm)+I20a拱架(间距80cm)	
预留变形量(cm)	35	

（表头左侧合并列为"锚索参数"）

现场开挖施工揭示,YK217+176.0~YK217+115.0段围岩以黑色炭质板岩为主,夹灰白色砂质板岩,多呈薄层状,层厚1~5cm,倾角45°~80°,采用悬臂掘进机法和钻爆法段的地质情况一致,典型掌子面围岩如图6-5-6所示。

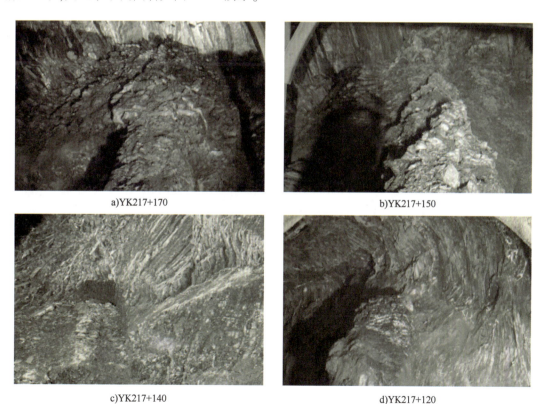

a) YK217+170　　　b) YK217+150

c) YK217+140　　　d) YK217+120

图6-5-6 部分典型掌子面围岩

试验段每隔5m设置一个位移监测断面,在里程YK217+155和YK217+135处,各设置了一个受力监测断面,测量围岩压力、拱架应力与锚索轴力,如图6-5-7所示。

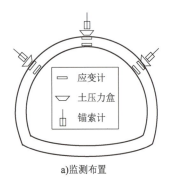
a)监测布置

b)锚索轴力监测

c)钢架应力监测

图 6-5-7　监测断面图示

(2)试验结果分析

①围岩位移分析

断面测点(线)位移随里程变化曲线如图 6-5-8 所示,试验段测点(线)平均位移变化如图 6-5-9 所示。由图 6-5-8、图 6-5-9 可以看出:两台阶悬臂掘进机法的拱顶沉降、拱腰收敛及其平均值与三台阶钻爆法无明显差异;以平均值为例,两台阶悬臂掘进机法的拱顶平均沉降、拱腰平均收敛为 132mm、319.8mm,略大于三台阶钻爆法的 121.4mm、313.2mm,差值仅分别为 10.6mm、6.6mm。

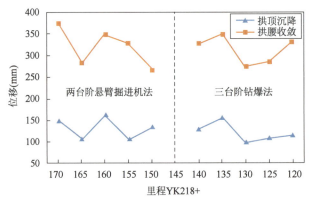

图 6-5-8　测点(线)位移随里程变化曲线

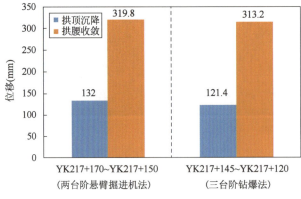

图 6-5-9　试验段测点(线)平均位移

②围岩压力分析

两监测断面的围岩压力及其变化的对比见表6-5-3和图6-5-10,可以看出:

a. 断面开挖后,围岩压力均呈现先快速增长后趋于稳定,且YK217+155断面的早前围岩压力增长速率明显大于YK217+135断面,其原因为悬臂掘进机法中上台阶开挖面积增大。

b. YK217+155断面一般在7d左右,各测点围岩压力基本稳定,而YK217+135断面则需14d,其原因为钻爆法对围岩扰动加大,且采用三台阶工法,使得B1、C1测点在中台阶开挖时(第6~10d),围岩压力有一个明显下降(调整)的过程,进一步增加了收敛稳定所需时间。

c. YK217+135断面的围岩压力(稳定后)要大于YK217+155断面,差值在0.01~0.11MPa。由上述分析可知,悬臂掘进机法开挖后的围岩压力小于钻爆法。

围岩压力统计　　　　　　　　　　　　　　　表6-5-3

断面里程	YK217+155 (A、B、C)	YK217+135 (A1、B1、C1)
收敛稳定时间(d)	≈7	≈14
围岩压力最终值(MPa)	0.55/0.48/0.37	0.56/0.59/0.45

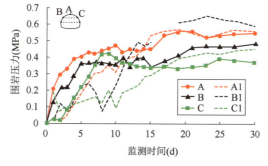

图6-5-10　监测点围岩压力时程曲线

③拱架应力分析

YK217+155、YK217+135断面的拱架应力时程曲线如图6-5-11所示,可以看出:

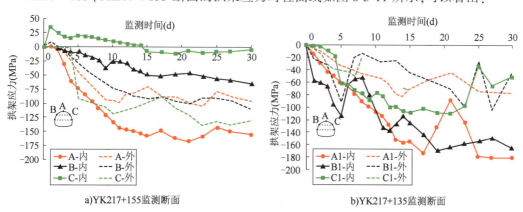

a) YK217+155监测断面　　　　b) YK217+135监测断面

图6-5-11　拱架应力时程曲线

a. 断面开挖后，拱架应力多呈现先快速增长后趋于恒定，其中 YK217+155 断面在 15d 左右趋于恒定，而 YK217+135 断面的应力波动较显著，且在中台阶开挖时(第 6～10d)，有明显变化。

b. YK217+155 断面、YK217+135 断面的拱架最终受力为 -155～-5MPa、-181～-45MPa；设钢拱架受力验算保守取值为 375MPa。两断面的安全系数均大于 2，结构安全性较好。

由上述分析可知，拱架受力差异不大，均有较好的安全性。

④锚索轴力分析

YK217+155、YK217+135 断面的锚索轴力时程曲线如图 6-5-12 所示，从图中可以看出：

a. 10m 锚索加载至 320～330kN 时的预应力损失率约为 15%。

b. 锚索支护过程包含了下降期、快速承载期和缓慢承载期，其中下降期出现在锚索安装后的 1～3d，快速承载期出现在急速下降期后的 5～7d 内，锚索轴力在此期间快速增长，缓慢承载期出现在快速承载期后，轴力基本恒定，此时的围岩变形已基本收敛。

c. 两个监测断面中锚索受力的最大差异出现在下降期，其中悬臂掘进机法中的下降期不显著，相应轴力未明显下降，但钻爆法中的下降期显著，相应轴力损失 40～53kN，降幅 14%～19%。

d. YK217+155 断面的锚索最终平均轴力为 320kN，大于 YK217+135 断面的 281kN，原因主要为悬臂掘进机法开挖对围岩扰动小，下降期影响减小，设锚索受力验算保守取值为 520kN，各锚索的安全系数均大于 1.5，结构安全性较好。由上述分析可知，两种开挖方法中锚索均有较高的安全性。

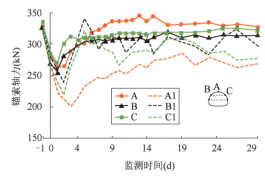

图 6-5-12　锚索轴力时程曲线

注：横坐标"-1"对应的轴力值表示千斤顶加载的预应力值；横坐标"0"表示千斤顶卸载后，加载到锚索上的预紧力。

综合试验段围岩位移以及监测断面围岩压力、拱架应力、锚索轴力的对比分析，可以看出，从围岩变形及支护结构受力角度，两台阶悬臂掘进法开挖与三台阶钻爆法开挖差异不大，均有良好的适用性，即开挖后围岩变形均能得到有效控制且支护结构处于安全状态。

2)施工效果分析

(1)施工进度分析

对比分析两台阶悬臂掘进机法在适应性较好及一般围岩段落的循环耗时，以及三台阶钻爆法的循环耗时见表 6-5-4。由表 6-5-4 可以看出，两台阶悬臂掘进机法具有一定的进度优势,每循环耗时 19~19.5h;三台阶钻爆法每循环耗时 23.5h,两者差异主要集中在围岩的开挖工序。整体上,两台阶悬臂掘进机法的进度为 48m/月(累计施工 255m),较三台阶钻爆法 40m/月提高 20%。

循环耗时及明细　　　　　　表 6-5-4

开挖工法	围岩适应性	循环进尺(m)	循环开挖方量(m³)	循环耗时(h)	其中					
					爆破出渣(h)	掘进(h)	打锚索(h)	立拱(h)	喷浆(h)	扒渣(h)
两台阶悬臂掘进	较好	1.6	214.3	19	—	2	8	3.5	2.5	2.5
	一般		222.7	19.5	—	2.5				
三台阶钻爆	—		229.6	23.5	5.5	—	9	3	3.5	

注:循环(平均)开挖方量采用每循环设计开挖断面+超欠挖值进行统计,共记录 20 个循环。

(2)开挖断面质量分析

采用两台阶悬臂掘进机法开挖,局部垮塌现象明显减小,开挖轮廓成型更佳(图 6-5-13)。以各统计 20 个循环为例,两台阶悬臂掘进法开挖时出现局部垮塌 2 次,垮塌面积最大为 3.2m³;三台阶钻爆法开挖时出现局部溜坍 7 次,垮塌面积最大 8.4m³;平均超挖由原 300mm(钻爆法)降低至 150mm(悬臂掘进机法),可有效减少初期支护脱空的质量隐患。

a)悬臂掘进机法开挖　　　　　　b)钻爆法开挖

图 6-5-13　典型开挖成型效果

(3)施工经济性分析

对比分析两台阶悬臂掘进机法与三台阶钻爆法开挖综合单价见表 6-5-5。由表 6-5-5 可知,两台阶悬臂掘进机法在施工经济性方面具有一定优势,具体包括:

①自动化程度高,降低了劳动强度,减少用工量 5~10 人,人工费下降明显。

②掘进和出渣同时进行,相互干扰减少,机械使用频率降低,但鉴于悬臂掘进机的使用、维护及修理费用较高,机械费仍增加。

③喷射混凝土超耗量下降显著,采用"(设计混凝土厚度+超欠挖值)×弧长×(1+

0.15)"计算,各统计20个循环,喷射混凝土设计方量278.21m³,两台阶悬臂掘进机法施工喷射混凝土用量427.23m³,三台阶钻爆法施工喷射混凝土用量576.29m³,超耗量由107%降至53%左右。

两台阶悬臂掘进机法与三台阶钻爆法施工费用差值 表6-5-5

费用项目	人工费综合单价	材料费综合单价	机械费综合单价
费用差值(元/延米)	-8474.44	-1806.29	3458.18
费用差值合计(元/延米)	-6822.55		

注:费用差值=两台阶悬臂掘进机法综合单价-三台阶钻爆法综合单价。

6.6 本章小结

本章对一次支护体系在木寨岭公路隧道中的应用进行了系统归纳总结,涉及一次支护体系关键配套工艺技术、一次支护体系在一般挤压段中的应用、一次支护体系在严重挤压段中的应用、一次支护体系在超大断面段中的应用,以及一次支护体系在悬臂掘进法开挖中的应用。得到主要结论如下:

(1)确定了高强预应力锚索系统关键工艺技术与参数,总结了一次支护体系施工工序与"人、机、料"配置;基于现场实践,提出了施工工法、"锚+架+喷+衬"系统及地下水处理等方面的优化措施。

(2)软岩大变形隧道中以预应力锚索为核心的一次支护体系具备良好的支护性能,与全被动支护体系比较,位移减小明显,且支护体系更趋安全。

(3)严重挤压与极严重挤压时,预应力锚索应设置为支护上、中、下三台阶,即锚索数量需大于21根;同时,锚索的支护排距应设置为0.6m。

(4)对于三车道超大断面公路隧道(两车道隧道加宽段),预应力锚索应完整地支护拱墙区域;同时,预应力锚索的支护排距应减小,建议取0.6m。

(5)一次支护体系协同两台阶悬臂掘进机法适用于挤压型隧道;与三台阶钻爆法比较时,两种工法在围压和拱架应力量值上差异较小,但两台阶悬臂掘进机法中围压、拱架应力相对均匀,且更快速趋于恒定、波动较小,支护结构整体稳定性更佳;同时,两台阶悬臂掘进机法中锚索轴力的损失明显减小,更利于发挥高强预应力锚索系统的支护与改善岩体性能的作用。

第 7 章

挤压型隧道长锚孔机械化施工初探

木寨岭公路隧道中验证了以预应力锚索为核心的一次支护体系在挤压型隧道变形控制上的优越性,同时在工程实践中也反映出了现行"人工+单体式锚杆钻机"施工长锚孔的不足之处,突出表现为:

(1)硬质岩体中钻进工效低。当岩体强度较高时(如砂岩地段),受限于单体式钻机功率低以及不具备冲击功能等,钻进工效下降显著,钻进10m耗时普遍大于1h,且钻头的使用寿命大幅下降。

(2)软硬交替岩体中适用性差。当钻进过程中岩体强度变化频繁时,单体式钻机卡钻现象时有发生,且因推进力低,"脱困"能力差。

(3)劳动强度大、安全风险不可忽视。以木寨岭公路隧道为例,"人工钻孔"耗时占整个锚索施工时间的80%以上,考虑到钻机作业噪声、掌子面地质条件以及掌子面的作业环境,施工人员劳动强度高,由此引发的安全风险不可忽视。

(4)局限性明显。MQT-130/3.2气动锚杆钻机由于自身结构限制,只能对上台阶顶部锚索孔洞进行施作,不能进行水平向钻孔。

因此,开展机械化钻孔,尤其是长锚孔的机械化钻孔研究,将极富工程价值,并具有显著的社会、经济效益。

7.1 挤压型隧道钻机适用性分析与技术要求

7.1.1 现行锚杆钻机适用性分析

截至目前,隧道锚固系统机械化施工领域的主要设备为多臂凿岩台车,其应用主要集中于大断面隧道的系统(注浆)锚杆或机械式预应力锚杆的机械化施工作业,考虑到预应力锚索多应用于软岩环境及树脂锚索需高速动力搅拌的施工工艺,现有锚固系统机械化作业设备存在如下突出问题:

(1)尺寸庞大,不适用于高地应力软岩隧道狭小作业空间。现有设备多按照全断面或两台阶施工需求设计(图7-1-1),在以三台阶施工为主的软岩大变形隧道中受作业空间受限,难以适用。

a)全断面施工　　　　　　　　　　　　b)两台阶施工

图7-1-1　凿岩台车的应用现场

(2)难以适用于软岩造孔,尤其是软岩深孔的造孔。现有设备多应用于围岩条件较好的一般隧道中,如Ⅲ级、Ⅳ级围岩隧道,因此,造孔过程中,一方面多采用强力冲击以加快钻进速度,另一方面考虑快速排渣及软化岩体以进一步加快造孔速度,多采用"高压水钻"模式,这将会显著增加高地应力软岩隧道塌孔、缩孔等现象。

7.1.2 挤压型隧道中钻机的性能需求

1)技术要求

(1)具备自动行走功能,能够快速就位,操作简单。
(2)适应台阶法施工,满足上台阶锚索钻孔施工需要。
(3)具有较好的动力性能。
(4)钻头及钻杆能适应施工现场地质围岩需要。
(5)具备快速搅拌功能,使锚索树脂药卷热熔,即要求额定转速较高。

2)关键技术

(1)钻机的结构设计

锚索钻机应能够在掌子面多台联合工作,以提升钻孔功效;同时,需具备爬坡能力并适应不同位置的打孔需要,这对钻机的外形结构提出了较高要求。因此,需结合现场施工情况及隧道断面轮廓等对锚索钻机进行合理设计,优化布局,控制整机尺寸和重量。

(2)钻机的技术性能设计

钻机完整的技术性能设计,包括合理的打孔能力、搅拌锚索树脂药卷能力、行走承载与驱动能力、控制系统稳定性等方面。

7.2 挤压型隧道适用于三台阶施工的锚索钻机研制

7.2.1 ZYJ-315 小型锚索钻机总体方案

ZYJ-315 小型锚索钻机总体方案如图 7-2-1 所示。

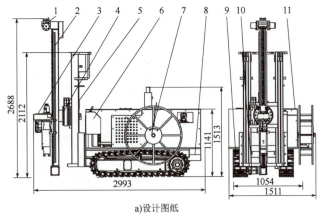

a)设计图纸

图 7-2-1

b)产品实图

图7-2-1 ZYJ-315小型锚索钻机总体方案(尺寸单位:mm)

1-钻杆扶正夹持器;2-钻臂;3-钻机;4-液压回转减速机;5-门架式支撑;6-先导阀组;7-线缆卷筒;8-配重块;9-履带底盘;10-钻机移动电动机(摆线液压电动机);11-防护板

ZYJ-315小型锚索钻机关键设计参数见表7-2-1。

ZYJ-315小型锚索钻机关键设计参数　　　　　表7-2-1

分类	项目		单位	数值	备注
整机	回转机构	额定压力	MPa	19.5	采用旋转+冲击的钻进方式;高转速、大扭矩
		额定转矩	N·m	500	
		额定速度	r/min	300	
		额定流量	L/min	40	
	冲击机构	冲击压力	MPa	18	
		冲击频率	Hz	12	
		冲击流量	L/min	10	
	推进力		kN	20	大于矿用锚杆钻机
	空载推进速度		m/min	40	
	返回速度		m/min	40	
	推进行程		mm	1610	
	导轨长度		mm	2210	
	最大工作高度		mm	4000	
	最小工作高度		mm	600	
	整机质量		kg	3350	
	冲洗水压力		MPa	0.6~2.5	
	钻孔直径		mm	32	
	钻孔角度		°	±180	
噪声	声压级		dB(A)	92	
	声功率级		dB(A)	108	

续上表

分类	项目	单位	数值	备注
整机	外形尺寸	mm	2950×1230×2650	
	行走速度	m/min	45	
	爬坡能力	°	30	
	履带宽度	mm	250	
	离地间隙	mm	240	
	接地比压	MPa	0.06	
泵站	额定压力	MPa	20	
	额定流量	L/min	75	
	电机额定功率	kW	30	

7.2.2 ZYJ-315 小型锚索钻机细部结构设计

1) 钻臂装置

钻臂装置(图7-2-2)主要包括钻臂、钻杆扶正夹持器、液压回转器、钻机托架、链条和推进器等部分。钻臂通过连接凸缘与门架支撑上的液压回转减速机来连接固定,液压回转减速机可带动钻臂做±180°旋转运动,从而使钻机可沿隧道断面径向打孔,并实现拱顶、边帮、底板全方位打孔。钻机工作时摆线液压电动机驱动链条运动,链条固定在钻臂的内侧,钻机固定在与导轨活动连接的钻机托架上,钻杆推进器通过与链条的啮合做往复运动从而带动钻具的进给和回退,钻杆扶正夹持器用于扶正钻杆并在工作中拆装钻杆时对钻杆起夹持作用。

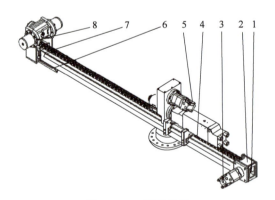

图 7-2-2 钻臂装置

1-主动链轮;2-链轮盒;3-摆线液压马达;4-链条;5-冲击器;6-夹持器安装板;7-钻臂;8-钻杆扶正夹持器

2) 液压回转减速机

液压回转减速机位于钻臂和门架式支撑中间,通过凸缘盘与两者连接固定。液压回转减速机采用蜗轮蜗杆减速机带驱动马达的形式实现钻臂±180°旋转,满足了钻机边帮打孔的需要,液压回转减速机结构及实物如图 7-2-3 所示。

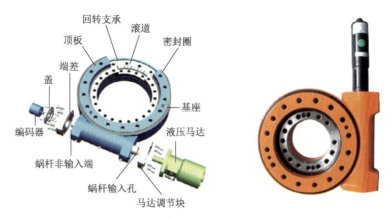

图 7-2-3　液压回转减速机

3）门架式支撑

门架式支撑是钻机钻进时的固定装置,其通过液压回转减速机连接钻臂等,下部与小型锚索钻机车体固定,该支撑的门架两侧设置有顶升液压缸,使门架可垂直向上升起,增加了钻机的作业高度,使钻机最大作业高度可达 4m。门架支撑部分是钻机钻进时保持钻进平稳的重要部件,因此需保证其具有足够的刚度不致出现变形,亦需要具备必要的强度以保证使用寿命。

4）履带底盘

小型锚索钻机工作过程中的支反力需要通过门架式支撑最终传递至车体和行走底盘上,为此,行走底盘需在整个钻进过程中保持足够稳定,这就要求行走底盘与地面要有较大的接触面积,并具有较好的行走能力。为满足上述要求,经多方调查及行走比选,决定采用具有较大接触面积和较高爬坡能力的履带式行走底盘,如图 7-2-4 所示。

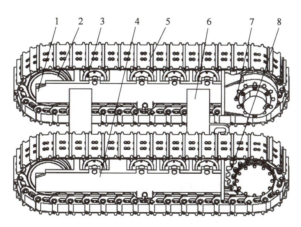

图 7-2-4　履带底盘
1-右履带架;2-引导轮;3-支重轮;4-左履带架;5-履带板总成;6-横梁;7-行走机构;8-驱动轮

底盘的组成包括履带、履带架、驱动装置、引导轮、张紧装置、支重轮、托轮等。履带行走两侧各布置一套行走驱动装置,兼具行走驱动和液压制动的功能。该底盘自身不带原动力,底盘额定载荷 3t,可在施工底面纵向坡度不大于 13°、横断面倾斜度不大于 7°的软硬底板上行走。

底盘上方可以放置大小与之空间相符的第三方液压泵站,两侧履带的上方还可以放置质量不大于150kg的其他物件。底盘自带控制阀组,液压动力源来自第三方(电动机驱动的泵站),运行中需要拖动电缆。行走和转弯时,通过改变两马达的流量和供油方向,实现行走底座的前进、后退、左转弯和右转弯。

5)钻机移动马达

图7-2-5 钻机移动马达

小型锚索钻机在钻臂上的前后进给和回退是通过位于钻臂后端的钻机移动马达实现的,该马达采用液压驱动,通过链条和链轮传动。链条安置于钻臂的链条放置盒内,当钻机移动马达正向旋转时,在链条的带动下,钻机沿钻臂向前滑动,实现钻机的推进;当钻机需回退时,操作换向阀,驱动钻机回转马达反转,完成相应动作。该钻机移动马达采用摆线液压马达,如图7-2-5所示。

6)先导阀组

小型锚索钻机样机初始采用手动控制阀操作,后为适应钻机功能改进及现场工况,变更选用为先导阀组,如图7-2-6所示。图中红色开关为先导按钮,拔起时为先导控制模式,此时设备运转可通过先导操控台进行控制;当按钮压下时,阀块上两个手动阀开始起作用。

7)电缆收放装置

小型锚索钻机通过电缆连接外接电源,设备工作过程中的位置改变会带动线缆的移动,为便于线缆的收放,设有线缆收放装置,其是通过安放在小型锚索钻机左侧的弹簧式电缆卷筒来实现的。当线缆需放出时,设备转动;当线缆需收回时,其内部弹簧驱动卷盘自行反转,完成线缆的收起,线缆卷筒如图7-2-7所示。

图7-2-6 先导阀组

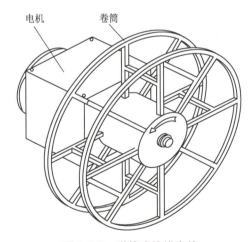

图7-2-7 弹簧式线缆卷筒

8)先导操控台

本设备在操作时为便于施工过程中能更好地观察钻机的工作状态及钻孔进度,将钻机的控制开关集成于活动的先导操作台上,通过控制台上按钮的动作控制对应动作阀体的开启和关闭,进而控制钻机的相应动作,先导操作台及控制面板如图 7-2-8 所示。

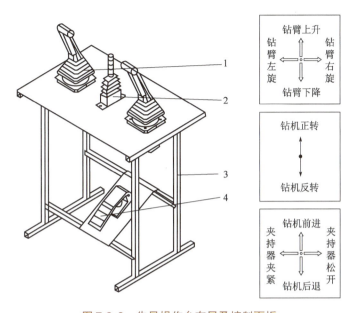

图 7-2-8　先导操作台布局及控制面板
1-先导手柄;2-液控先导手柄;3-先导操作台架体;4-先导脚踏阀

9)恒功率柱塞泵站

恒功率柱塞泵站主要由 30kW 防爆电机、通轴柱塞泵、齿轮油泵、出油阀组、压力表、吸油过滤器、空气滤清器及油箱等组成。电动机的工作电压为 380V/660V 或 660V/1140V,电动机启动后转向应与转向标牌的方向一致。泵站距钻机的额定距离为 20m,大于此长度时需特殊说明。泵站有两路输出一路回油,分别连接到操纵台的主换向阀、控制阀和回油管上。恒功率柱塞泵站如图 7-2-9 所示。

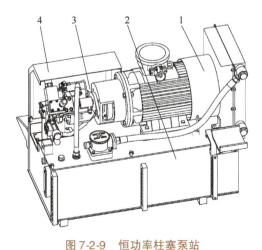

图 7-2-9　恒功率柱塞泵站
1-动力装置;2-油箱总成;3-仪表总成;4-防护罩

7.2.3　ZYJ-315 小型锚索钻机特点

ZYJ-315 小型锚索钻机针对三台阶法开挖的隧道施工现场及高强预应力锚索施工所设计，该设备主要具有如下特点：

1）履带式液压行走

ZYJ-315 型小型锚索钻机采用履带式行走底盘，具有较高的施工底面适应能力，其可在施工底面纵向坡度不大于 13°、横断面倾斜度不大于 7° 的软硬底板上行走，极大地方便了施工过程中钻孔位置的调整。

2）独立的先导控制方式

为了便于钻孔作业过程中对施工面的观察，该机器采用了独立的先导控制方式，通过活动的先导操作台，操作人员可在允许范围内的不同角度、不同区域对设备进行操控，并可对钻杆和钻机的工作状态进行无死角地观察，使操作动作及时有效。

3）冲击与旋转相结合的工作方式

为适应现场软硬岩交替变化薄层状片岩的岩层情况，ZYJ-315 小型锚索钻机采用了冲击与旋转相结合的钻孔工作方式。当钻机旋转过程中，位于钻臂后部的液压驱动电动机间歇改变转向并通过链条传动带动钻机产生向前的冲击，在提高钻孔速度的同时亦在一定程度上降低了卡钻故障发生的频率。

4）门架式支撑

ZYJ-315 小型锚索钻机前部采用门架式支撑，门架可带动钻臂向上升起，以改变钻机的钻孔行程，使钻机对施工现场的适应性更强，同时门架式支撑更为稳定，保证了设备可承受钻孔时钻机产生的较大反力，确保了钻孔方向的准确。

5）可 ±180° 全方位作业

在门架式支撑和钻臂间设有液压回转减速机连接，该液压回转减速机可带动钻臂旋转 ±180° 进行钻孔作业，该功能使小型锚索钻机具备拱顶、边帮、底板及掌子面等区域全方位作业能力，且钻孔方向的角度可根据需要进行任意调整。

7.3　ZYJ-315 小型锚索钻机现场试验

7.3.1　现场试验方案

1）试验目的

（1）了解锚索钻机现场施工情况。

（2）检验锚索钻机现场的实用性。

（3）了解设备工况适应性，包括爬坡能力、移位的便捷性、对场地及作业空间的适应性等。

（4）了解设备工作效率，包括钻进速度、钻头及钻杆的损耗、设备异常等。

2）试验场地

2020年9月30日—10月6日，在渭武WW06合同段10号车行通道（图7-3-1）开展试验，现场施工如图7-3-2所示。

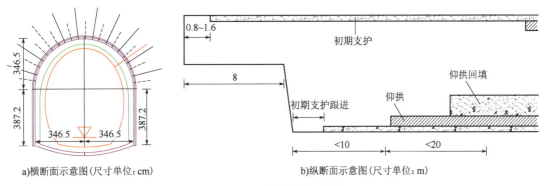

a）横断面示意图（尺寸单位：cm）　　　　b）纵断面示意图（尺寸单位：m）

图7-3-1　车行通道示意图

图7-3-2　锚索钻机现场施工图

3）人、机、料配置

现场试验所需人员配置见表7-3-1。

人员安排　　　　　　　　　　　　　　表7-3-1

人员岗位	钻孔作业人员	操作司机	管理人员	厂家技术指导	试验记录人员
数量（人）	2	2	1	1	2

现场试验所需设备见表7-3-2。

试验设备需求表　　　　　　　　　　　　表7-3-2

序号	设备/工具	单位及数量	序号	设备/工具	单位及数量
1	锚索钻机	1台	5	B22×1.5m六方钻杆	30根
2	B25×1.5m六方钻杆	30根	6	B22钻杆连接套	30个
3	B25钻杆连接套	30个	7	适用于B22钻杆的钻头连接套	30个
4	适用B25钻杆的钻头连接套	30个			

7.3.2 试验结果分析

1) 设备适应性分析

统计设备各部性能试验结果,见表7-3-3。

设备各部性能试验结果　　　　　表7-3-3

序号	检验项目	检验情况	结论
1	履带行走	运行期间行走运行正常	达到设计要求
2	钻机启停	钻机启停正常	达到设计要求
3	钻机推进	钻机推进无故障	达到设计要求
4	钻臂推进	钻臂推进平稳	达到设计要求
5	钻臂旋转	钻臂旋转正常	达到设计要求
6	液压顶杆	运转正常	达到设计要求
7	液压系统压力	各部位工作正常,管路无异常	达到设计要求
8	独立冷却系统	液压油温未出现剧烈变化,冷却器工作效果明显	达到设计要求
9	漏电保护	测试正常	达到设计要求
10	其他	各部位无异常	达到设计要求

2) 钻孔工效

(1) 测试1:B25钻杆及钻具的具体试验结果见表7-3-4。

B25钻杆及钻具试验记录表　　　　　表7-3-4

孔位	打孔位置	钻孔深度(m)	移动就位(min)	钻孔作业(min)	钻孔状况
1	拱顶	10	10	32	退杆困难效率低
2	拱顶	10	16	60	钻杆出现轻微弯曲
3	拱顶	10	12	50	未见异常
4	拱顶	10	16	44	未见异常
5	边帮	10	15	45	钻进速度缓慢,退杆后换钻头重打
6	边帮	10	17	42	未见异常
7	拱顶	15	16	65	未见异常
8	拱顶	14	10	60	未见明显异常

存在的主要问题:
试验过程中B25新钻杆性能整体表现好于预期,钻孔过程中基本顺利,试验初期由于设备定位不准,导致钻孔过程中出现钻进及退杆困难,后期调整后,设备及钻具配合良好

工作效率及适用性评价:
新选用的B25钻杆在按设计加工后,其在试验过程中螺纹连接位置满足适用要求,未发生断裂的情况,同时新选用的金刚石加强钻头能够满足现场使用要求,耗损率明显降低

（2）测试2：B22钻杆及钻具的具体试验结果见表7-3-5。

B22钻具试验记录表　　　　　表7-3-5

孔位	打孔位置	钻孔深度（m）	移动就位（min）	钻孔作业（min）	退杆时间（min）	单孔作业（min）	钻孔状况
1	拱顶	0.5	10	2	4		钻杆出现较大变形，换孔退出重打
2	边帮	8.5	6	37	50	95	钻杆弯曲，退杆困难
3	边帮	7.5	15	54	39	108	第六根钻杆弯曲，钻机上下移动困难
4	边帮	1	12	8	6		钻杆推进缓慢，退杆困难，换孔重打
5	拱顶	4.5	5	18	22		钻杆出现明显弯曲变形，退杆效率低
6	拱顶	8	10	36	44		退杆时钻杆与退杆辅助装置无法分离
7	拱顶	2	14	12	8		钻杆明显弯曲，为保证设备人员安全，重新换位
8	边帮	4	10	22	16		钻杆推进困难，速度缓慢，退杆不顺利
存在的主要问题： 钻进过程中多次出现钻杆弯曲，且钻孔深度越深，钻杆弯曲变形越明显，钻杆的弯曲导致退杆困难，且出现钻杆与退杆辅助装置无法分离的问题，试验中工作效率低，无法满足高效的设计要求							
工作效率及适用性评价： 重新制作的B22钻杆连接位置螺纹稳定，但钻杆刚度差，钻进过程中容易产生较大的弯曲变形，使钻杆在钻进及退杆的过程所受阻力变大，进而推进和退杆困难，导致钻头、钻杆及配套连接件损耗加大，且施工效率不高							

3）总体评价

统计设备总体评价，见表7-3-6。

设备总体评价表　　　　　表7-3-6

序号	检验项目	设计指标	试验状况	总体评价
1	安全性	安全可靠	安全可靠	达到设计预期
2	移动就位	快捷方便	灵活便捷	达到设计预期
3	操作性	简单易懂	操作简单	达到设计预期
4	施工效率	安全高效	B22钻杆不适用于现场岩层环境，B25能较好满足使用要求	选用B25钻杆可满足设计预期
5	结构合理性	简单可靠	基本满足使用要求	达到设计预期
6	易耗品损耗	损耗率低	损耗率低	达到设计预期

7.4 本章小结

本章基于挤压型隧道三台阶小断面施工特点,对长锚孔机械化钻孔施工设备进行研发,并通过现场钻进试验分析新研钻机的钻孔特性,得到的主要结论如下:

(1)ZYJ-315 小型锚索钻机是国内首种为适合隧道上台阶法施工施作小孔径、大孔深而研发制造的专用钻机,较小的外形尺寸和独特的钻臂结构在适应狭窄的上台阶空间的同时,实现了同一时间内多台设备协作以及对开挖隧道拱顶、边帮位置锚索孔的全覆盖;同时,设计的可移动先导式操作台,允许施工人员避开开挖的掌子面及拱顶位置,可避免坠块和掌子面坍塌对操作人员造成人身安全威胁。

(2)ZYJ-315 小型锚索钻机整套设备采用液压恒功率控制,以较小功率的电动机通过液压泵自动实现了大转矩又兼备高转速的性能;同时,相比目前广泛使用的风动锚杆钻机,施工噪声显著降低,改善了施工区域的环境。

(3)ZYJ-315 小型锚索钻机每台设备仅需 1 名操作人员和 1 名辅助人员即可开展施工;"ZYJ-315 小型锚索钻机 + B25 钻杆 + ϕ32mm 钻头"可有效钻进的最大深度超过 15m,每钻进 10m 耗时 32~60min,与气动锚杆钻机相比,整体工作效率稍有提升。

ONE-TIME SUPPORT THEORY AND KEY TECHNOLOGY FOR
SQUEEZING LARGE
DEFORMATION TUNNEL

挤 压 大 变 形 隧 道 一 次 支 护 理 论 与 成 套 关 键 技 术

附录
工程现场照片

附图1　三台阶开挖法

附图2　单体液压支柱防护

附图3　锚索清理验收

附图4　锚索钻孔及清孔

附图5 锚索树脂锚固剂安装

附图6 锚索安装

附图7 搅拌锚固

附图8 W钢带及防护网的安装

附图9 托盘及锚具安装

附图10 锚索张拉锚固

附图11　预应力控制

附图12　锚索支护效果

附图13　锚固剂

附图14　现场岩石样品

附图15　现场采集数据

附图 16　预应力锚索检测

附图 17　预应力锚索监测

附图 18　专家莅临现场指导

附图19　项目锚索施工观摩会

附图20　初期支护施工效果1

附图21　初期支护施工效果2

附图22　施工至分界里程

附图23　木寨岭公路隧道顺利贯通

参 考 文 献

[1] 郭新新,汪波,王振宇,等.考虑蠕变特性的高应力软岩隧道变形预测方法与实践[J].岩土工程学报,2023,45(3):652-660.

[2] 郭新新,朱安龙,王万平,等.高应力炭质板岩隧道大变形特征及其机理分析[J].隧道与地下工程灾害防治,2021,3(4):29-39.

[3] 汪波,郭新新,王智佼,等.软岩隧道变形主动支护控制[M].北京:科学出版社,2022.

[4] 汪波,郭新新,王治才,等.高地应力软岩隧道及时-强-让压支护理论与工程实践[M].北京:中国建筑工业出版社,2022.

[5] 于家武,郭新新.木寨岭公路隧道复合型大变形控制技术与实践[J].隧道建设(中英文),2021,41(9):1565-1576.

[6] 李志军,郭新新,马振旺,等.挤压大变形隧道研究现状及高强预应力一次(型)支护体系[J].隧道建设(中英文),2020,40(6):755-782.

[7] 陈传平.灰岩三轴循环力学特性及能量演化特征试验研究[J].石家庄铁道大学学报(自然科学版),2022,35(2):67-73.

[8] 俞缙,刘泽瀚,林立华,等.变幅循环加卸载作用下大理岩扩容特性试验研究[J].岩土力学,2021,42(11):2934-2942.

[9] 王延宁,张强,李子仪,等.考虑弹塑性耦合效应的应变软化模型[J].煤炭学报,2020,45(12):4037-4051.

[10] 杨哲豪,俞缙,涂兵雄,等.考虑刚度劣化影响的岩石峰后应变软化模型[J].华侨大学学报(自然科学版),2018,39(5):664-668.

[11] 李震,周辉,杨凡杰,等.弹塑性耦合应变定义与本构方程[J].岩土力学,2018,39(3):917-925.

[12] 周辉,杨凡杰,张传庆,等.考虑围压效应的大理岩弹塑性耦合力学模型研究[J].岩石力学与工程学报,2012,31(12):2389-2399.

[13] 向海辉.公路隧道二次衬砌合理支护时机研究[D].西安:西安工业大学,2018.

[14] 丁文礼.公路隧道围岩压力统计规律及衬砌结构可靠性分析[D].烟台:烟台大学,2016.

[15] HOEK E. Big tunnels in bad rock[J]. Journal of Geotechnical and Geoenvironmental Engineering, 2001,127(9):726-740.

[16] 王刚,龚伦,申志军,等.深埋老黄土隧道限阻耗能型支护方法[J].中国铁道科学,2021,42(4):88-97.

[17] 陈顺满,吴爱祥,王少勇,等.软弱围岩巷道变形机理及返修控制技术[J].中国矿业大学学报,2018,47(4):830-837.

[18] 白俊珍.超前大管棚+小导管注浆在隧道施工中的应用[J].四川建材,2018,44(1):152-153.

[19] 尤显明,李沿宗.极高地应力软岩隧道超前导洞应力释放及多层支护变形控制技术[J].

隧道建设,2017,37(7):832-837.
[20] 高攀,张文新,邹翀.超前大钻孔应力释放方法在高地应力软岩隧道中的应用效果分析[J].隧道建设,2013,33(10):820-825.
[21] 彭峰,肖盛能,潘威,等.软弱围岩隧道修建新方法——核心土加固变形控制法[J].现代隧道技术,2012,49(3):131-137,145.
[22] 张志康,王连国,单仁亮,等.深部动压巷道高阻让压支护技术研究[J].采矿与安全工程学报,2012,29(1):33-37.
[23] 李廷春.毛羽山隧道高地应力软岩大变形施工控制技术[J].现代隧道技术,2011,48(2):59-67.
[24] 张旭珍.关角隧道大变形处理技术[J].石家庄铁道大学学报(自然科学版),2011,24(1):17-20.
[25] 曹晨明.井底车场及周围硐室群应力分布规律的数值分析[J].煤矿开采,2008(3):8-10.
[26] 林健,赵英利,吴拥政,等.松软破碎煤体小煤柱护巷高预紧力强力锚杆锚索支护研究与应用[J].煤矿开采,2007(3):47-50.
[27] 刘高,张帆宇,李新召,等.木寨岭隧道大变形特征及机理分析[J].岩石力学与工程学报,2005(S2):5521-5526.